# ARiOL

Für Madame Gabriels,
Emmanuel Guibert

Emmanuel Guibert

Marc Boutavant

# ARIOL

## Kalbträume

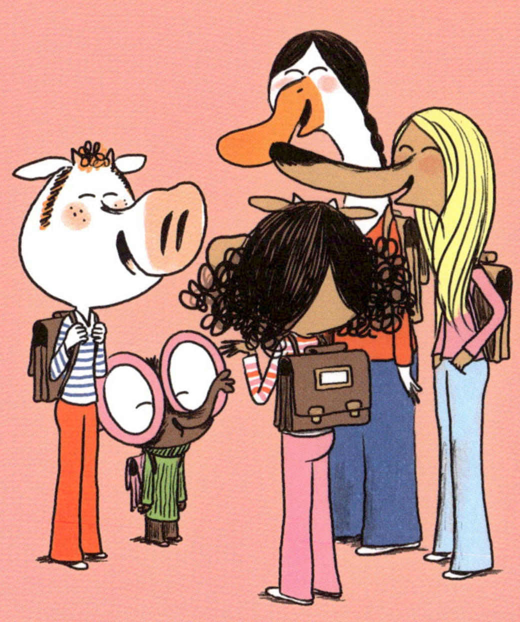

Farben: Rémi Chaurand

REPRODUKT

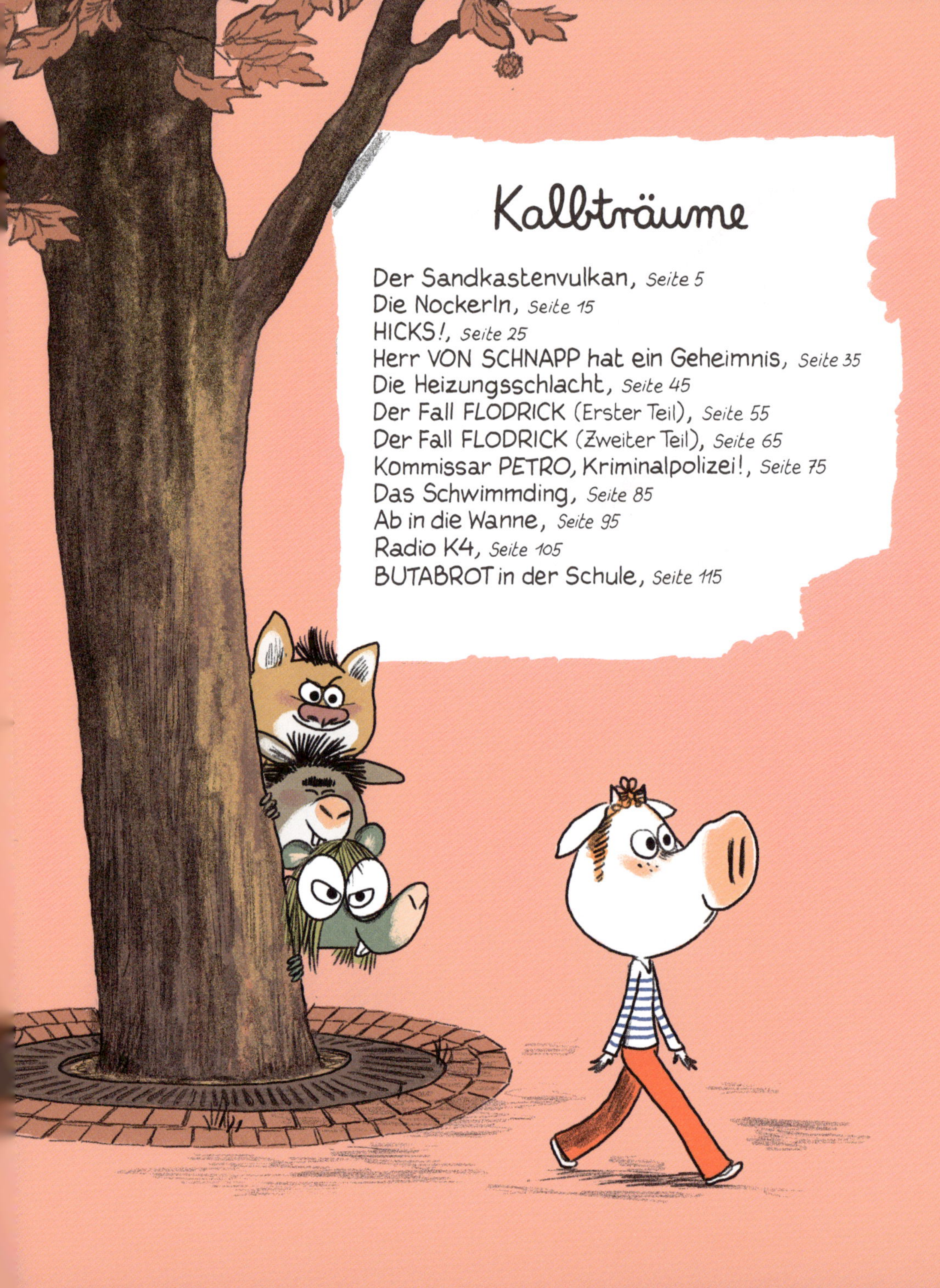

# Kalbträume

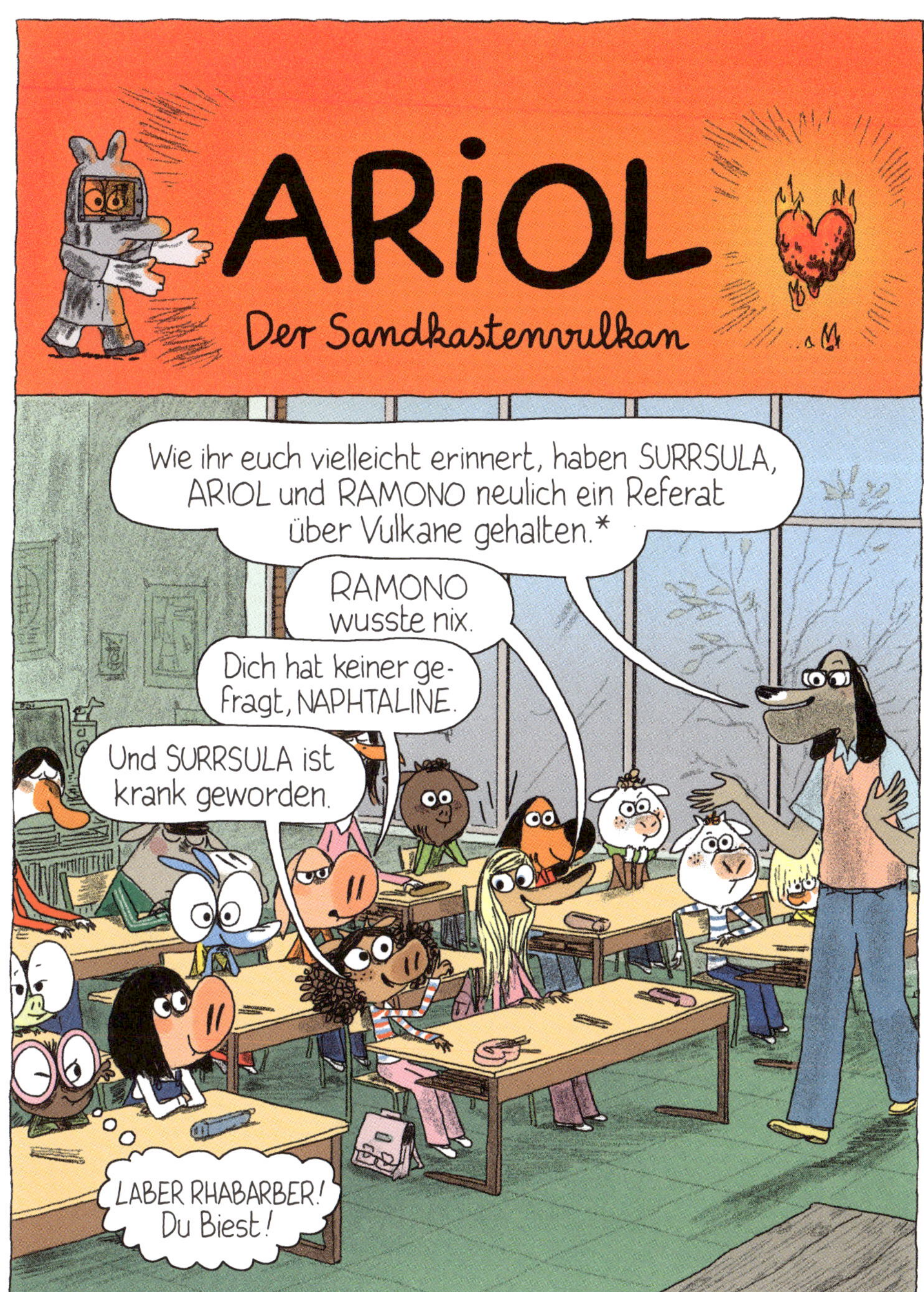


* Vgl. die Episode „HEUTE: REFERAT" im ARIOL-Band Nummero 3

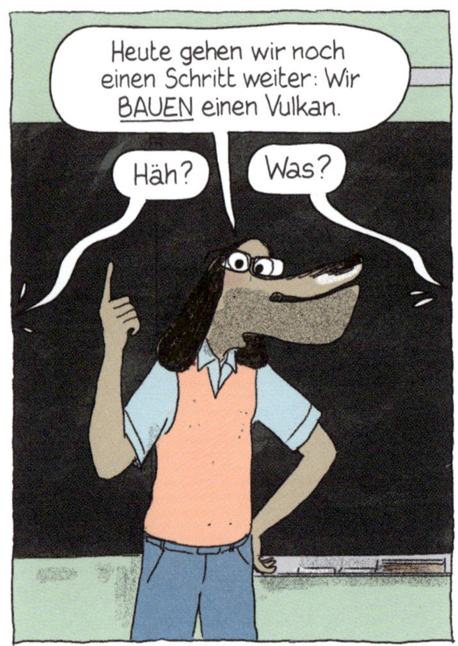
Heute gehen wir noch einen Schritt weiter: Wir BAUEN einen Vulkan.
Häh?
Was?

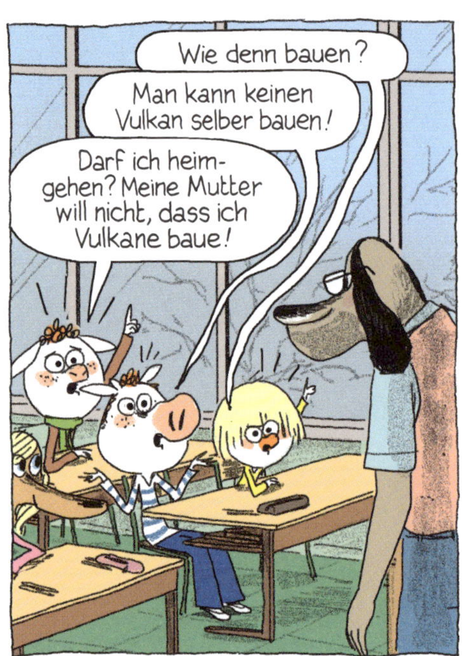
Wie denn bauen?
Man kann keinen Vulkan selber bauen!
Darf ich heimgehen? Meine Mutter will nicht, dass ich Vulkane baue!

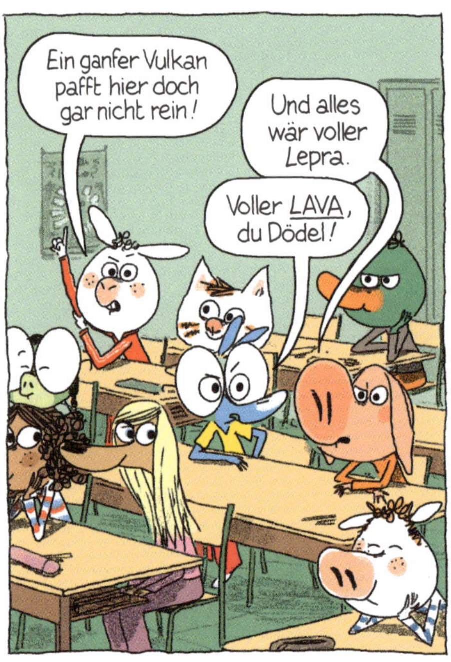
Ein ganfer Vulkan pafft hier doch gar nicht rein!
Und alles wär voller Lepra.
Voller LAVA, du Dödel!

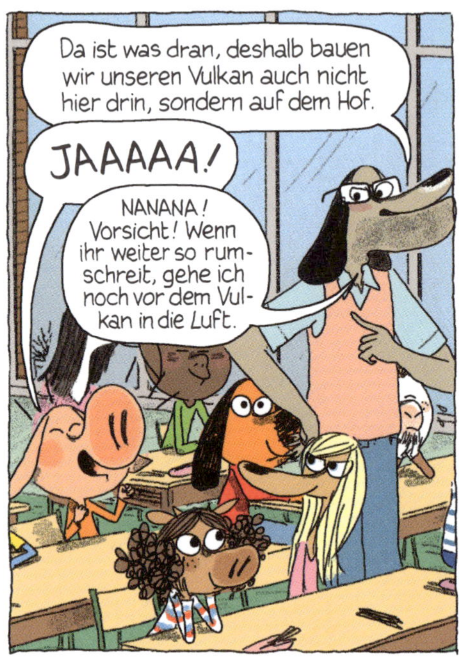
Da ist was dran, deshalb bauen wir unseren Vulkan auch nicht hier drin, sondern auf dem Hof.
JAAAAA!
NANANA! Vorsicht! Wenn ihr weiter so rumschreit, gehe ich noch vor dem Vulkan in die Luft.

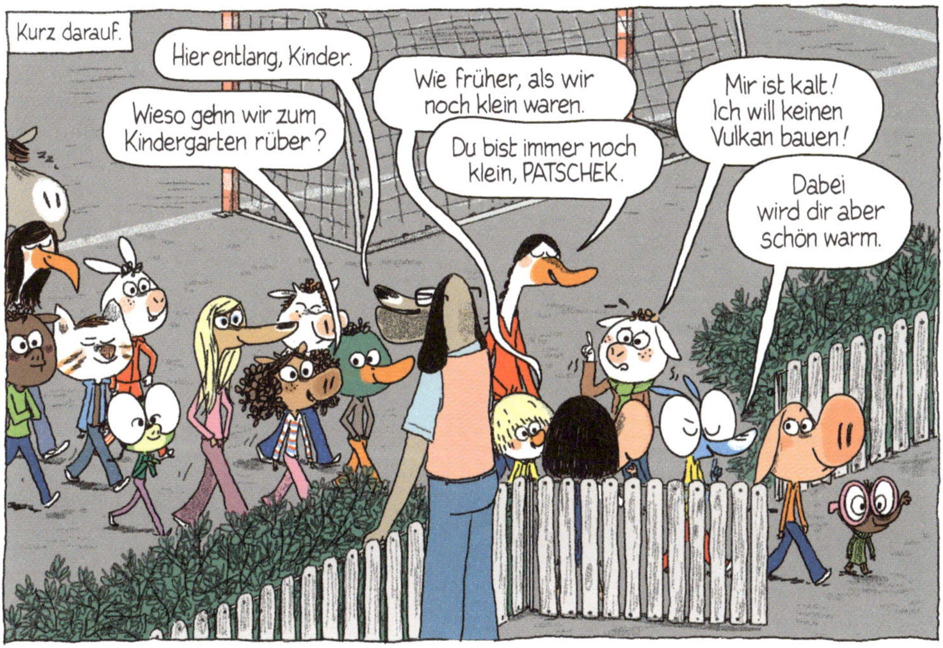

Kurz darauf.

Hier entlang, Kinder.

Wieso gehn wir zum Kindergarten rüber?

Wie früher, als wir noch klein waren.

Du bist immer noch klein, PATSCHEK.

Mir ist kalt! Ich will keinen Vulkan bauen!

Dabei wird dir aber schön warm.

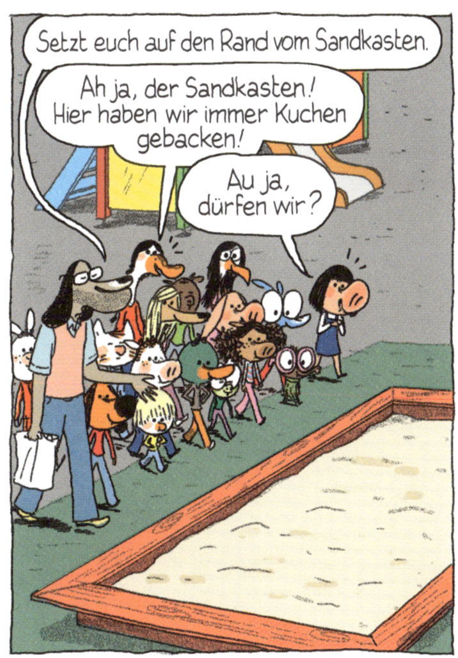


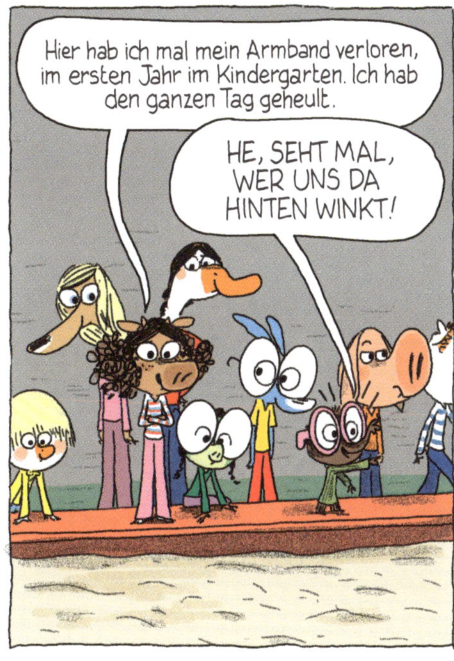

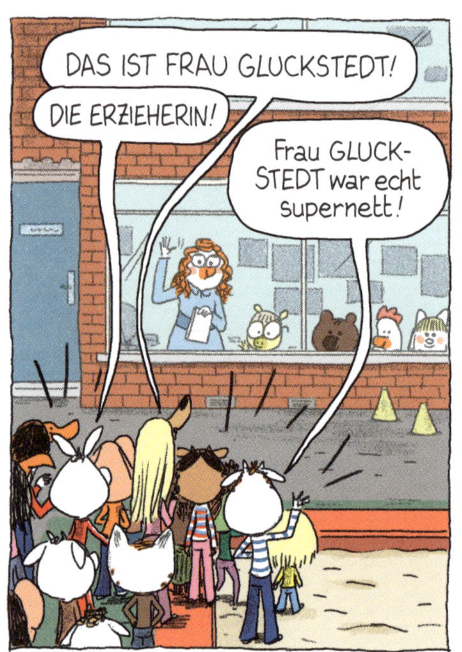
DAS IST FRAU GLUCKSTEDT!
DIE ERZIEHERIN!
Frau GLUCKSTEDT war echt supernett!

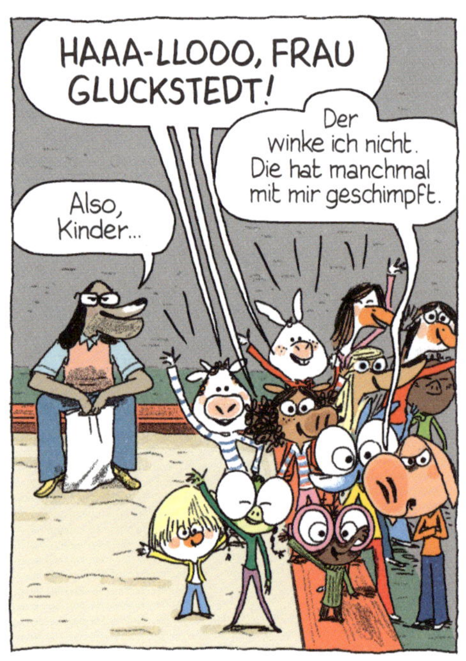
HAAA-LLOOO, FRAU GLUCKSTEDT!
Der winke ich nicht. Die hat manchmal mit mir geschimpft.
Also, Kinder...

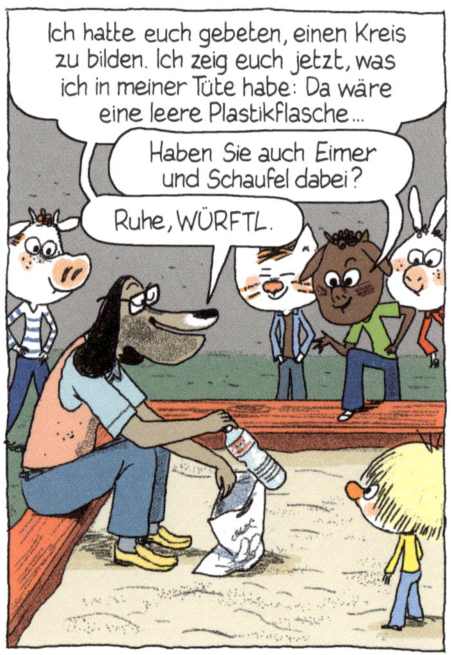
Ich hatte euch gebeten, einen Kreis zu bilden. Ich zeig euch jetzt, was ich in meiner Tüte habe: Da wäre eine leere Plastikflasche...
Haben Sie auch Eimer und Schaufel dabei?
Ruhe, WÜRFTL.

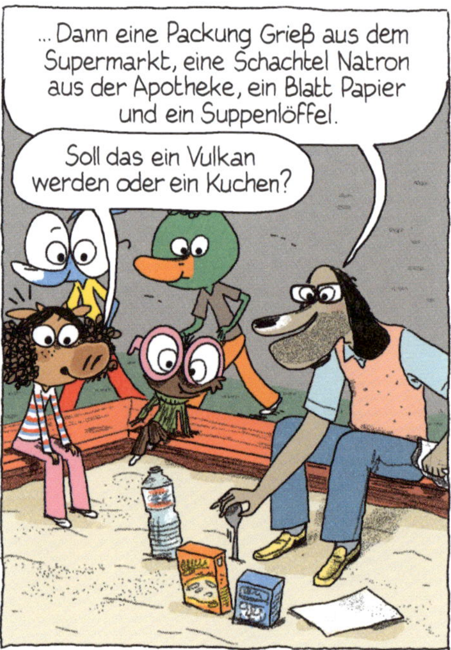
...Dann eine Packung Grieß aus dem Supermarkt, eine Schachtel Natron aus der Apotheke, ein Blatt Papier und ein Suppenlöffel.
Soll das ein Vulkan werden oder ein Kuchen?

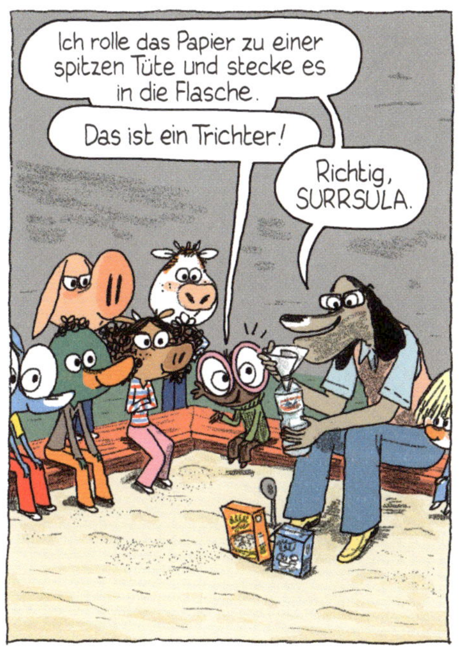
Ich rolle das Papier zu einer spitzen Tüte und stecke es in die Flasche.
Das ist ein Trichter!
Richtig, SURRSULA.

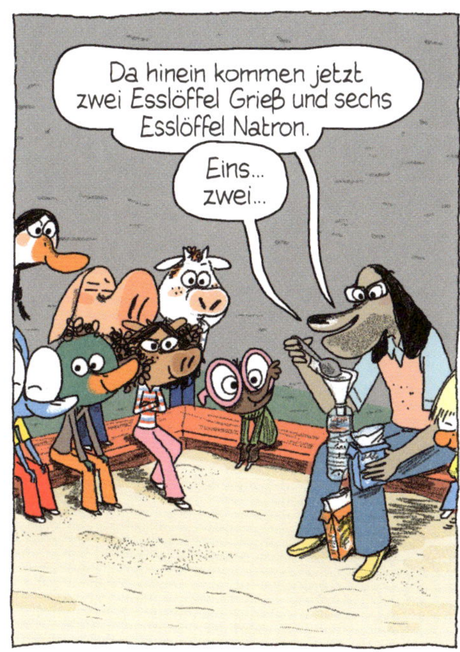
Da hinein kommen jetzt zwei Esslöffel Grieß und sechs Esslöffel Natron.
Eins... zwei...

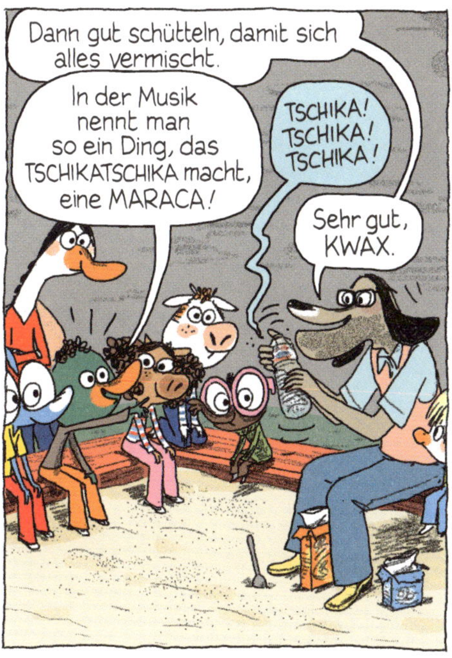
Dann gut schütteln, damit sich alles vermischt.
In der Musik nennt man so ein Ding, das TSCHIKATSCHIKA macht, eine MARACA!
TSCHIKA! TSCHIKA! TSCHIKA!
Sehr gut, KWAX.

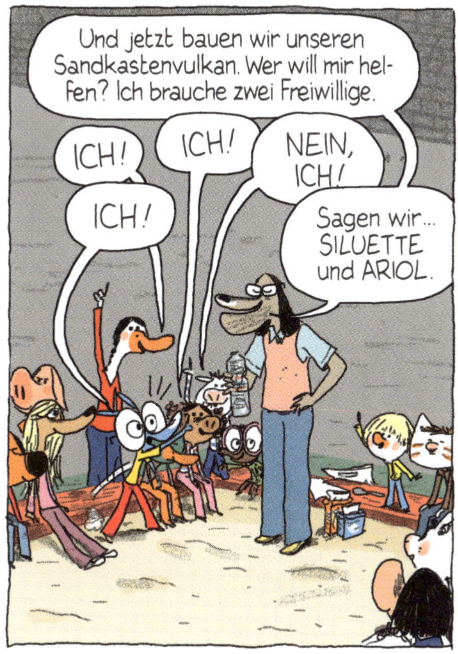
Und jetzt bauen wir unseren Sandkastenvulkan. Wer will mir helfen? Ich brauche zwei Freiwillige.
ICH!
ICH!
ICH!
NEIN, ICH!
Sagen wir... SILUETTE und ARIOL.

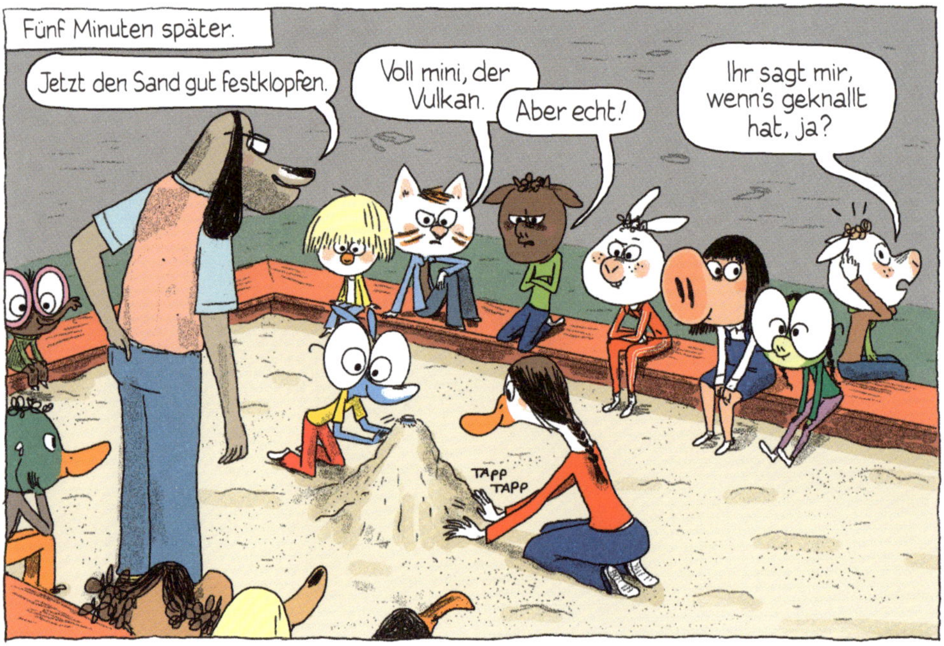

Fünf Minuten später.
Jetzt den Sand gut festklopfen.
Voll mini, der Vulkan.
Aber echt!
Ihr sagt mir, wenn's geknallt hat, ja?
TAPP TAPP

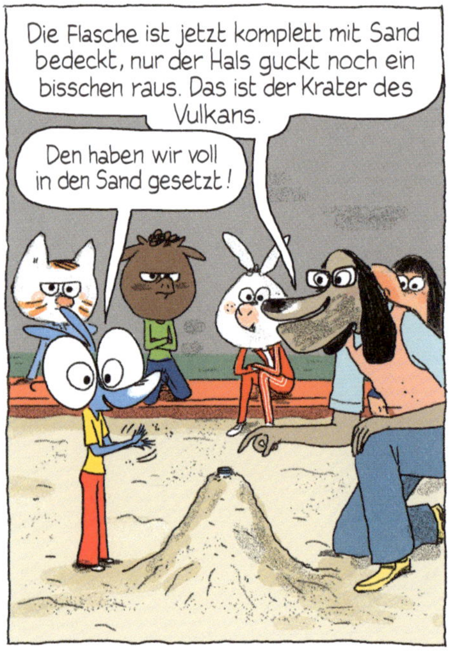


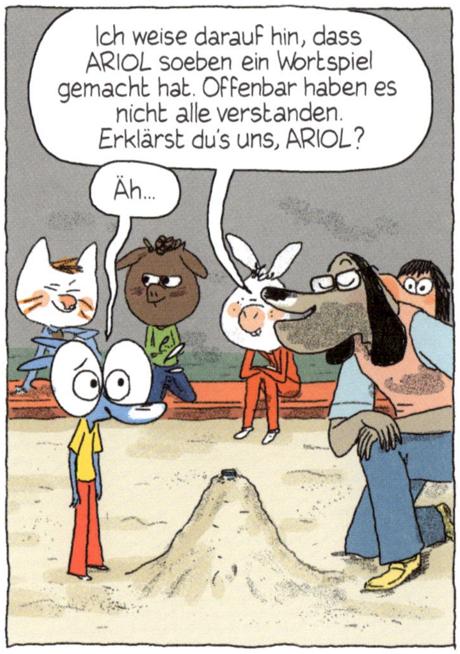

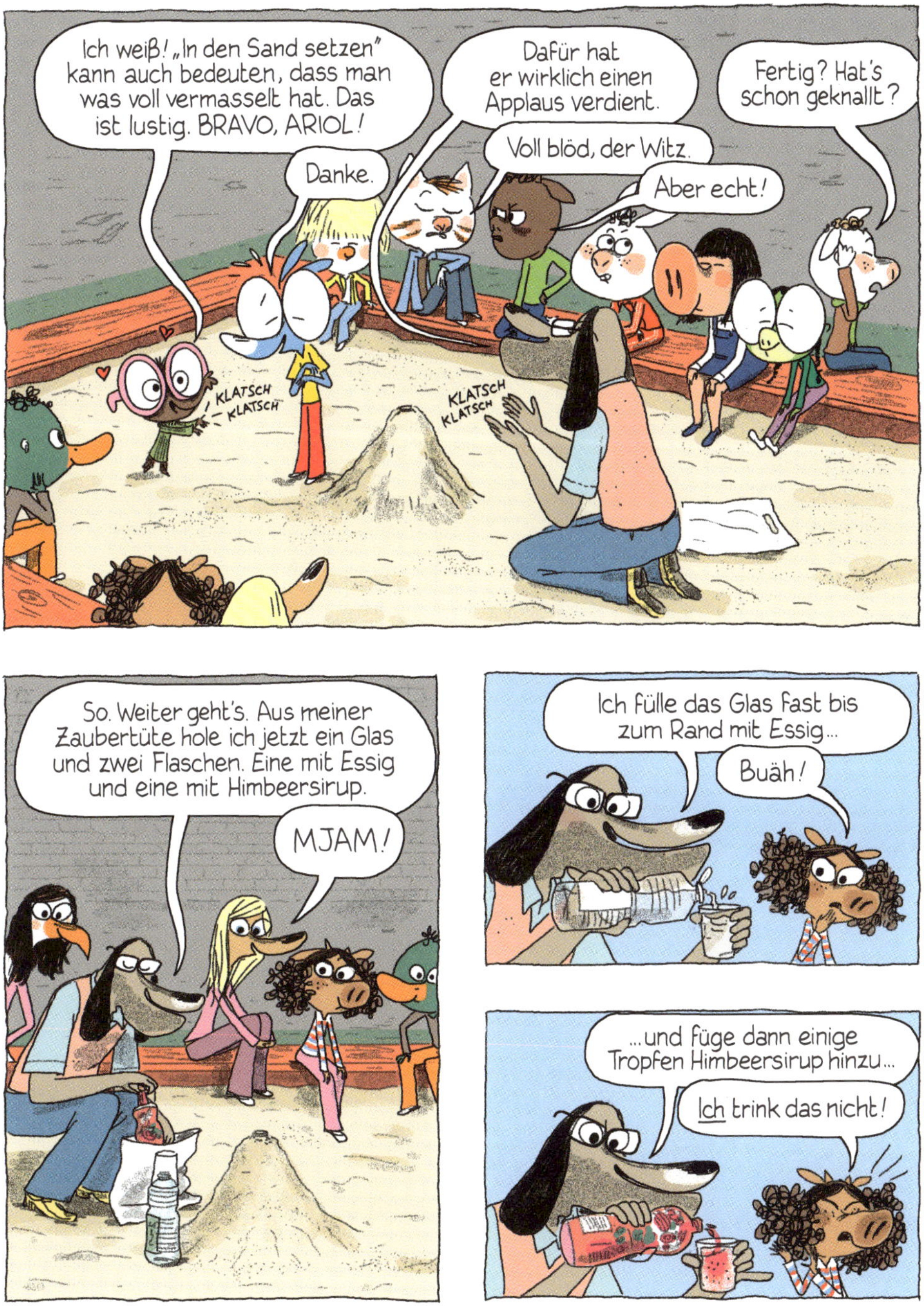

Ich weiß! „In den Sand setzen" kann auch bedeuten, dass man was voll vermasselt hat. Das ist lustig. BRAVO, ARIOL!
Danke.
KLATSCH KLATSCH
Dafür hat er wirklich einen Applaus verdient.
KLATSCH KLATSCH
Voll blöd, der Witz.
Aber echt!
Fertig? Hat's schon geknallt?

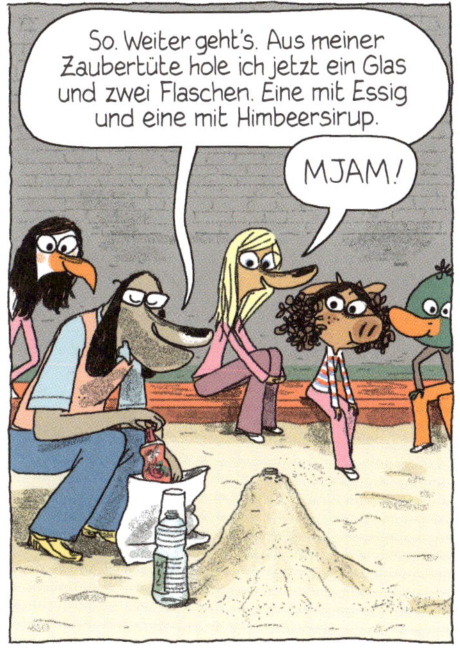


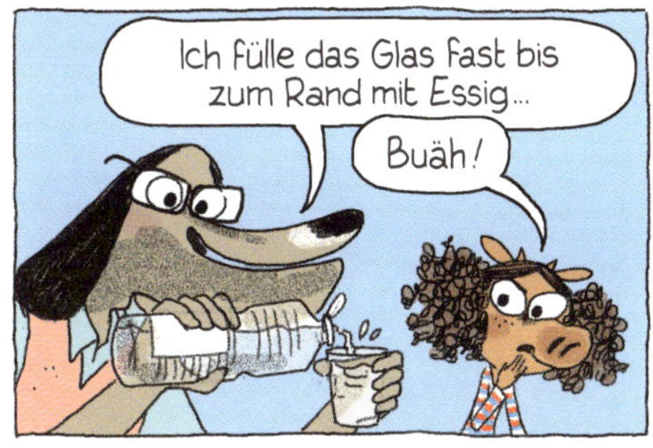


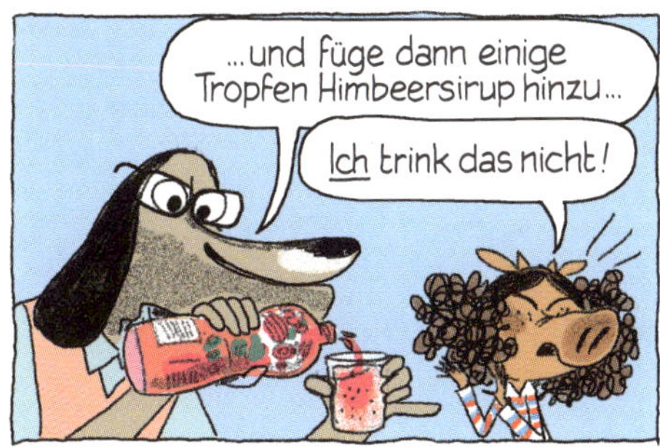

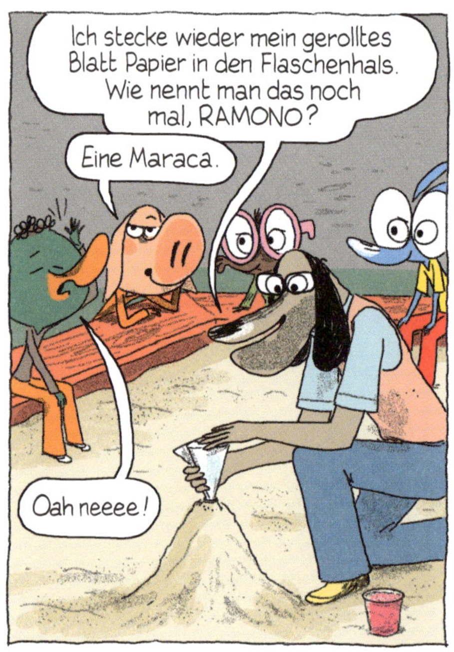
Ich stecke wieder mein gerolltes Blatt Papier in den Flaschenhals. Wie nennt man das noch mal, RAMONO?
Eine Maraca.
Oah neeee!

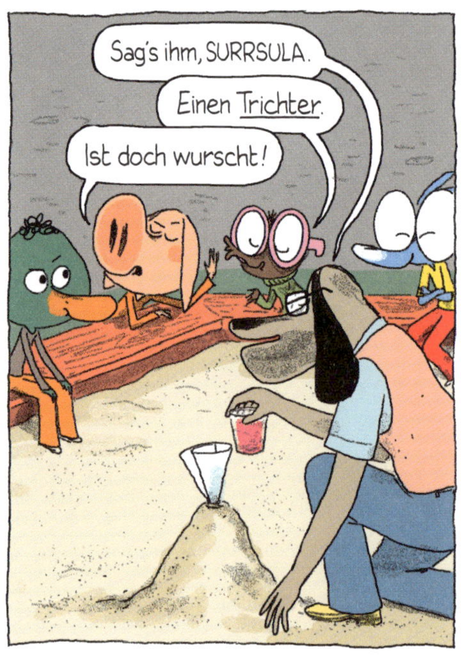
Sag's ihm, SURRSULA.
Einen Trichter.
Ist doch wurscht!

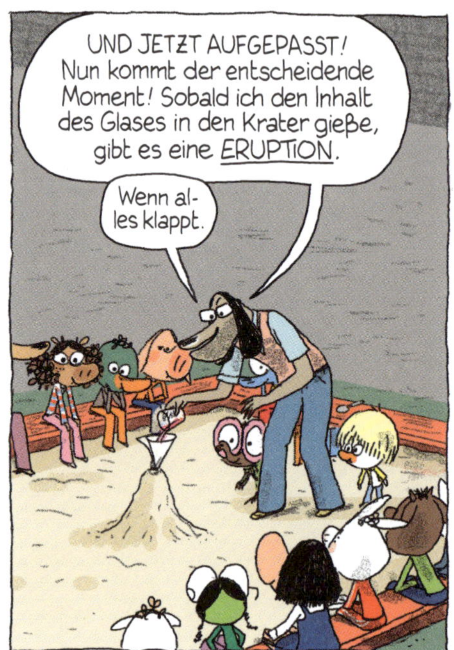
UND JETZT AUFGEPASST! Nun kommt der entscheidende Moment! Sobald ich den Inhalt des Glases in den Krater gieße, gibt es eine ERUPTION.
Wenn alles klappt.

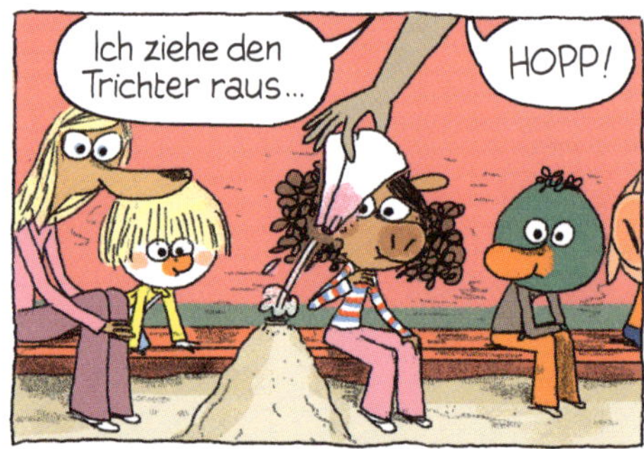
Ich ziehe den Trichter raus...
HOPP!

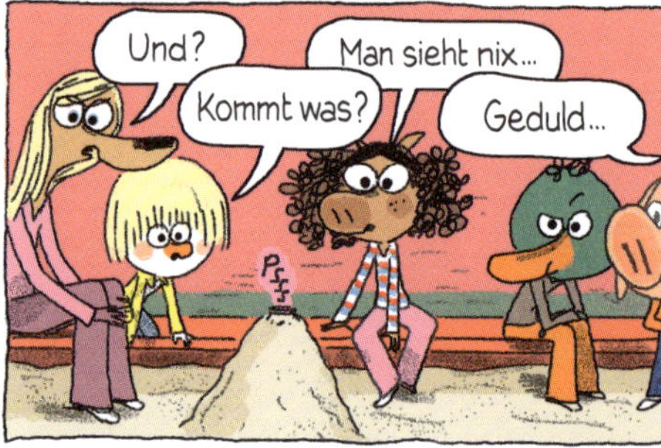
Und?
Kommt was?
Man sieht nix...
Geduld...
PSSS

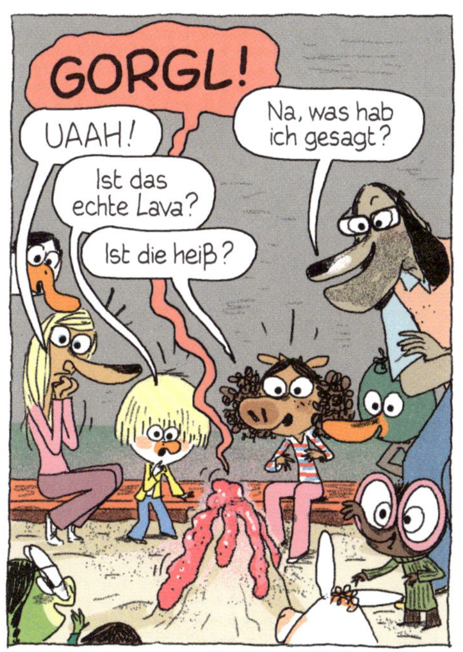
GORGL!
UAAH!
Ist das echte Lava?
Ist die heiß?
Na, was hab ich gesagt?

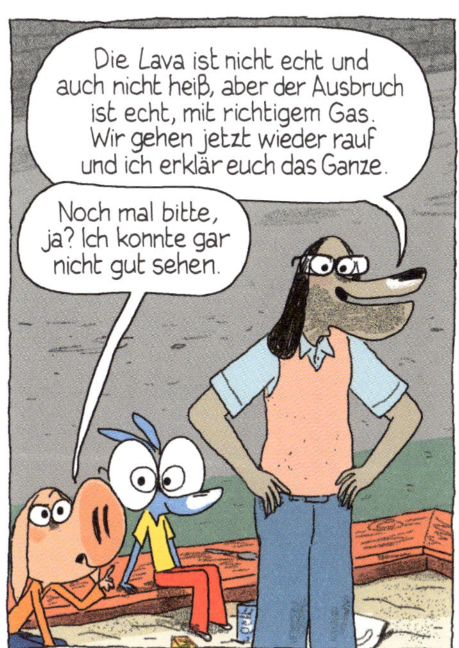
Die Lava ist nicht echt und auch nicht heiß, aber der Ausbruch ist echt, mit richtigem Gas. Wir gehen jetzt wieder rauf und ich erklär euch das Ganze.
Noch mal bitte, ja? Ich konnte gar nicht gut sehen.

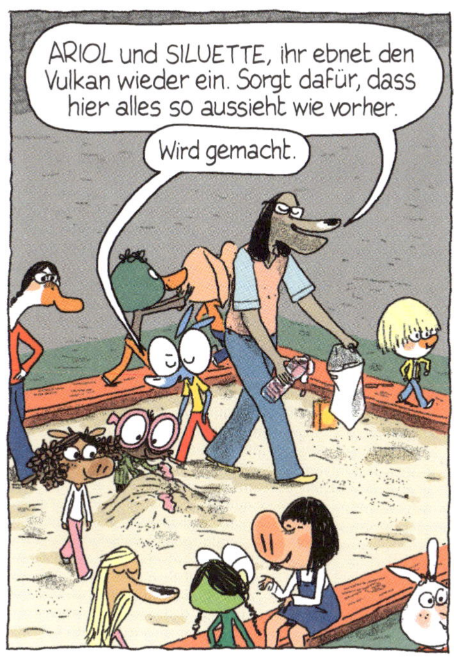
ARIOL und SILUETTE, ihr ebnet den Vulkan wieder ein. Sorgt dafür, dass hier alles so aussieht wie vorher.
Wird gemacht.

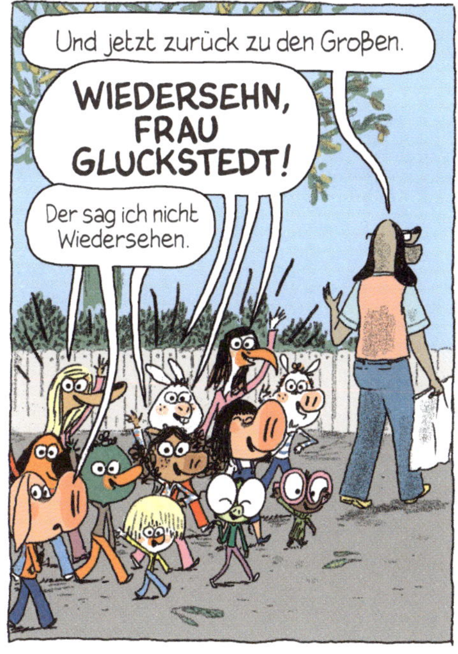
Und jetzt zurück zu den Großen.
WIEDERSEHN, FRAU GLUCKSTEDT!
Der sag ich nicht Wiedersehen.

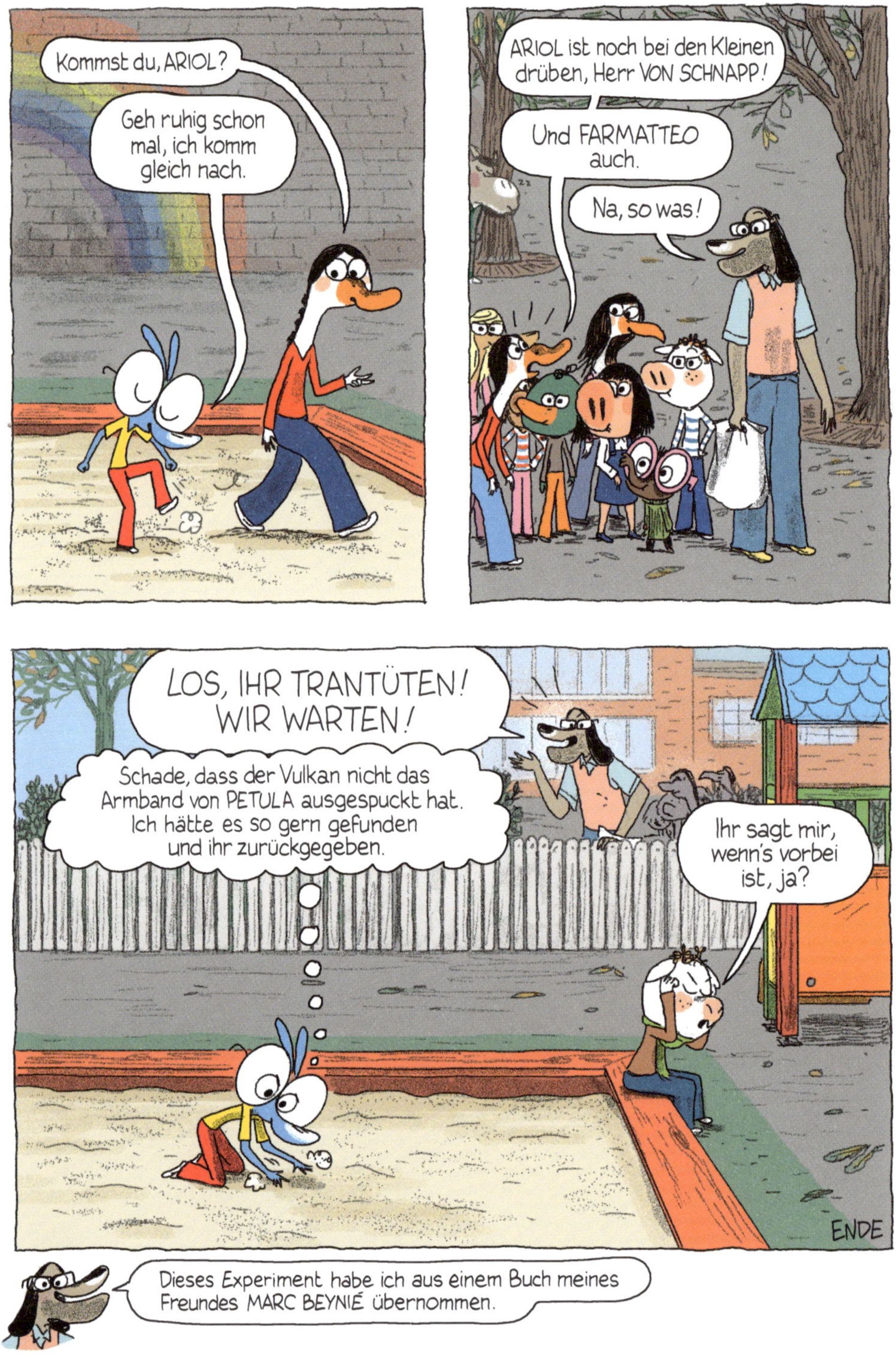

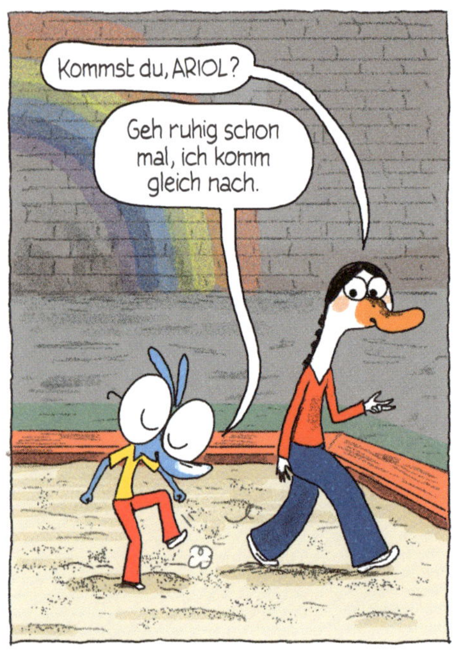


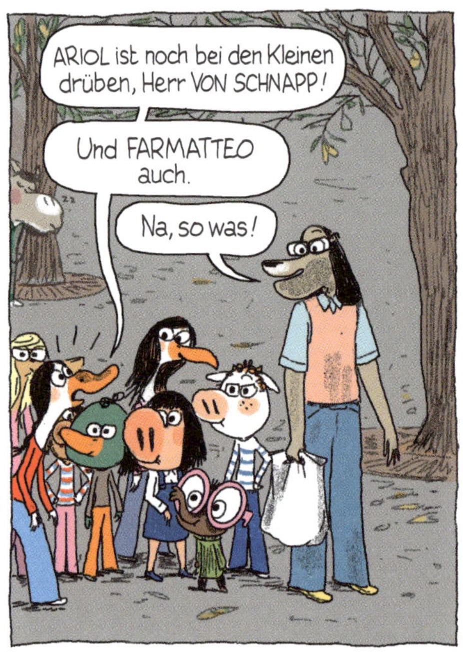


LOS, IHR TRANTÜTEN! WIR WARTEN!

Schade, dass der Vulkan nicht das Armband von PETULA ausgespuckt hat. Ich hätte es so gern gefunden und ihr zurückgegeben.

Ihr sagt mir, wenn's vorbei ist, ja?

ENDE

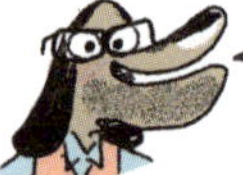

Dieses Experiment habe ich aus einem Buch meines Freundes MARC BEYNIÉ übernommen.

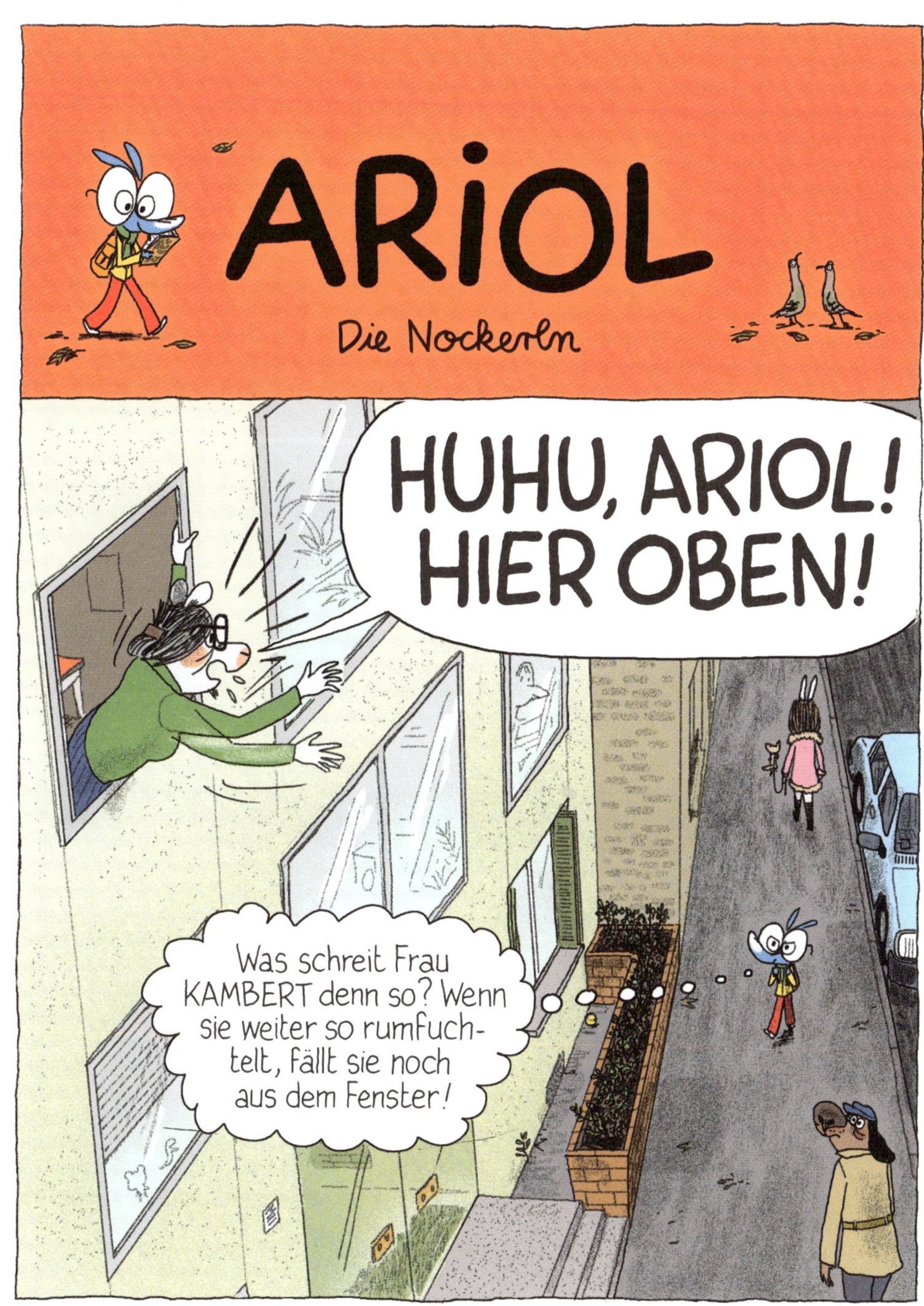
ARIOL
Die Nockerln
HUHU, ARIOL! HIER OBEN!
Was schreit Frau KAMBERT denn so? Wenn sie weiter so rumfuchtelt, fällt sie noch aus dem Fenster!

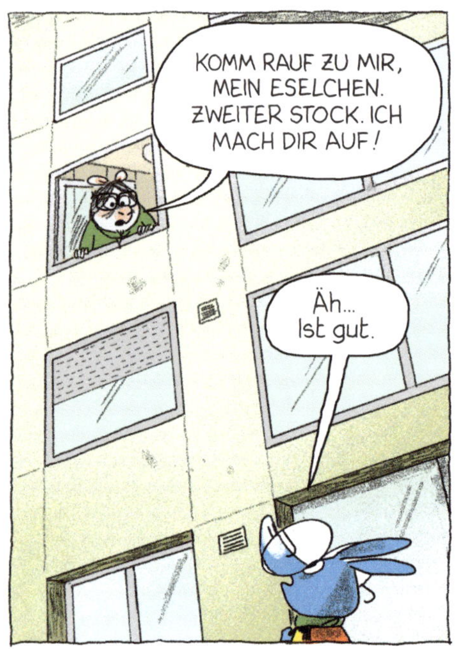
KOMM RAUF ZU MIR, MEIN ESELCHEN. ZWEITER STOCK. ICH MACH DIR AUF!
Äh... Ist gut.

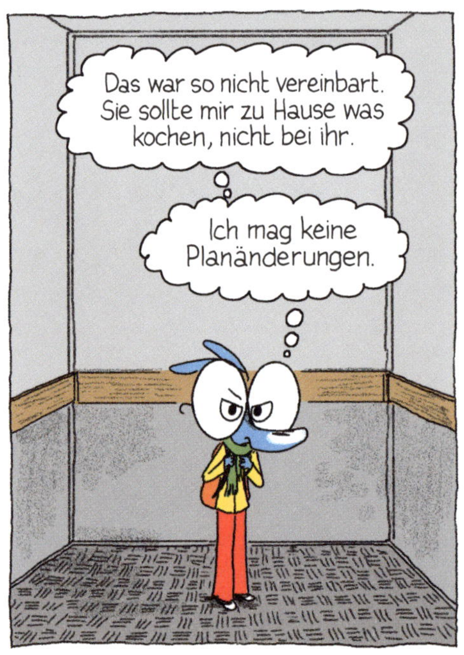
Das war so nicht vereinbart. Sie sollte mir zu Hause was kochen, nicht bei ihr.
Ich mag keine Planänderungen.

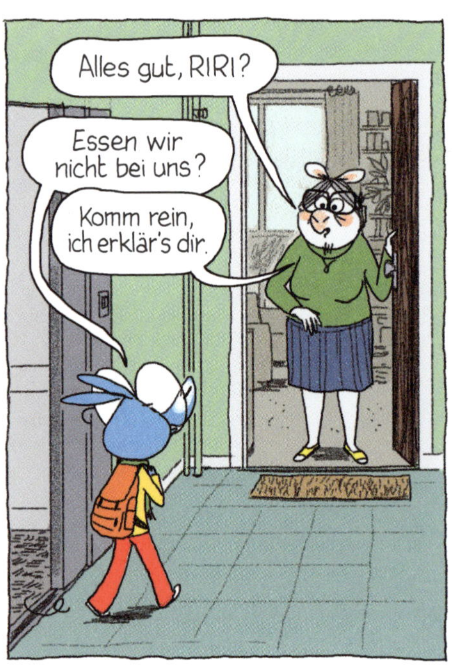
Alles gut, RIRI?
Essen wir nicht bei uns?
Komm rein, ich erklär's dir.

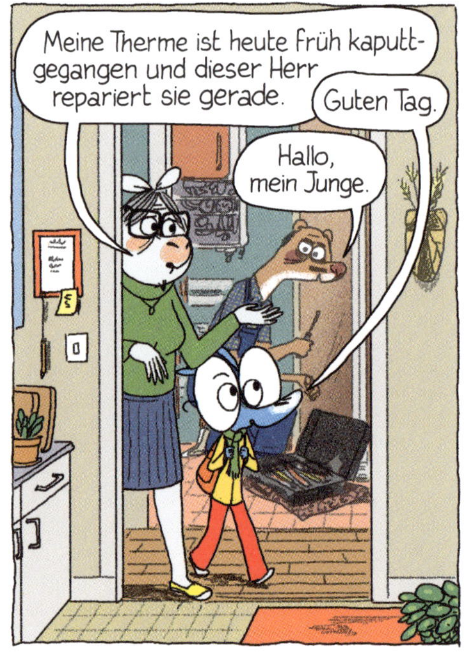
Meine Therme ist heute früh kaputtgegangen und dieser Herr repariert sie gerade.
Guten Tag.
Hallo, mein Junge.

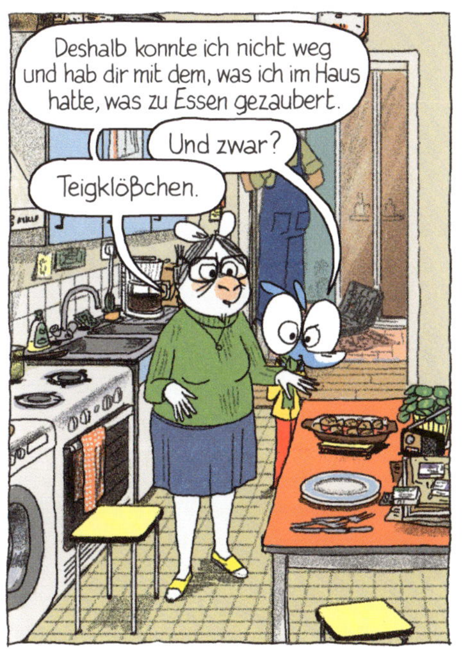
Deshalb konnte ich nicht weg und hab dir mit dem, was ich im Haus hatte, was zu Essen gezaubert.
Und zwar?
Teigklößchen.

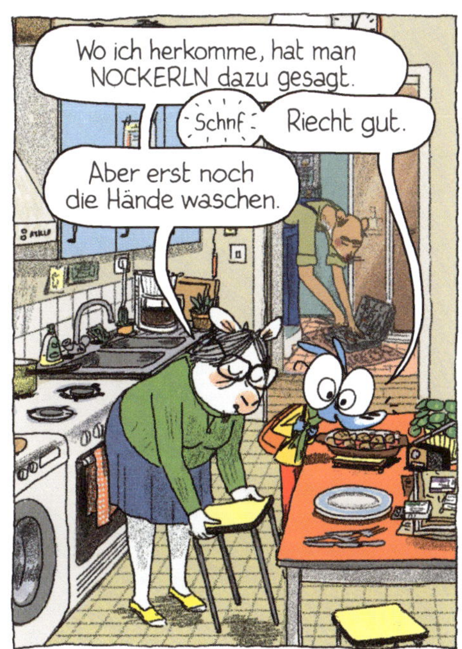
Wo ich herkomme, hat man NOCKERLN dazu gesagt.
Schnf
Riecht gut.
Aber erst noch die Hände waschen.

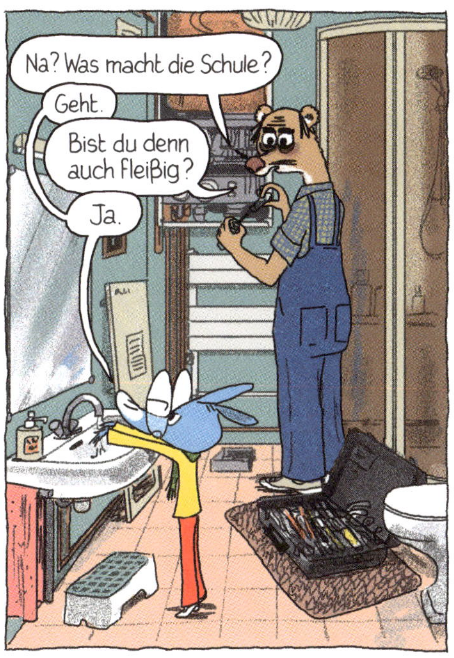
Na? Was macht die Schule?
Geht.
Bist du denn auch fleißig?
Ja.

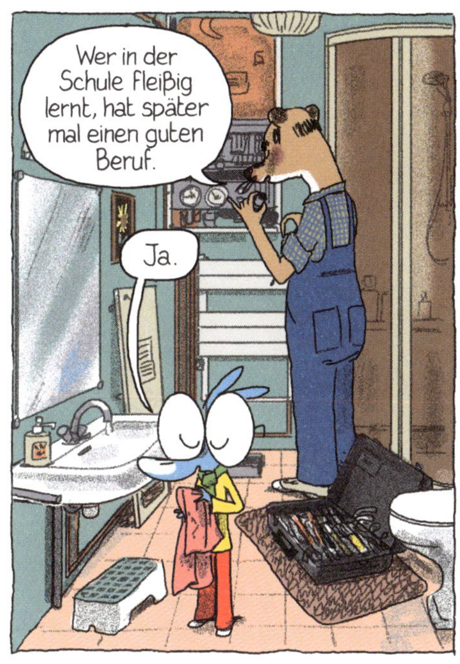
Wer in der Schule fleißig lernt, hat später mal einen guten Beruf.
Ja.

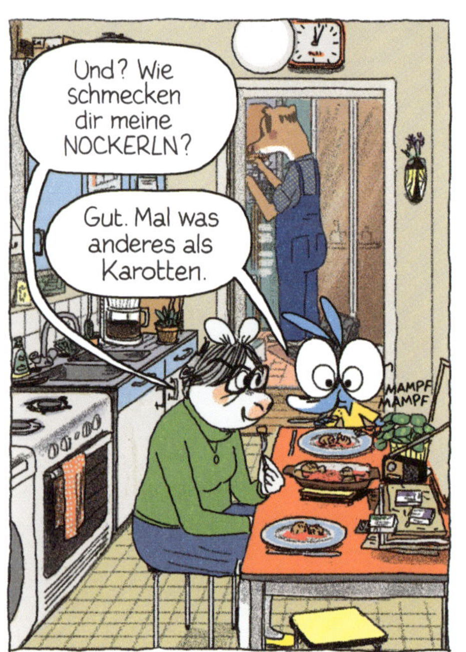
Und? Wie schmecken dir meine NOCKERLN?
Gut. Mal was anderes als Karotten.
MAMPF MAMPF

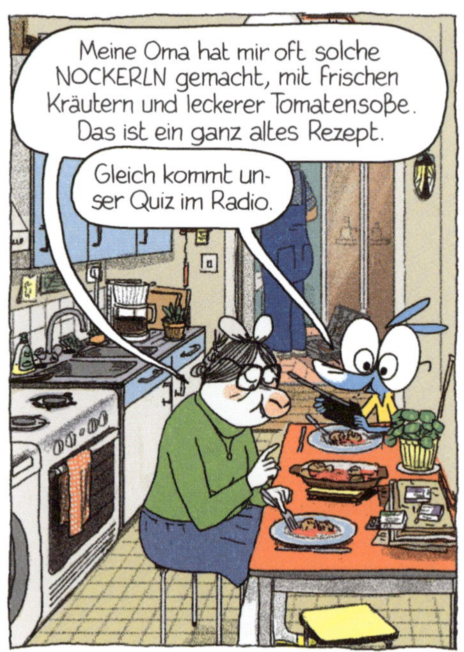
Meine Oma hat mir oft solche NOCKERLN gemacht, mit frischen Kräutern und leckerer Tomatensoße. Das ist ein ganz altes Rezept.
Gleich kommt unser Quiz im Radio.

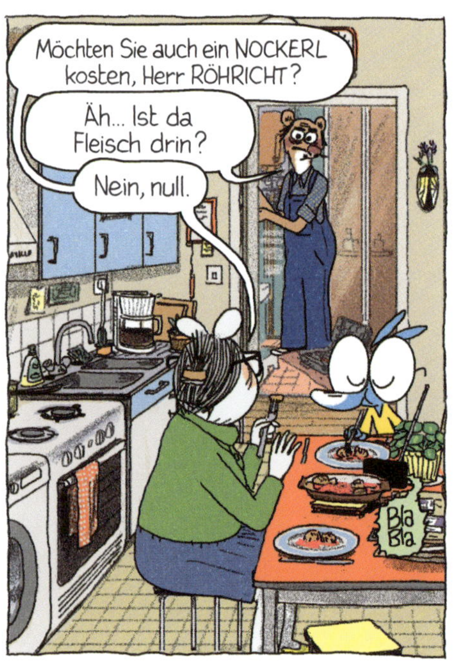
Möchten Sie auch ein NOCKERL kosten, Herr RÖHRICHT?
Äh... Ist da Fleisch drin?
Nein, null.
Bla Bla

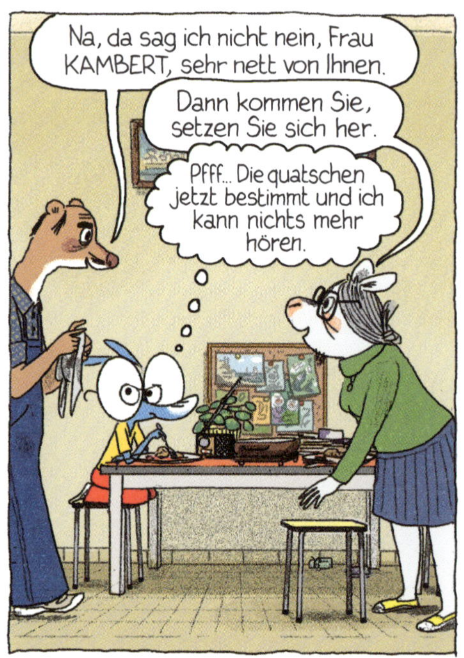
Na, da sag ich nicht nein, Frau KAMBERT, sehr nett von Ihnen.
Dann kommen Sie, setzen Sie sich her.
Pfff... Die quatschen jetzt bestimmt und ich kann nichts mehr hören.

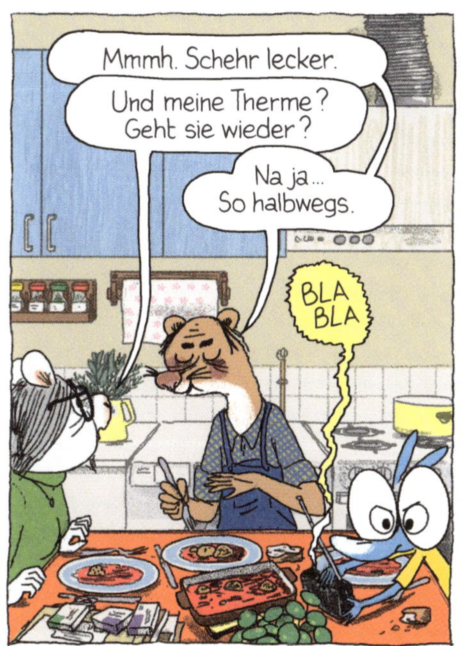
Mmmh. Schehr lecker.
Und meine Therme? Geht sie wieder?
Na ja... So halbwegs.
BLA BLA

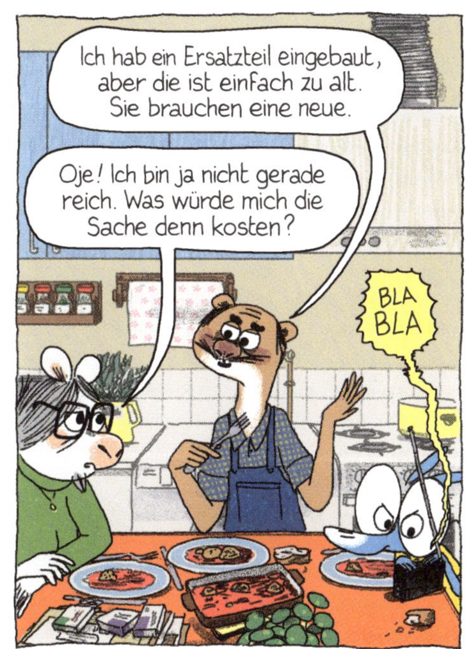
Ich hab ein Ersatzteil eingebaut, aber die ist einfach zu alt. Sie brauchen eine neue.
Oje! Ich bin ja nicht gerade reich. Was würde mich die Sache denn kosten?
BLA BLA

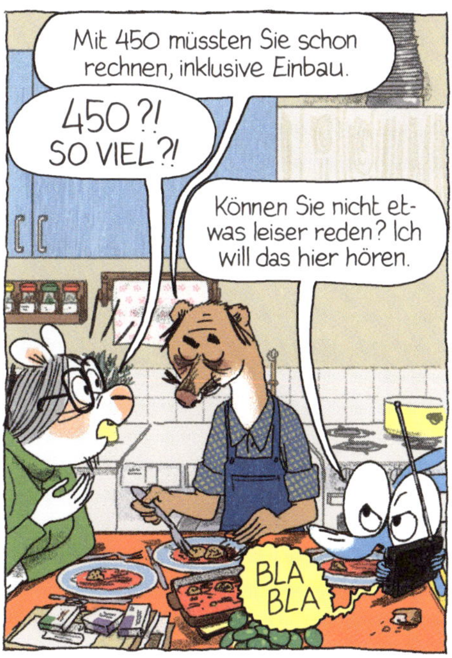
Mit 450 müssten Sie schon rechnen, inklusive Einbau.
450?! SO VIEL?!
Können Sie nicht etwas leiser reden? Ich will das hier hören.
BLA BLA

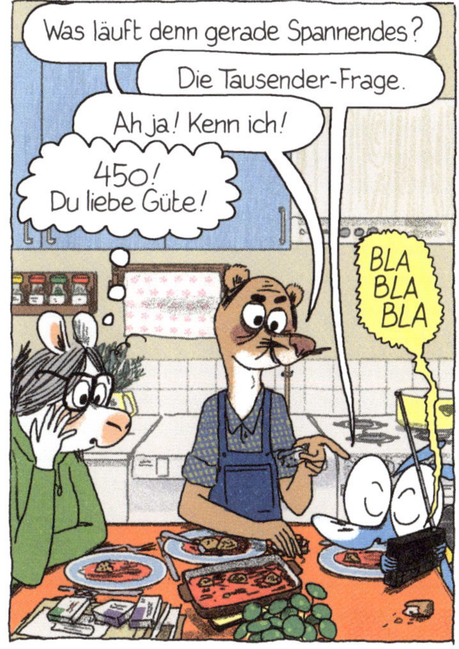
Was läuft denn gerade Spannendes?
Die Tausender-Frage.
Ah ja! Kenn ich!
450! Du liebe Güte!
BLA BLA BLA

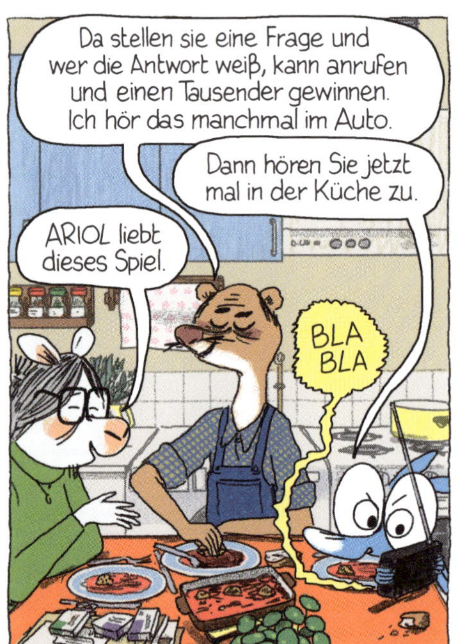
Da stellen sie eine Frage und wer die Antwort weiß, kann anrufen und einen Tausender gewinnen. Ich hör das manchmal im Auto.
Dann hören Sie jetzt mal in der Küche zu.
ARIOL liebt dieses Spiel.
BLA BLA

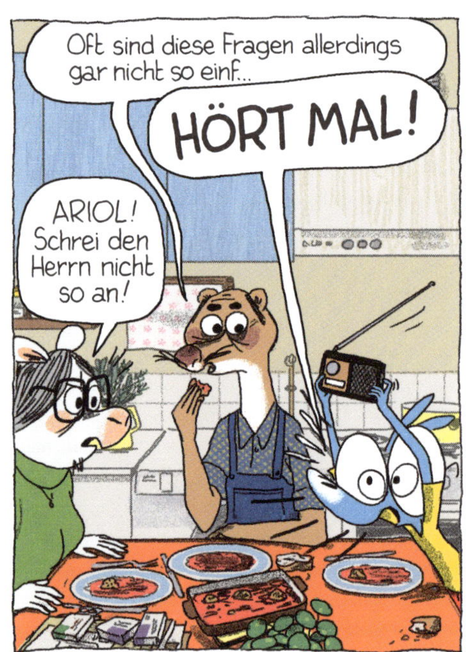
Oft sind diese Fragen allerdings gar nicht so einf...
HÖRT MAL!
ARIOL! Schrei den Herrn nicht so an!

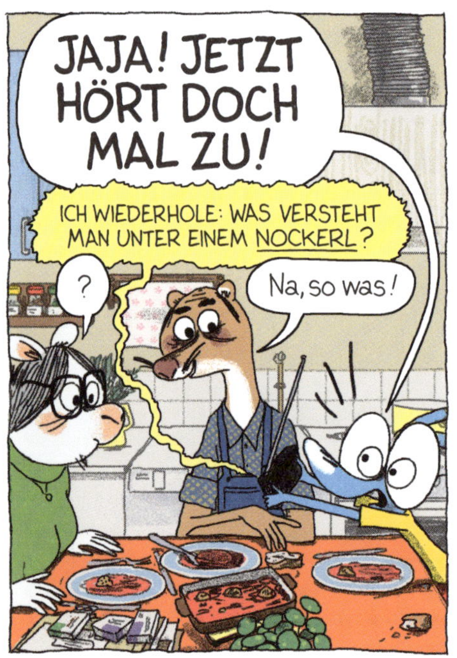
JAJA! JETZT HÖRT DOCH MAL ZU!
ICH WIEDERHOLE: WAS VERSTEHT MAN UNTER EINEM NOCKERL?
?
Na, so was!

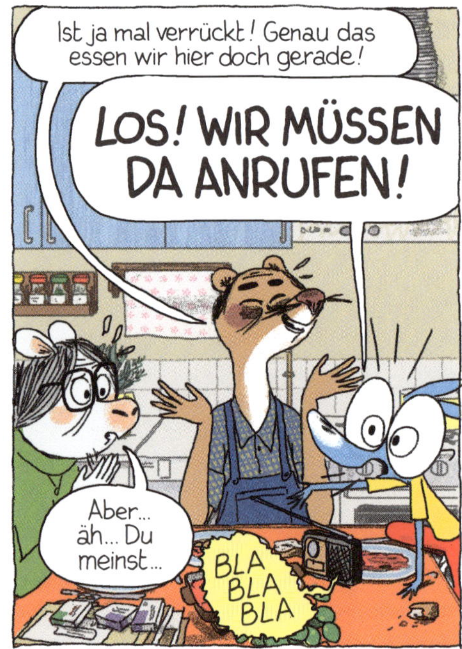
Ist ja mal verrückt! Genau das essen wir hier doch gerade!
LOS! WIR MÜSSEN DA ANRUFEN!
Aber... äh... Du meinst...
BLA BLA BLA

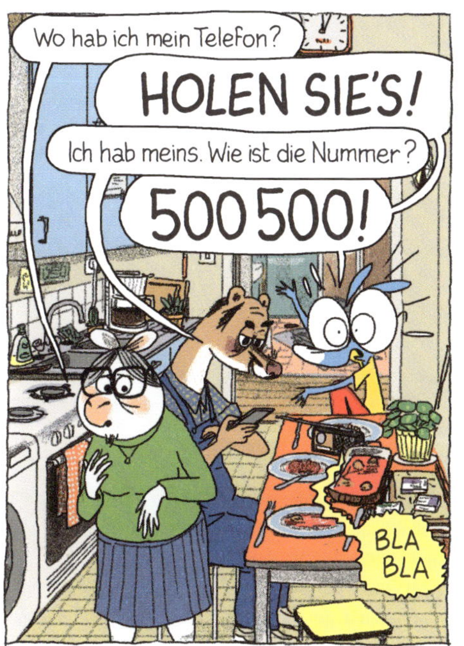
Wo hab ich mein Telefon?
HOLEN SIE'S!
Ich hab meins. Wie ist die Nummer?
500 500!
BLA BLA

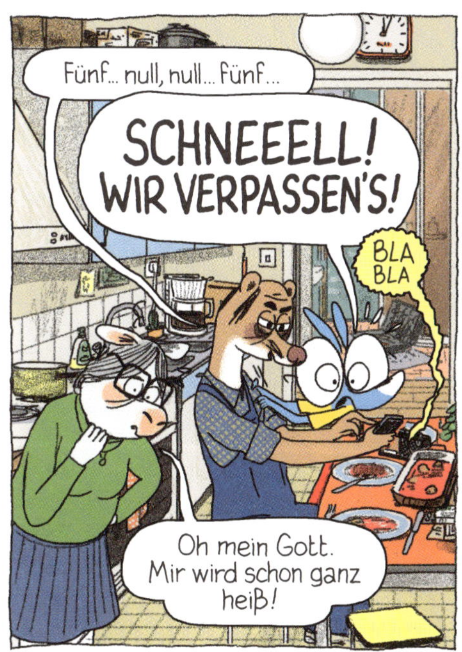
Fünf... null, null... fünf...
SCHNEEELL! WIR VERPASSEN'S!
BLA BLA
Oh mein Gott. Mir wird schon ganz heiß!

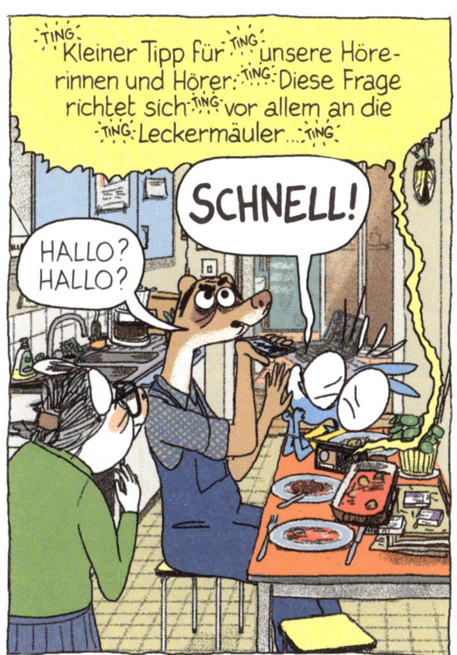
TING Kleiner Tipp für TING unsere Hörerinnen und Hörer: TING Diese Frage richtet sich TING vor allem an die TING Leckermäuler... TING
SCHNELL!
HALLO? HALLO?

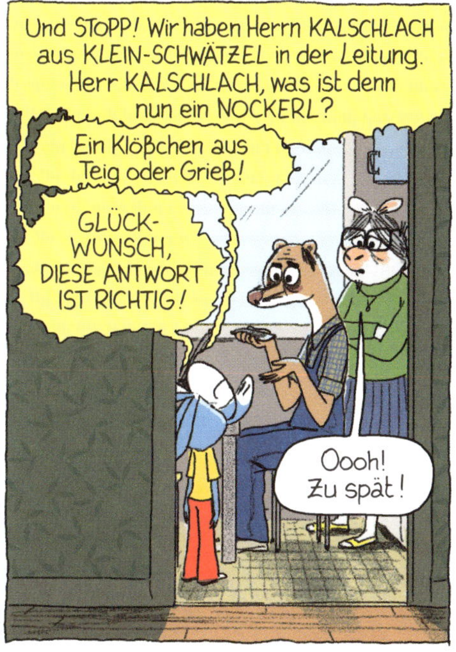
Und STOPP! Wir haben Herrn KALSCHLACH aus KLEIN-SCHWÄTZEL in der Leitung. Herr KALSCHLACH, was ist denn nun ein NOCKERL?
Ein Klößchen aus Teig oder Grieß!
GLÜCKWUNSCH, DIESE ANTWORT IST RICHTIG!
Oooh! Zu spät!

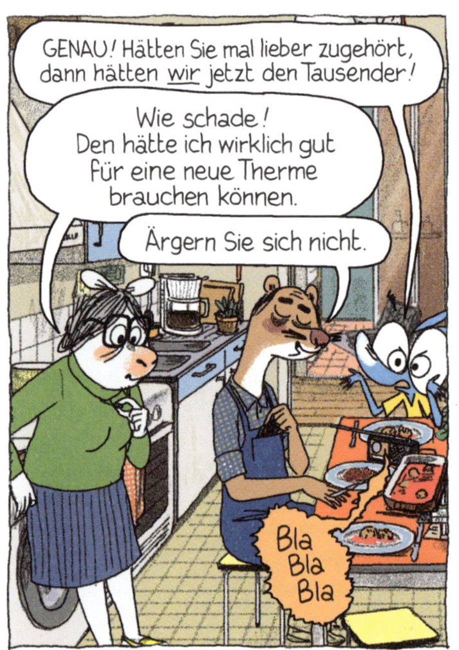
GENAU! Hätten Sie mal lieber zugehört, dann hätten wir jetzt den Tausender!
Wie schade! Den hätte ich wirklich gut für eine neue Therme brauchen können.
Ärgern Sie sich nicht.
Bla Bla Bla

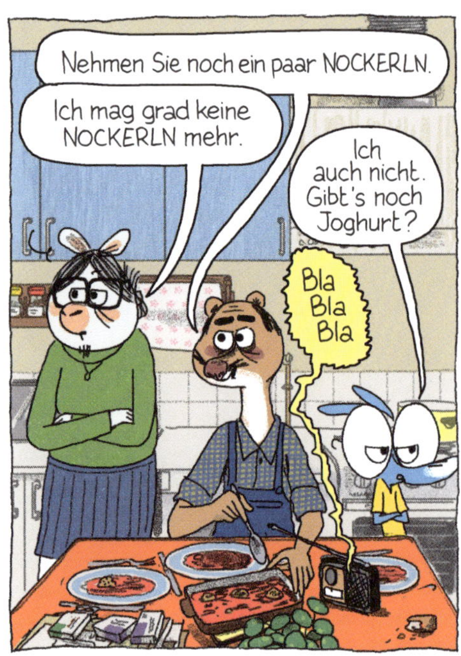
Nehmen Sie noch ein paar NOCKERLN.
Ich mag grad keine NOCKERLN mehr.
Ich auch nicht. Gibt's noch Joghurt?
Bla Bla Bla

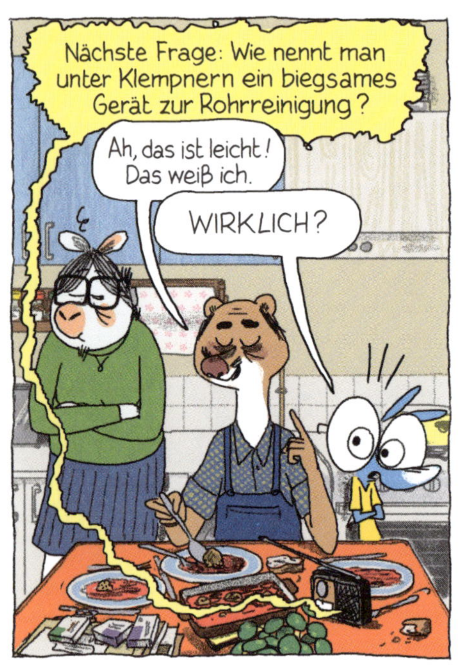
Nächste Frage: Wie nennt man unter Klempnern ein biegsames Gerät zur Rohrreinigung?
Ah, das ist leicht! Das weiß ich.
WIRKLICH?

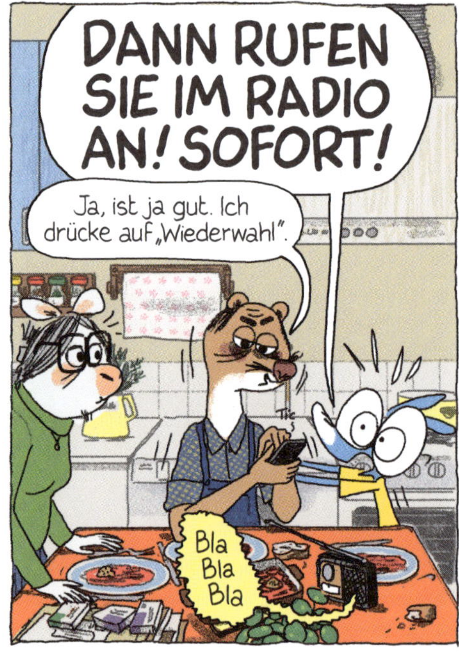
DANN RUFEN SIE IM RADIO AN! SOFORT!
Ja, ist ja gut. Ich drücke auf „Wiederwahl".
Bla Bla Bla

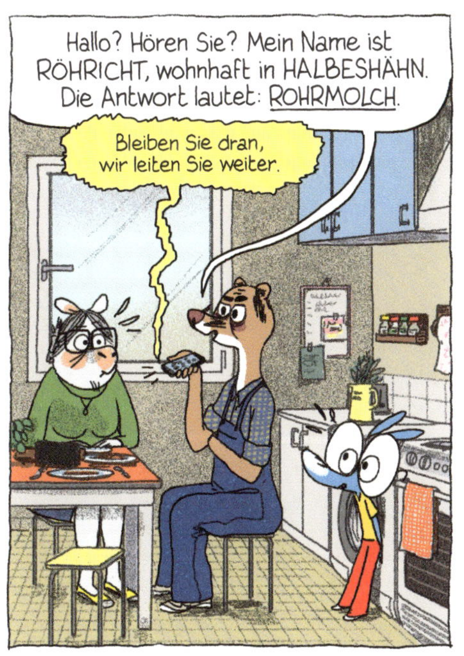
Hallo? Hören Sie? Mein Name ist RÖHRICHT, wohnhaft in HALBESHÄHN. Die Antwort lautet: ROHRMOLCH.
Bleiben Sie dran, wir leiten Sie weiter.

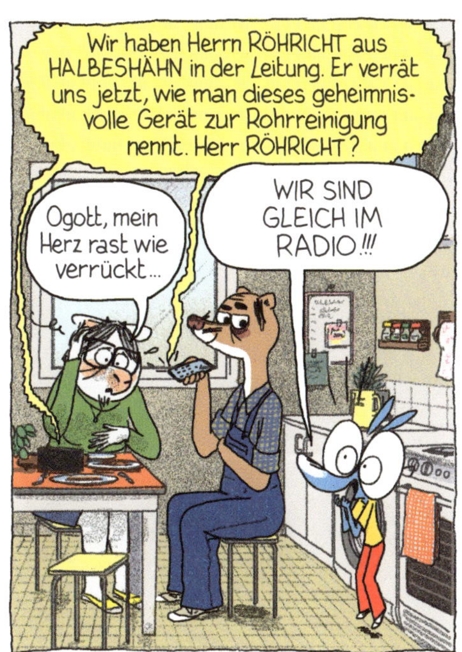
Wir haben Herrn RÖHRICHT aus HALBESHÄHN in der Leitung. Er verrät uns jetzt, wie man dieses geheimnisvolle Gerät zur Rohrreinigung nennt. Herr RÖHRICHT?
Ogott, mein Herz rast wie verrückt...
WIR SIND GLEICH IM RADIO!!!

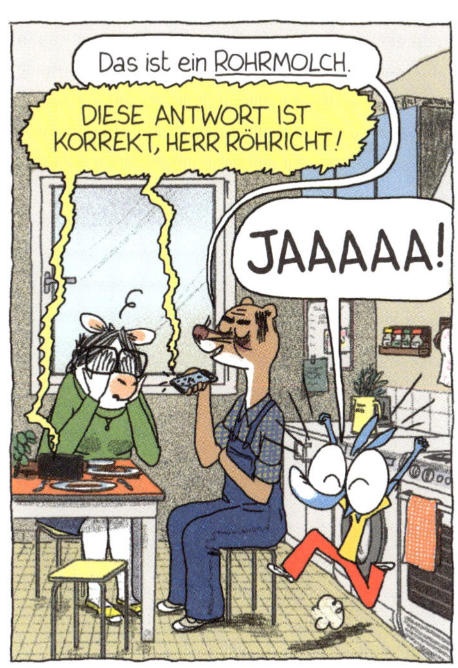
Das ist ein ROHRMOLCH.
DIESE ANTWORT IST KORREKT, HERR RÖHRICHT!
JAAAAA!

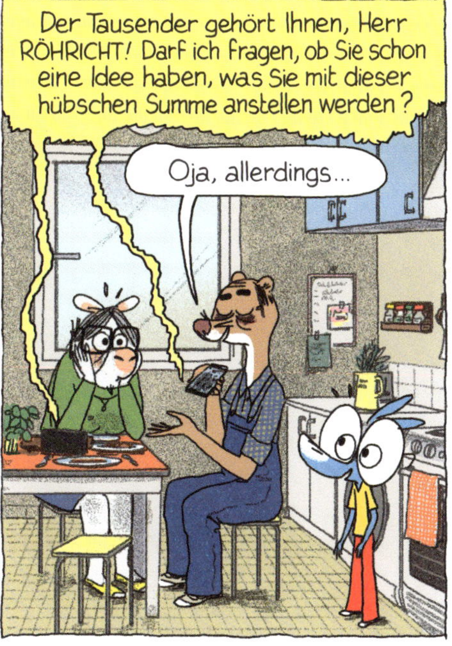
Der Tausender gehört Ihnen, Herr RÖHRICHT! Darf ich fragen, ob Sie schon eine Idee haben, was Sie mit dieser hübschen Summe anstellen werden?
Oja, allerdings...

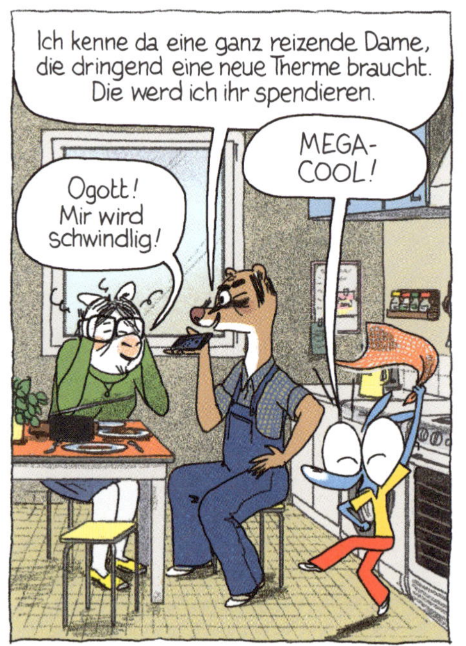

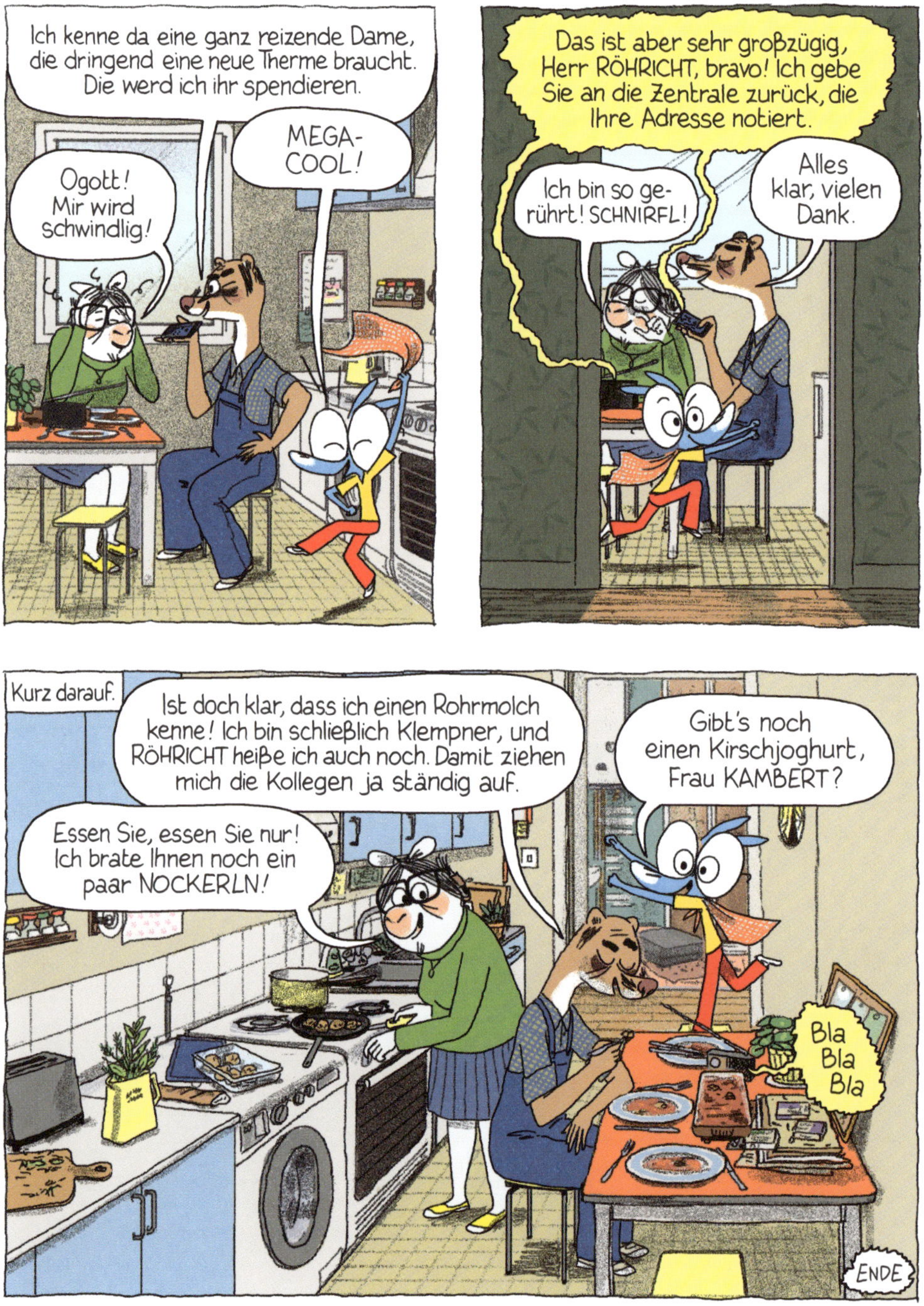

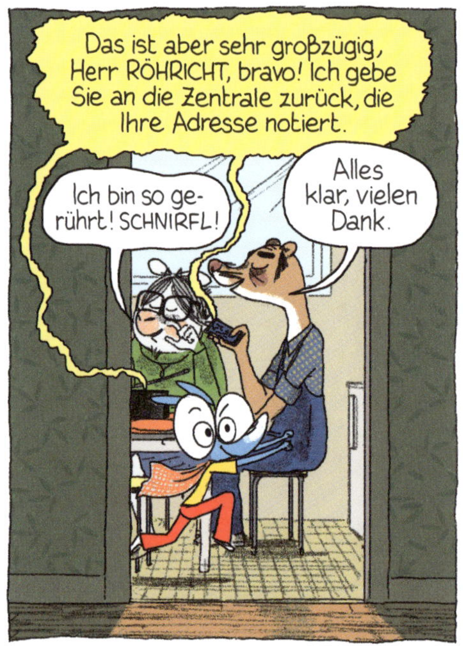


Kurz darauf.

Ist doch klar, dass ich einen Rohrmolch kenne! Ich bin schließlich Klempner, und RÖHRICHT heiße ich auch noch. Damit ziehen mich die Kollegen ja ständig auf.

Gibt's noch einen Kirschjoghurt, Frau KAMBERT?

Essen Sie, essen Sie nur! Ich brate Ihnen noch ein paar NOCKERLN!

Bla Bla Bla

ENDE

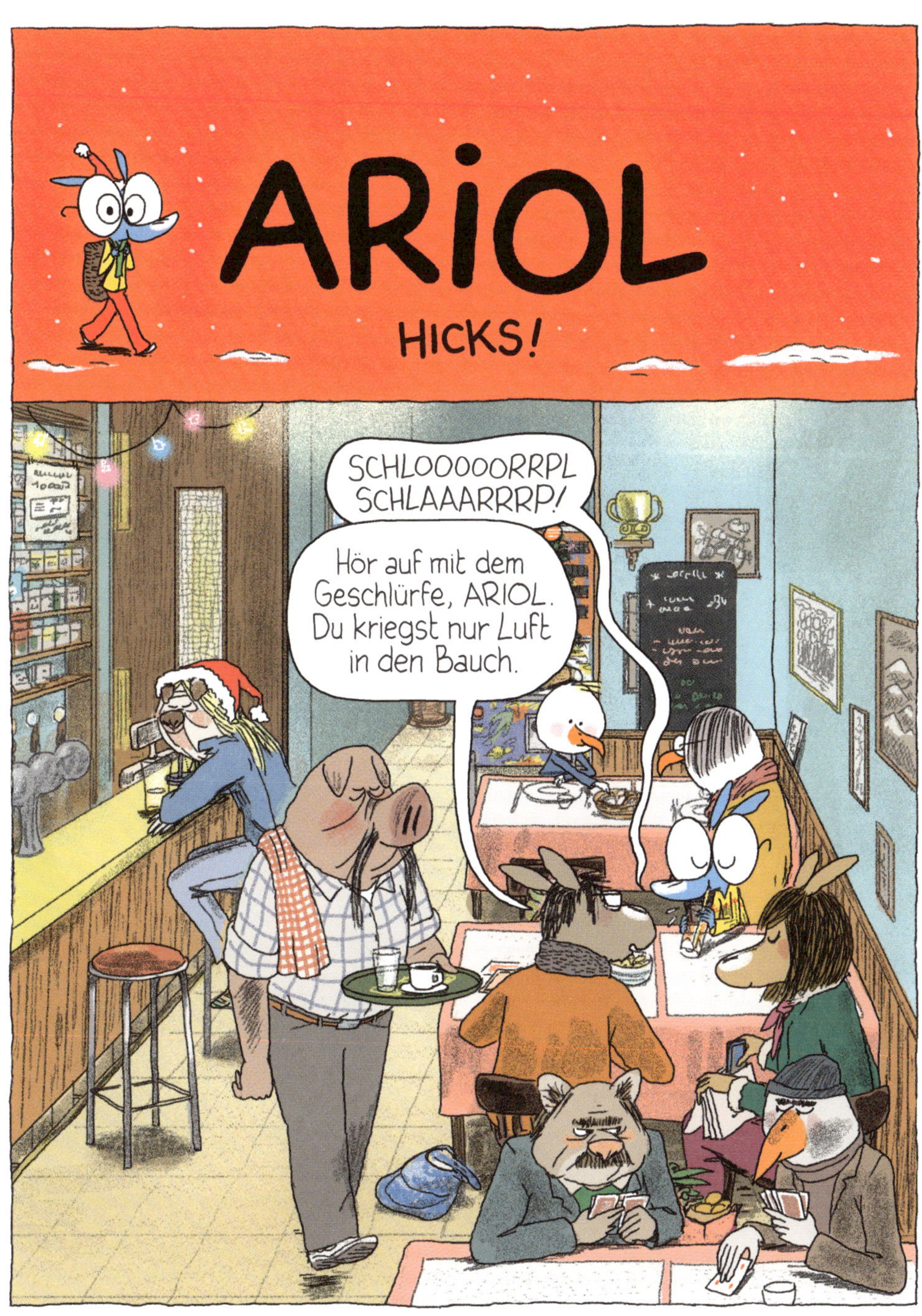
ARIOL
HICKS!
SCHLOOOOOORRPL SCHLAAARRRP!
Hör auf mit dem Geschlürfe, ARIOL. Du kriegst nur Luft in den Bauch.

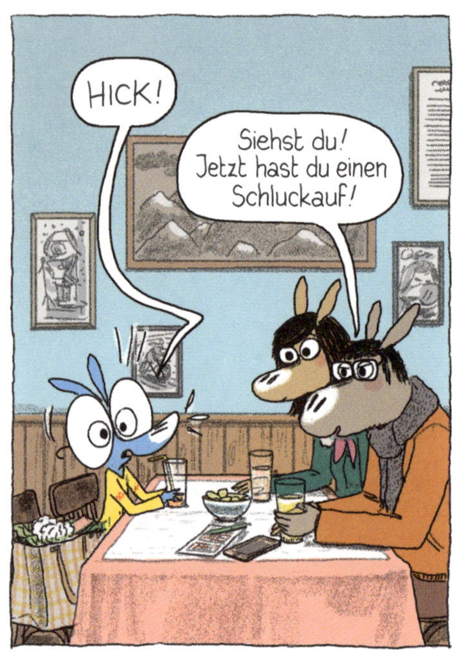
HICK!
Siehst du! Jetzt hast du einen Schluckauf!

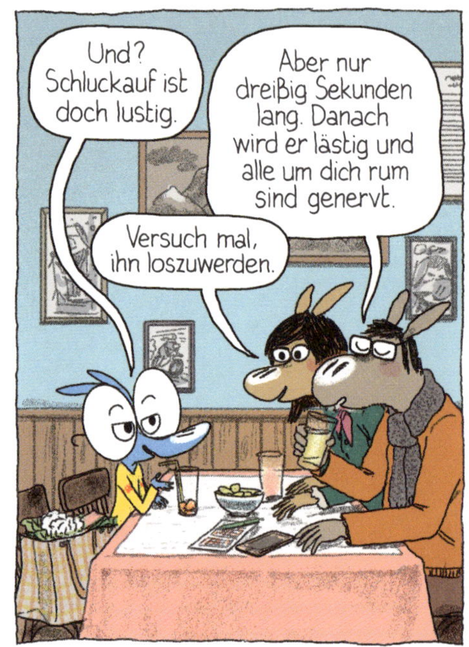
Und? Schluckauf ist doch lustig.
Aber nur dreißig Sekunden lang. Danach wird er lästig und alle um dich rum sind genervt.
Versuch mal, ihn loszuwerden.

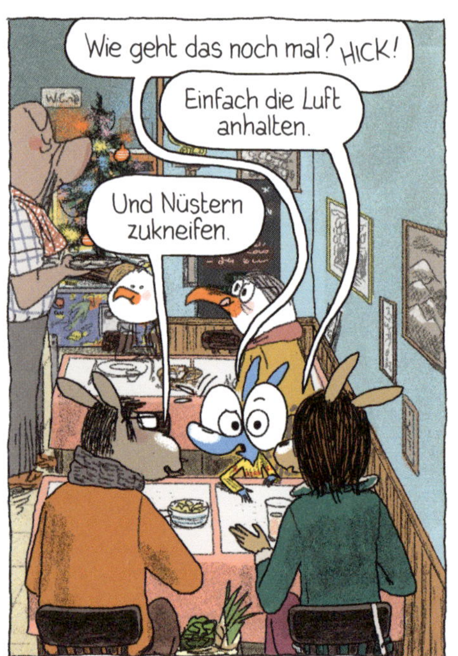
Wie geht das noch mal? HICK!
Einfach die Luft anhalten.
Und Nüstern zukneifen.

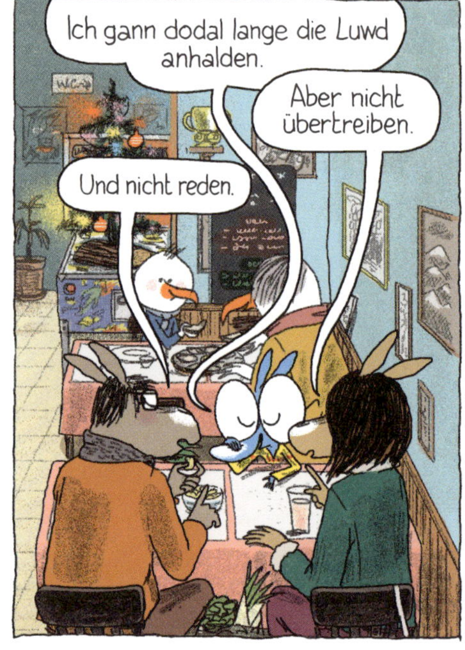
Ich gann dodal lange die Luwd anhalden.
Aber nicht übertreiben.
Und nicht reden.

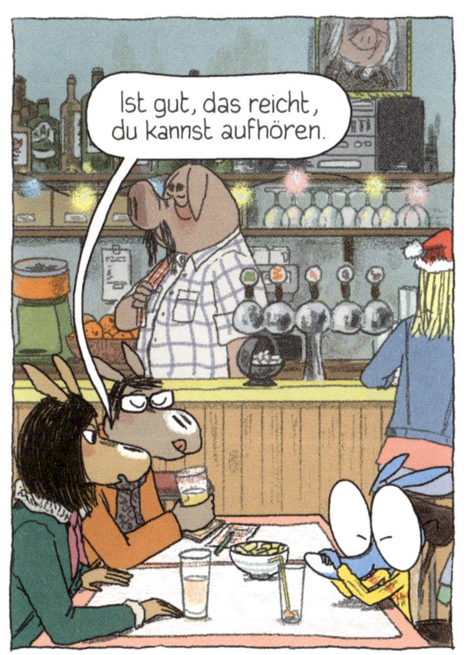
Ist gut, das reicht,
du kannst aufhören.

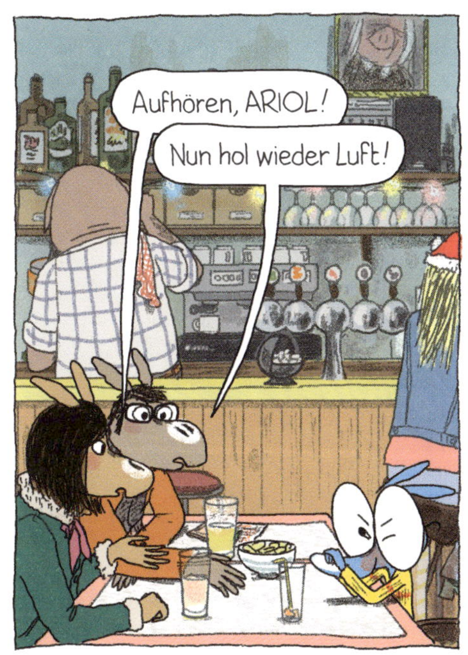
Aufhören, ARIOL!
Nun hol wieder Luft!

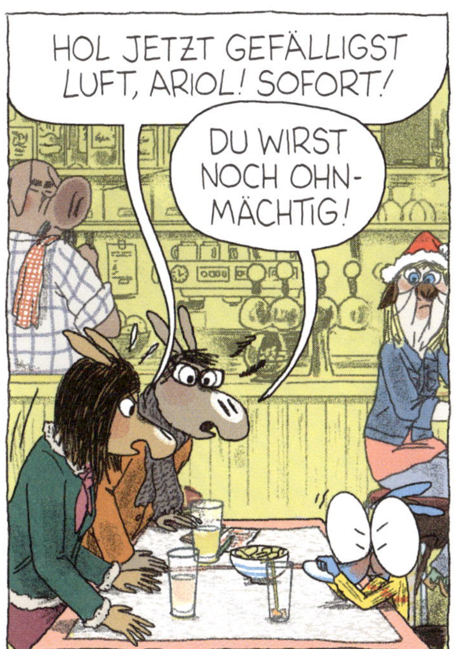
HOL JETZT GEFÄLLIGST
LUFT, ARIOL! SOFORT!
DU WIRST
NOCH OHN-
MÄCHTIG!

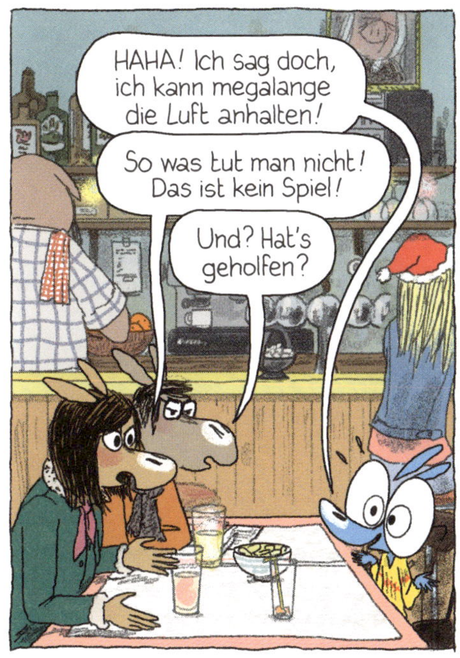
HAHA! Ich sag doch,
ich kann megalange
die Luft anhalten!
So was tut man nicht!
Das ist kein Spiel!
Und? Hat's
geholfen?

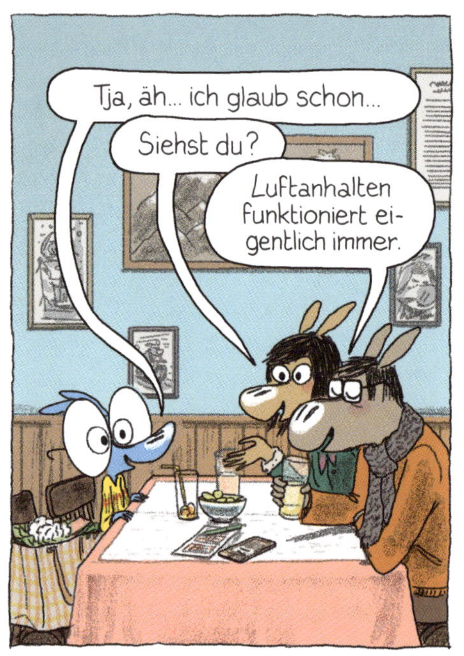
Tja, äh… ich glaub schon…
Siehst du?
Luftanhalten funktioniert eigentlich immer.

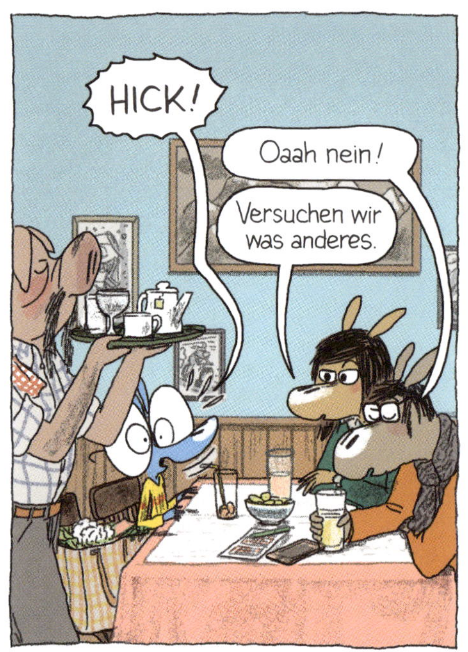
HICK!
Oaah nein!
Versuchen wir was anderes.

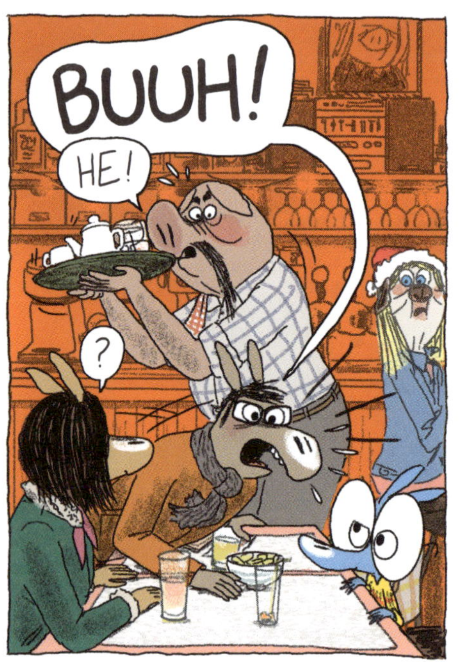
BUUH!
HE!
?

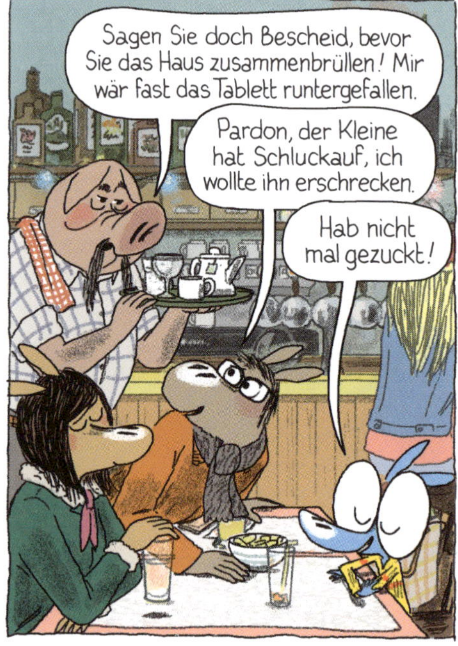
Sagen Sie doch Bescheid, bevor Sie das Haus zusammenbrüllen! Mir wär fast das Tablett runtergefallen.
Pardon, der Kleine hat Schluckauf, ich wollte ihn erschrecken.
Hab nicht mal gezuckt!

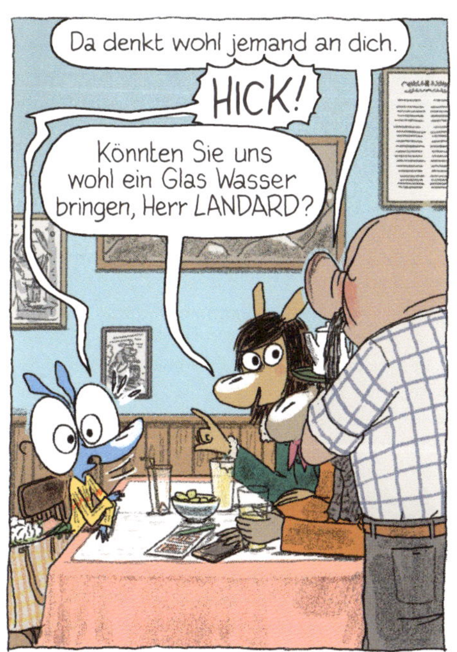
Da denkt wohl jemand an dich.
HICK!
Könnten Sie uns wohl ein Glas Wasser bringen, Herr LANDARD?

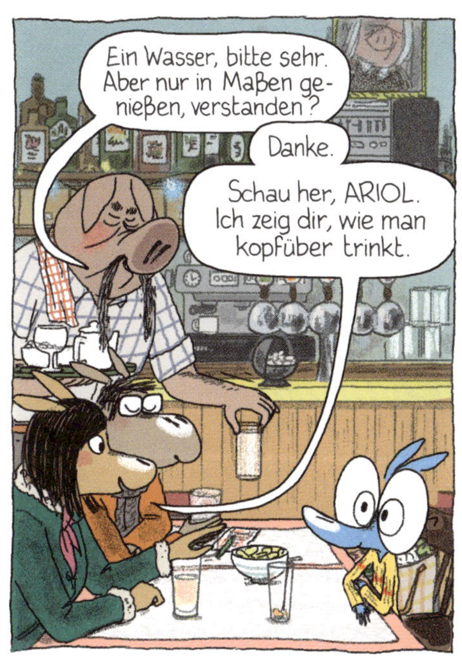
Ein Wasser, bitte sehr. Aber nur in Maßen genießen, verstanden?
Danke.
Schau her, ARIOL. Ich zeig dir, wie man kopfüber trinkt.

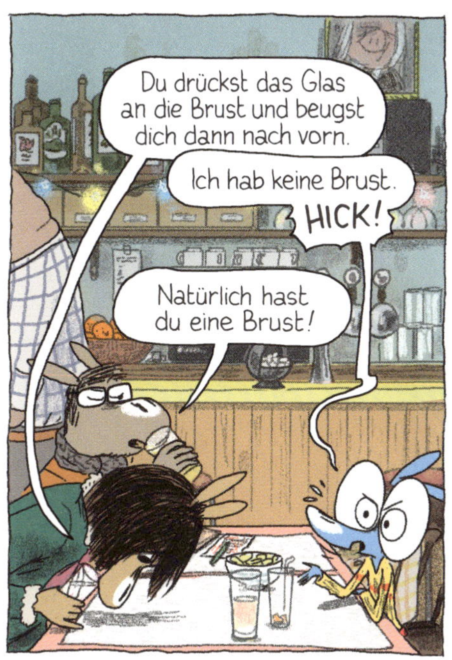
Du drückst das Glas an die Brust und beugst dich dann nach vorn.
Ich hab keine Brust.
HICK!
Natürlich hast du eine Brust!

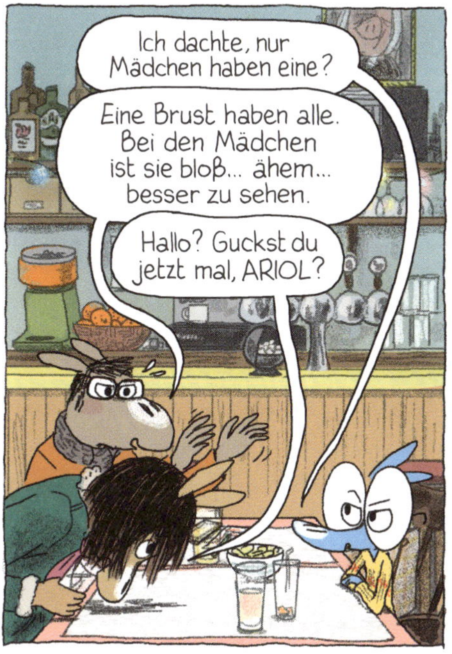
Ich dachte, nur Mädchen haben eine?
Eine Brust haben alle. Bei den Mädchen ist sie bloß... ähem... besser zu sehen.
Hallo? Guckst du jetzt mal, ARIOL?

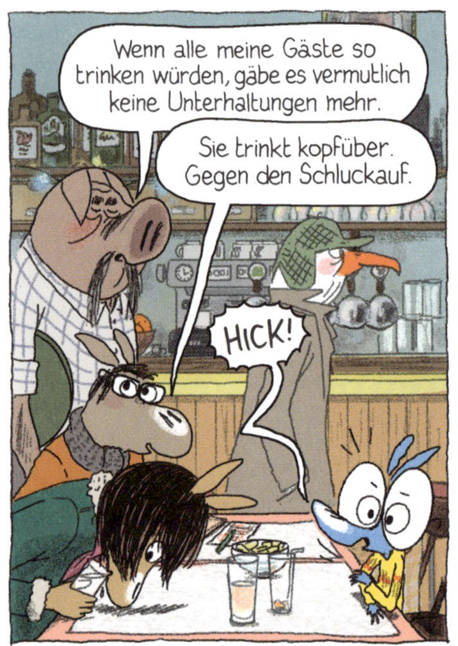
Wenn alle meine Gäste so trinken würden, gäbe es vermutlich keine Unterhaltungen mehr.
Sie trinkt kopfüber. Gegen den Schluckauf.
HICK!

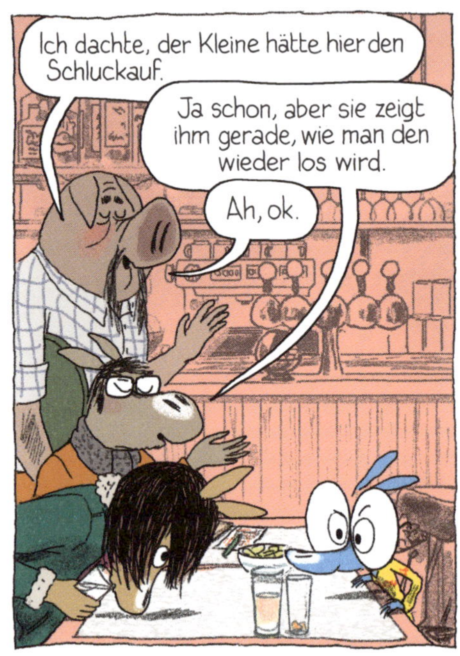
Ich dachte, der Kleine hätte hier den Schluckauf.
Ja schon, aber sie zeigt ihm gerade, wie man den wieder los wird.
Ah, ok.

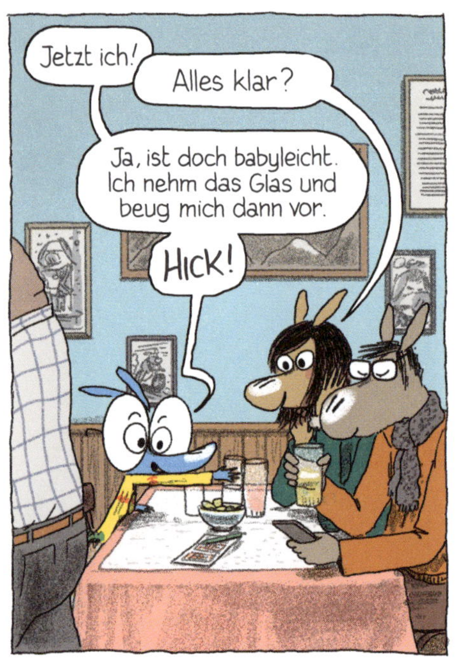
Jetzt ich!
Alles klar?
Ja, ist doch babyleicht. Ich nehm das Glas und beug mich dann vor.
HICK!

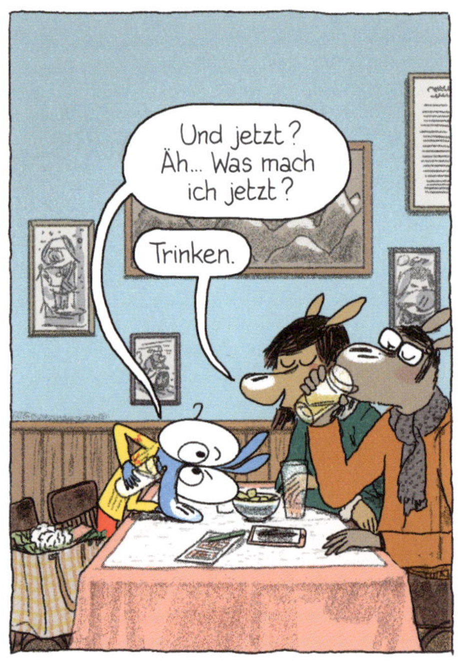
Und jetzt? Äh... Was mach ich jetzt?
Trinken.

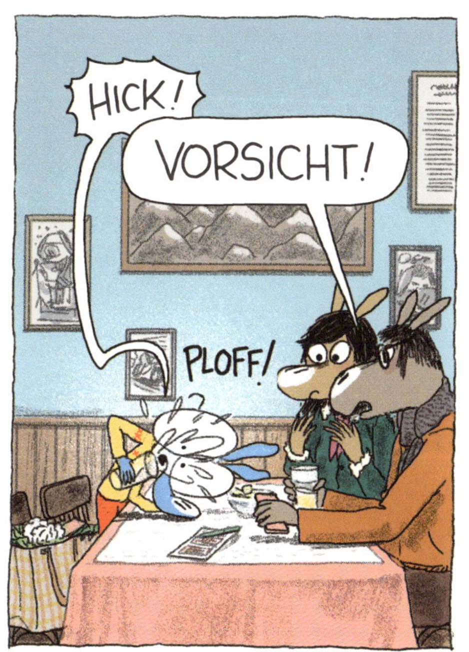
HICK!
VORSICHT!
PLOFF!

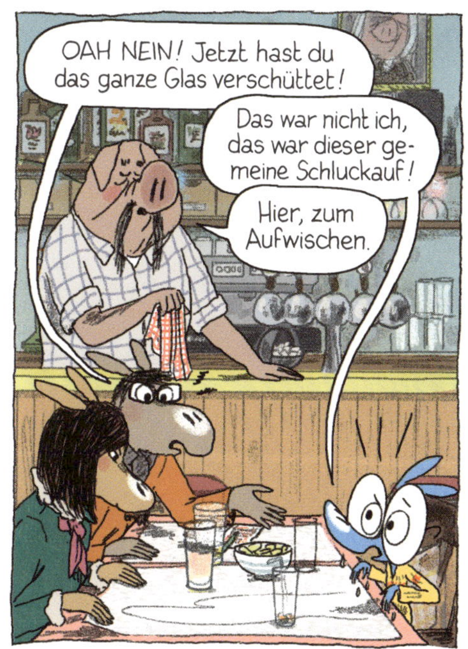
OAH NEIN! Jetzt hast du das ganze Glas verschüttet!
Das war nicht ich, das war dieser gemeine Schluckauf!
Hier, zum Aufwischen.

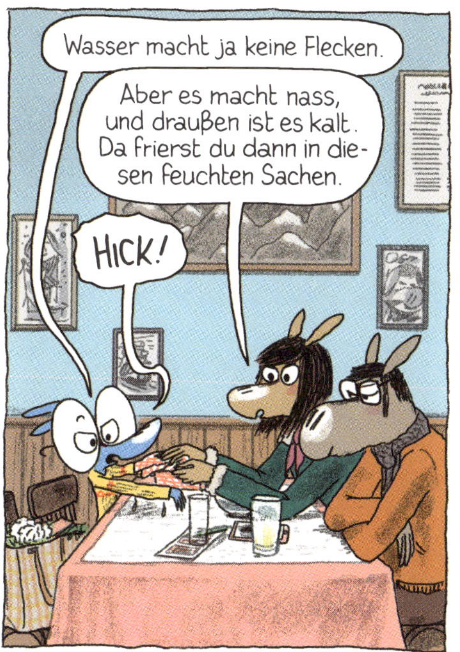
Wasser macht ja keine Flecken.
Aber es macht nass, und draußen ist es kalt. Da frierst du dann in diesen feuchten Sachen.
HICK!

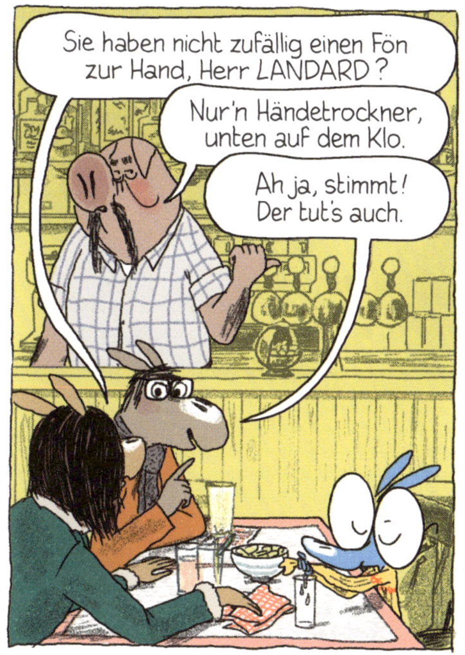
Sie haben nicht zufällig einen Fön zur Hand, Herr LANDARD?
Nur'n Händetrockner, unten auf dem Klo.
Ah ja, stimmt! Der tut's auch.

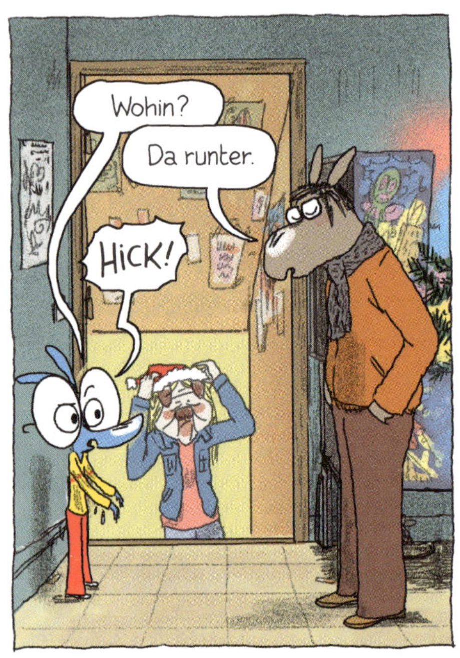
Wohin?
Da runter.
HICK!

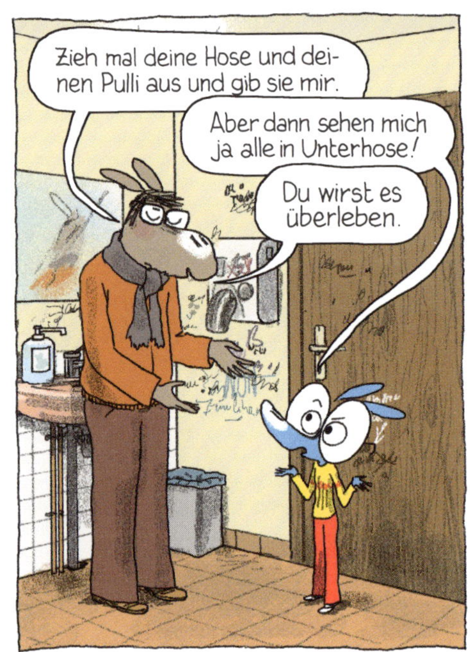
Zieh mal deine Hose und deinen Pulli aus und gib sie mir.
Aber dann sehen mich ja alle in Unterhose!
Du wirst es überleben.

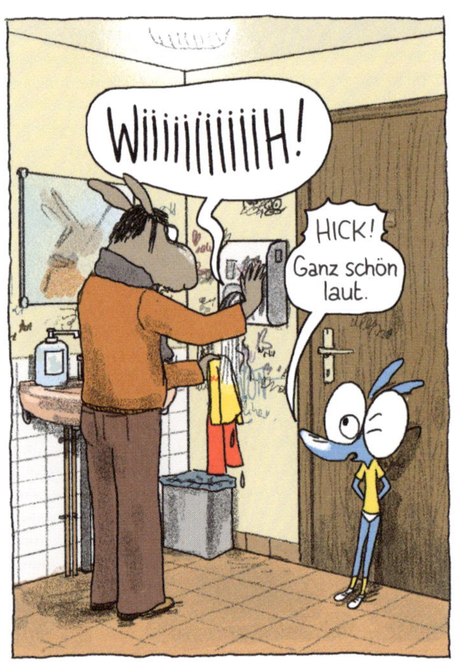
WIIIIIIIIIIIIH!
HICK! Ganz schön laut.

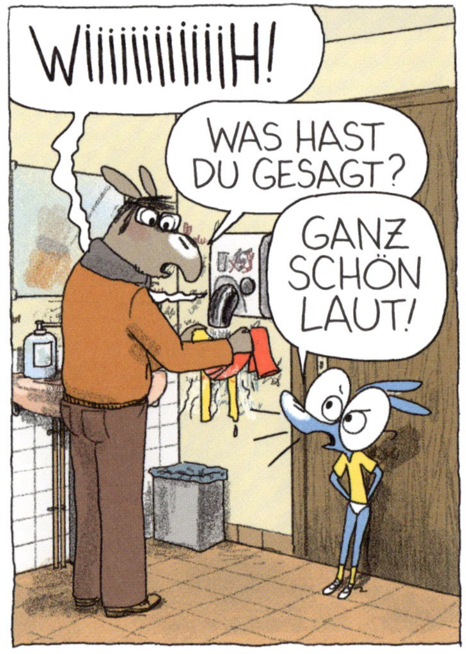
WIIIIIIIIIIIIIH!
WAS HAST DU GESAGT?
GANZ SCHÖN LAUT!

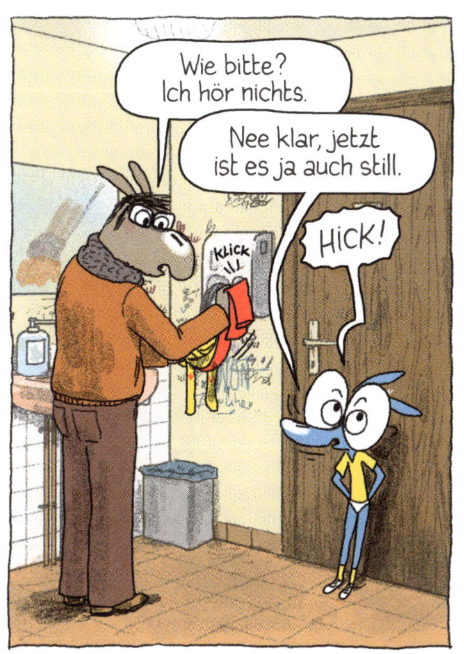
Wie bitte?
Ich hör nichts.
Nee klar, jetzt ist es ja auch still.
HICK!
KLICK

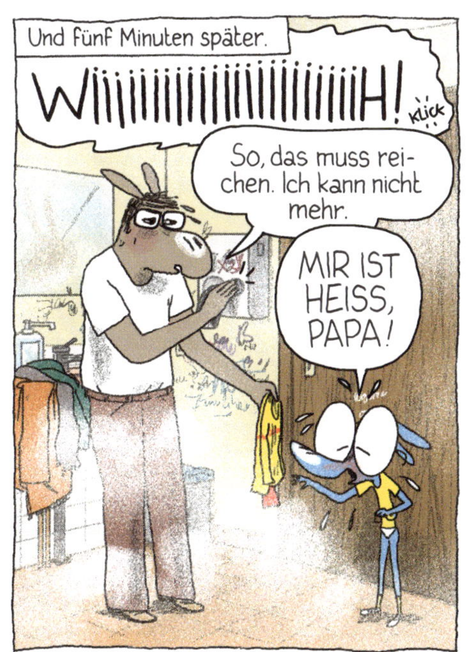
Und fünf Minuten später.
WIIIIIIIIIIIIIIIIIIIIIIIIH!
KLICK
So, das muss reichen. Ich kann nicht mehr.
MIR IST HEISS, PAPA!

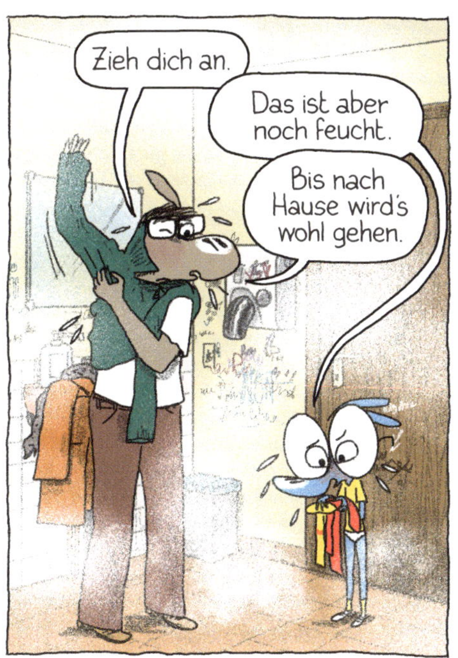
Zieh dich an.
Das ist aber noch feucht.
Bis nach Hause wird's wohl gehen.

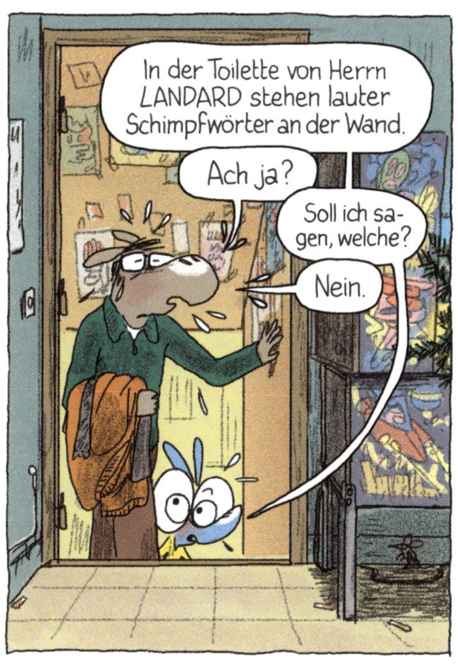
In der Toilette von Herrn LANDARD stehen lauter Schimpfwörter an der Wand.
Ach ja?
Soll ich sagen, welche?
Nein.

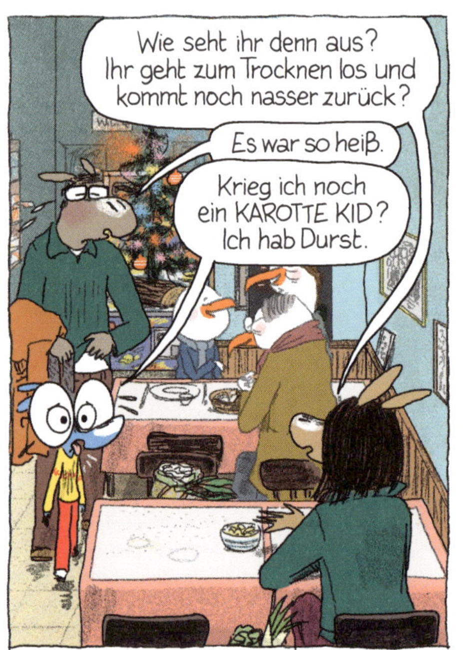

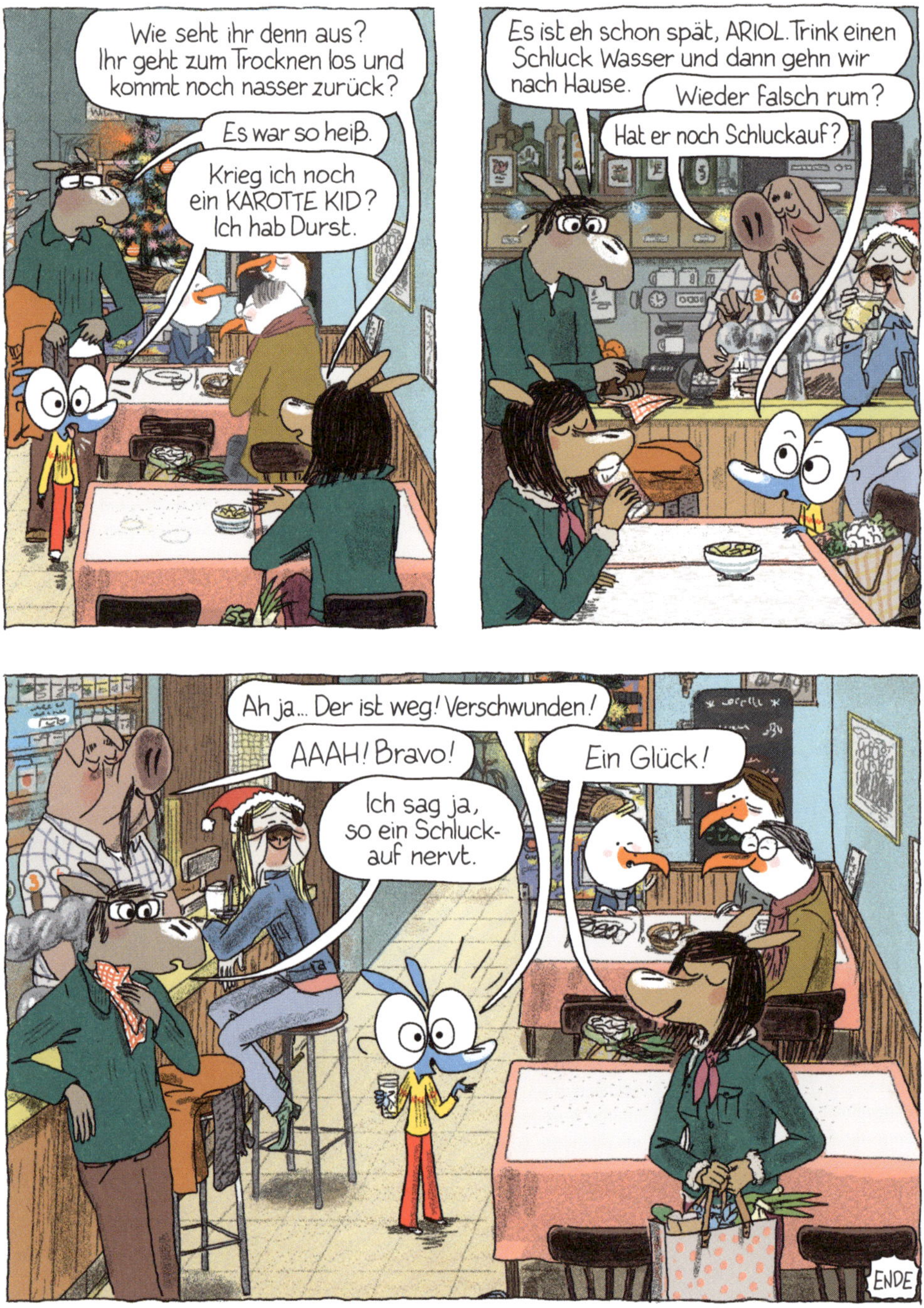

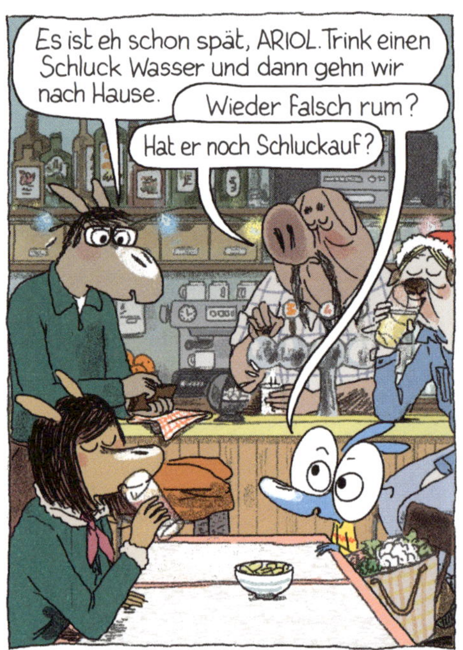


Ah ja... Der ist weg! Verschwunden!
AAAH! Bravo!
Ein Glück!
Ich sag ja, so ein Schluck-auf nervt.
ENDE

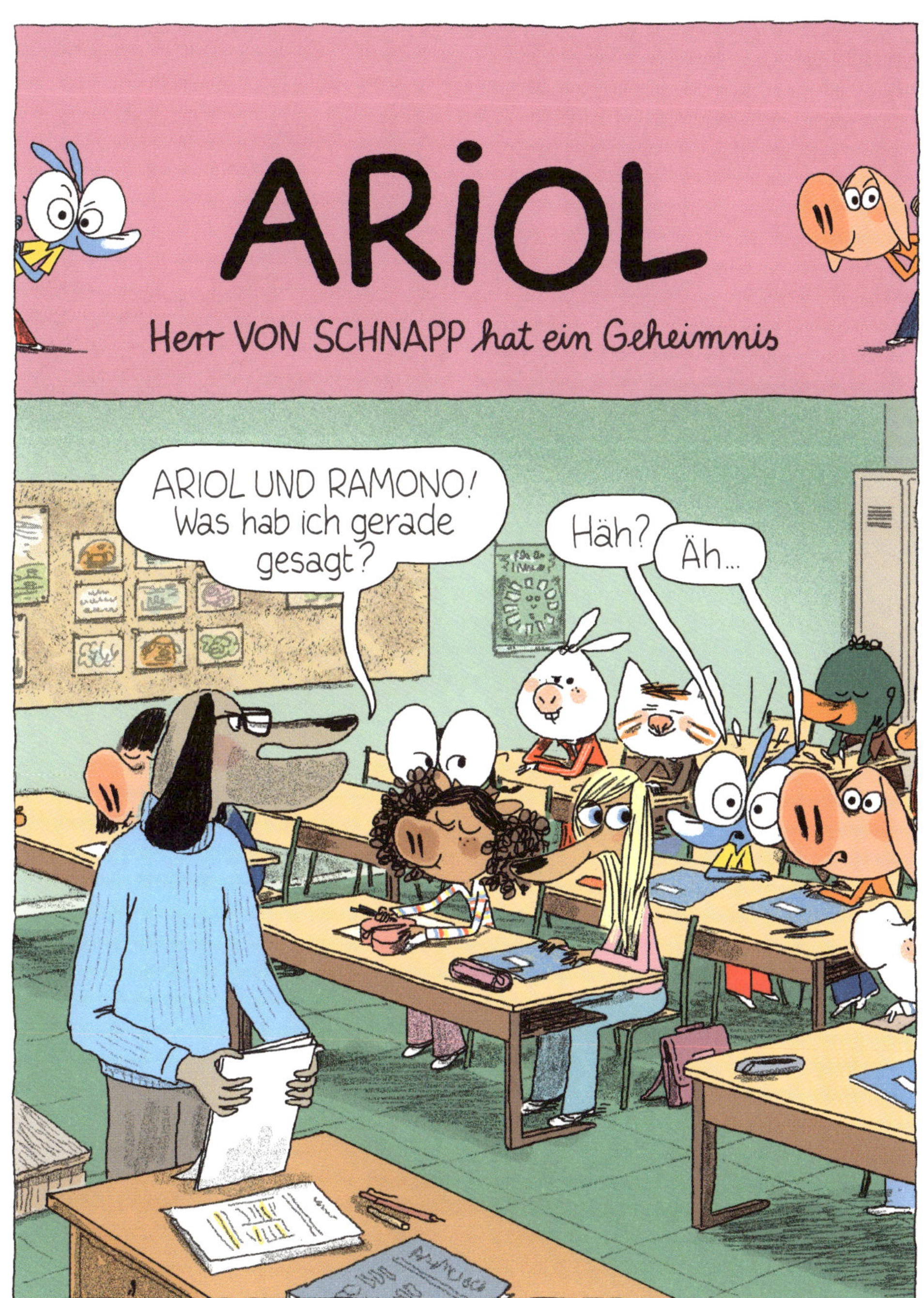
ARIOL
Herr VON SCHNAPP hat ein Geheimnis
ARIOL UND RAMONO! Was hab ich gerade gesagt?
Häh?
Äh...

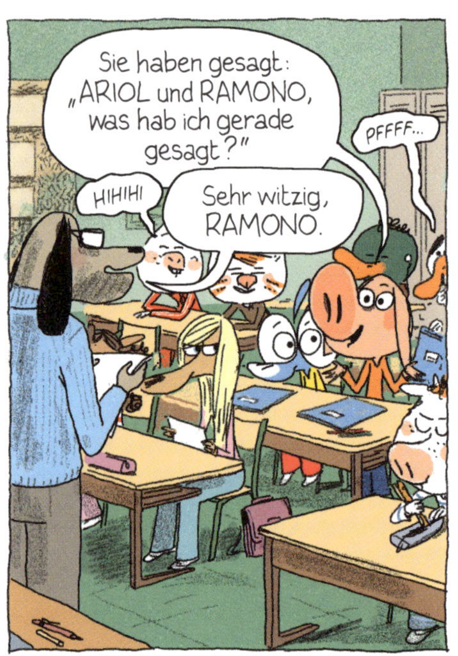
Sie haben gesagt:
„ARIOL und RAMONO, was hab ich gerade gesagt?"
PFFFF...
HIHIHI
Sehr witzig, RAMONO.

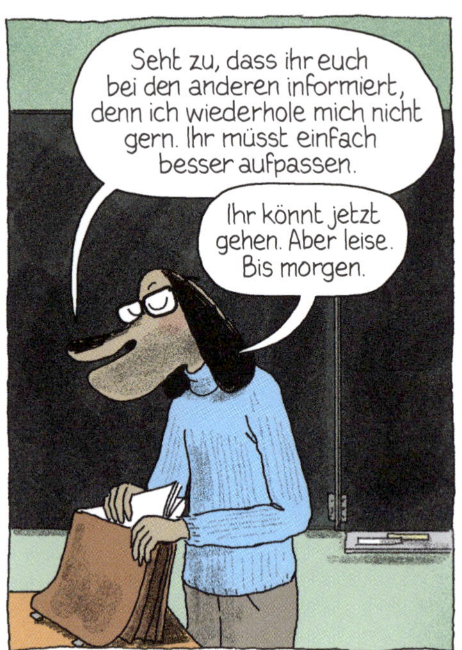
Seht zu, dass ihr euch bei den anderen informiert, denn ich wiederhole mich nicht gern. Ihr müsst einfach besser aufpassen.
Ihr könnt jetzt gehen. Aber leise. Bis morgen.

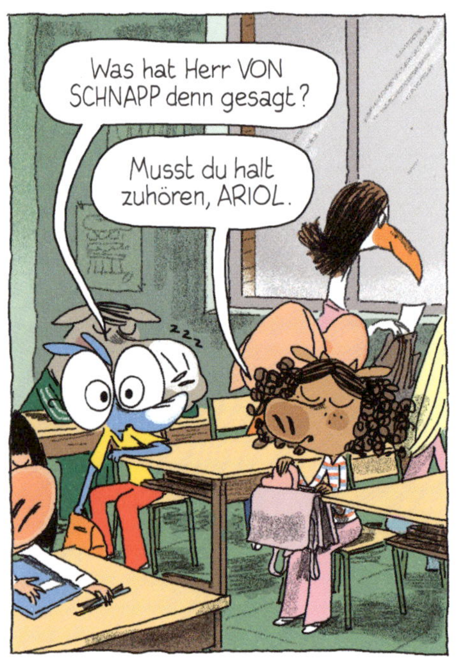
Was hat Herr VON SCHNAPP denn gesagt?
Musst du halt zuhören, ARIOL.
zzz

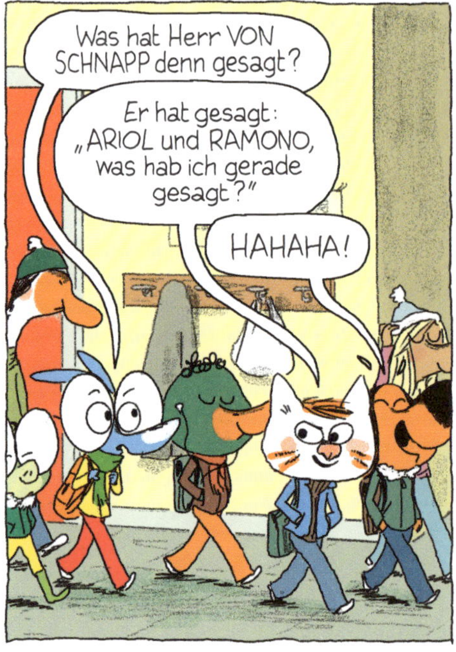
Was hat Herr VON SCHNAPP denn gesagt?
Er hat gesagt: „ARIOL und RAMONO, was hab ich gerade gesagt?"
HAHAHA!

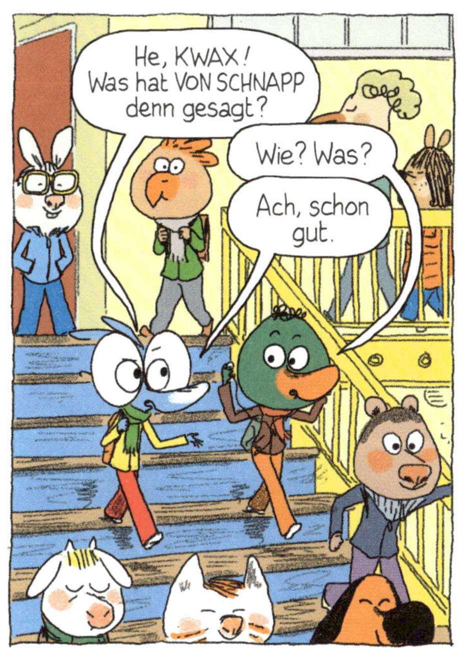


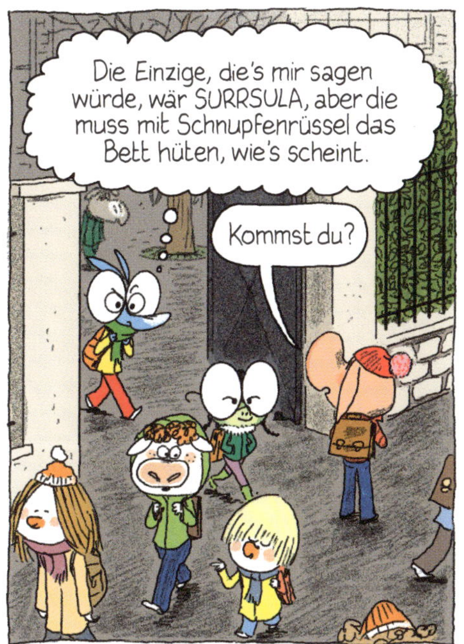

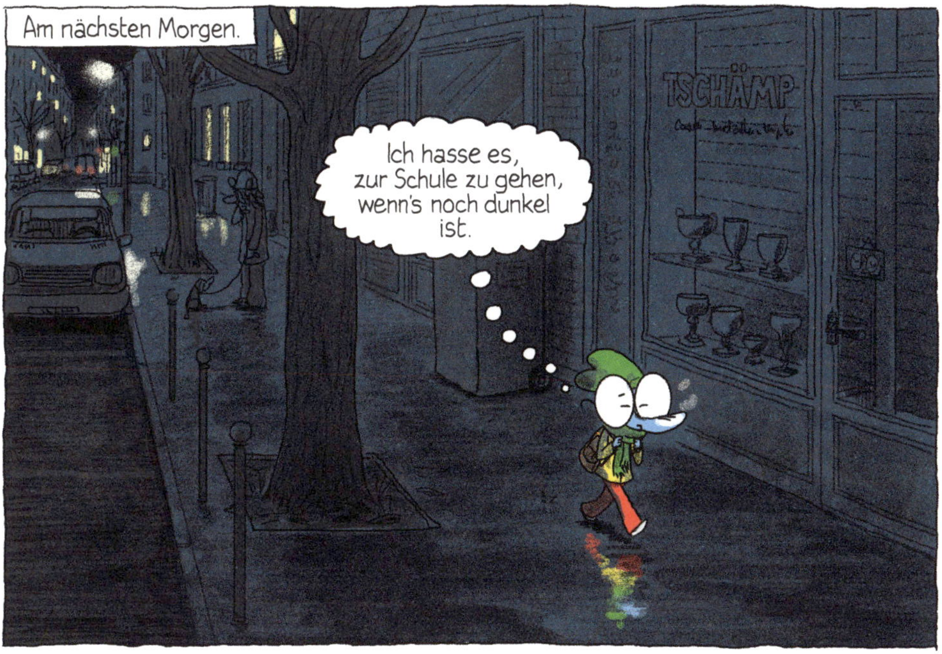

Am nächsten Morgen.

TSCHÄMP

Ich hasse es, zur Schule zu gehen, wenn's noch dunkel ist.

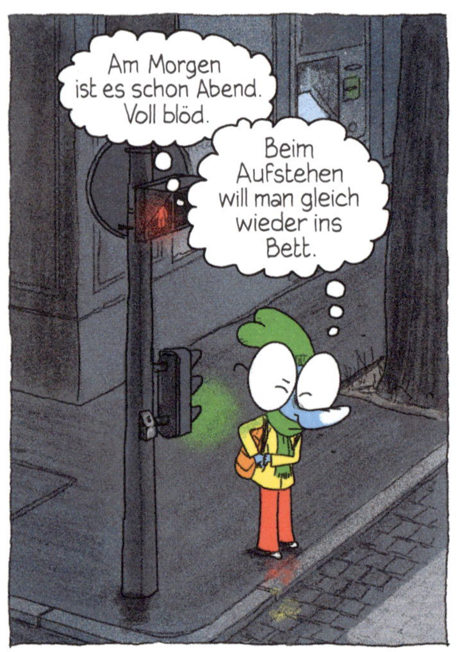
Am Morgen ist es schon Abend. Voll blöd.
Beim Aufstehen will man gleich wieder ins Bett.

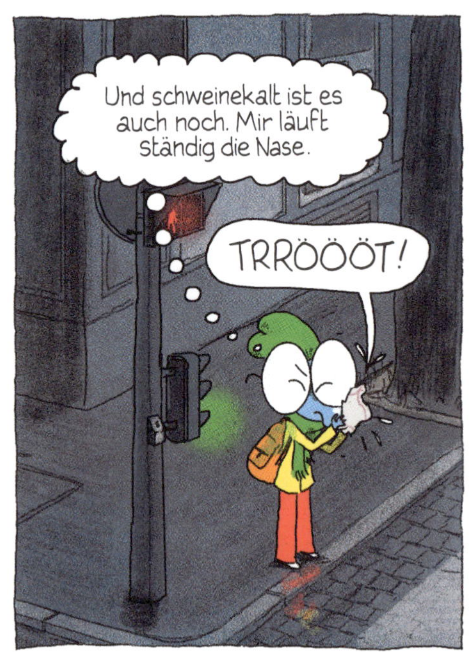
Und schweinekalt ist es auch noch. Mir läuft ständig die Nase.
TRRÖÖÖT!

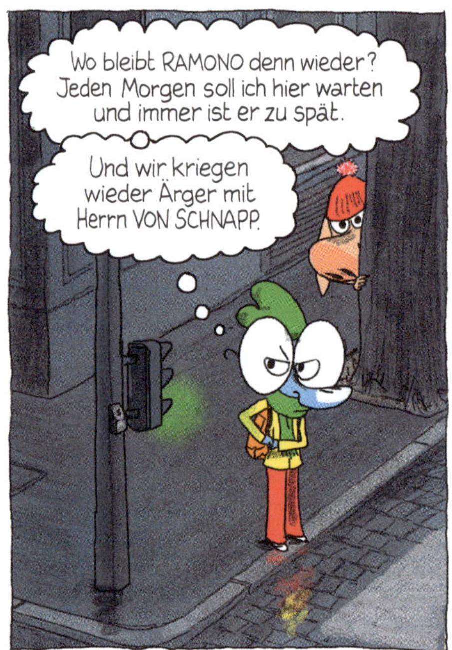
Wo bleibt RAMONO denn wieder? Jeden Morgen soll ich hier warten und immer ist er zu spät.
Und wir kriegen wieder Ärger mit Herrn VON SCHNAPP.

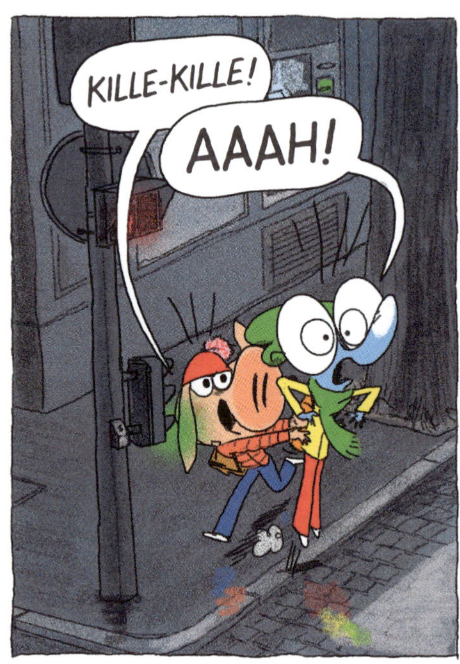
KILLE-KILLE!
AAAH!

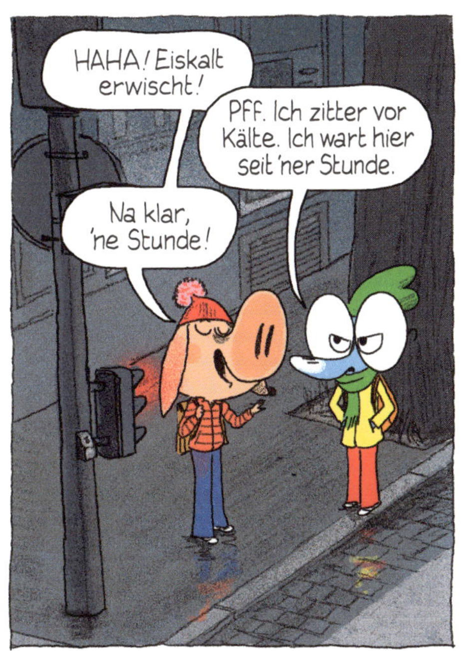
HAHA! Eiskalt erwischt!
Pff. Ich zitter vor Kälte. Ich wart hier seit 'ner Stunde.
Na klar, 'ne Stunde!

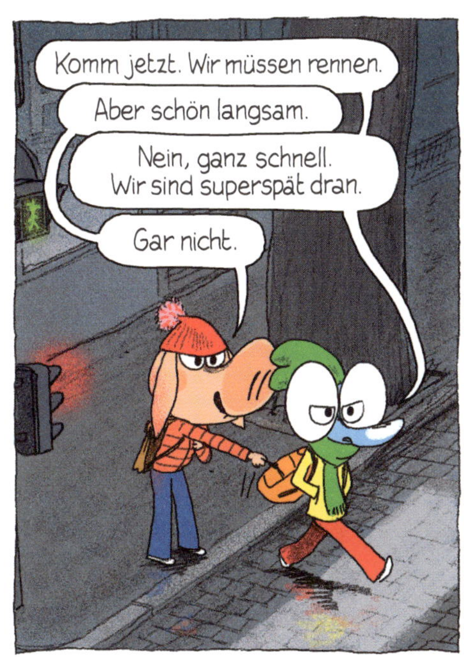
Komm jetzt. Wir müssen rennen.
Aber schön langsam.
Nein, ganz schnell. Wir sind superspät dran.
Gar nicht.

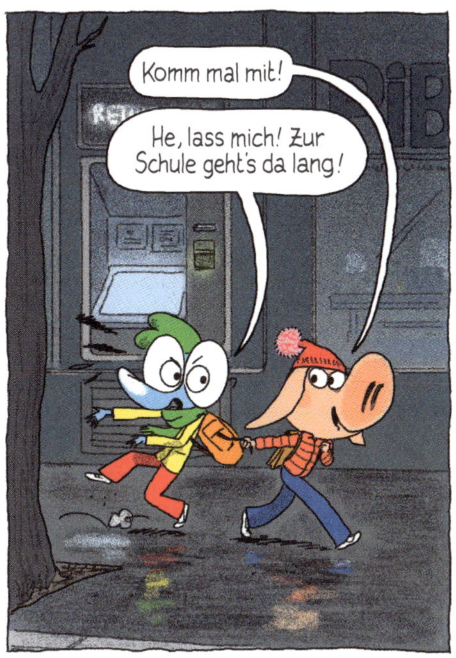
Komm mal mit!
He, lass mich! Zur Schule geht's da lang!

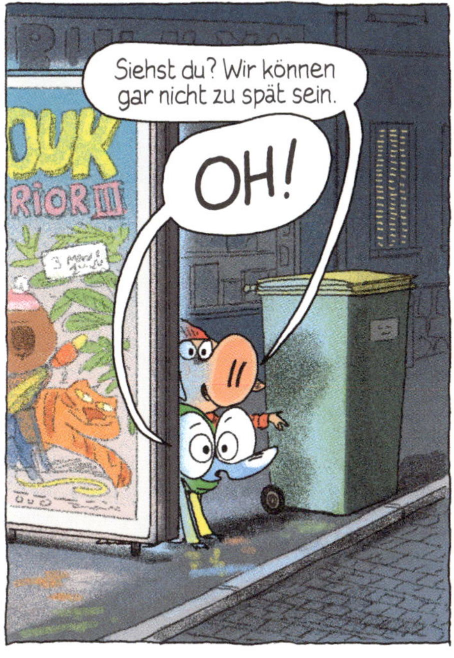
Siehst du? Wir können gar nicht zu spät sein.
OH!

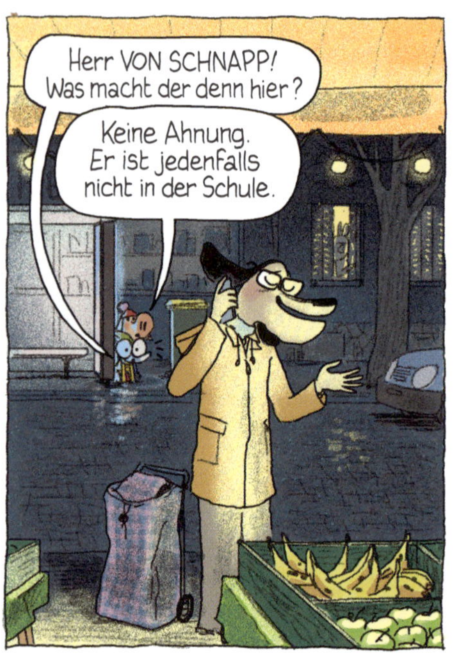
Herr VON SCHNAPP!
Was macht der denn hier?
Keine Ahnung.
Er ist jedenfalls
nicht in der Schule.

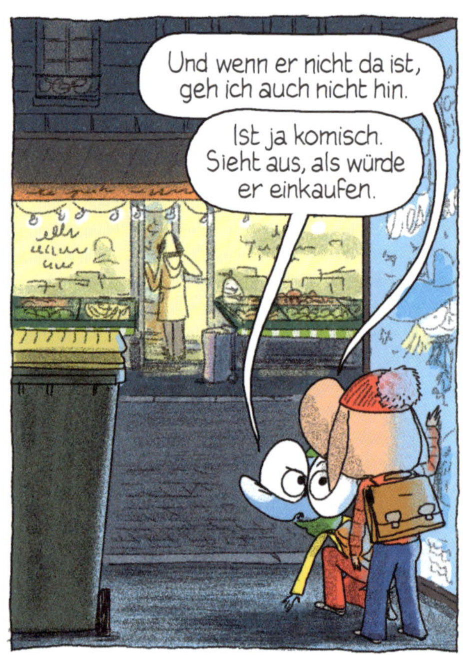
Und wenn er nicht da ist,
geh ich auch nicht hin.
Ist ja komisch.
Sieht aus, als würde
er einkaufen.

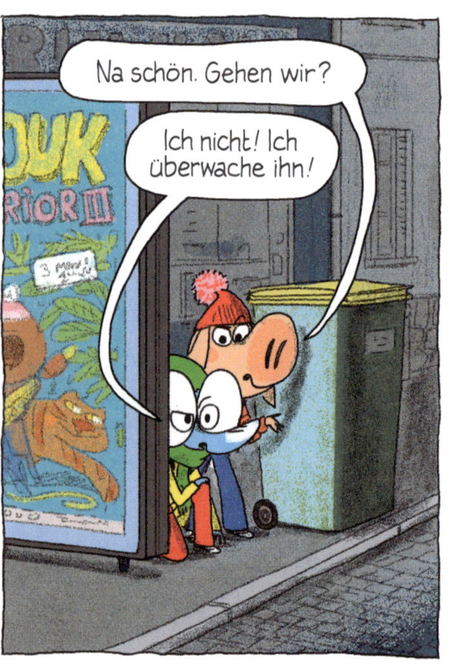
Na schön. Gehen wir?
Ich nicht! Ich
überwache ihn!

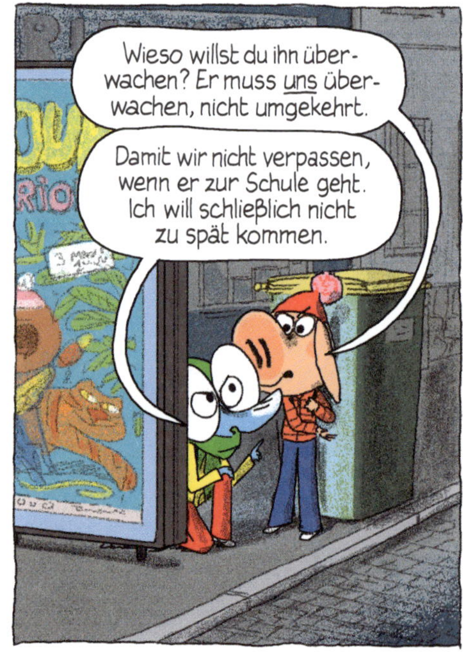
Wieso willst du ihn überwachen? Er muss uns überwachen, nicht umgekehrt.
Damit wir nicht verpassen,
wenn er zur Schule geht.
Ich will schließlich nicht
zu spät kommen.

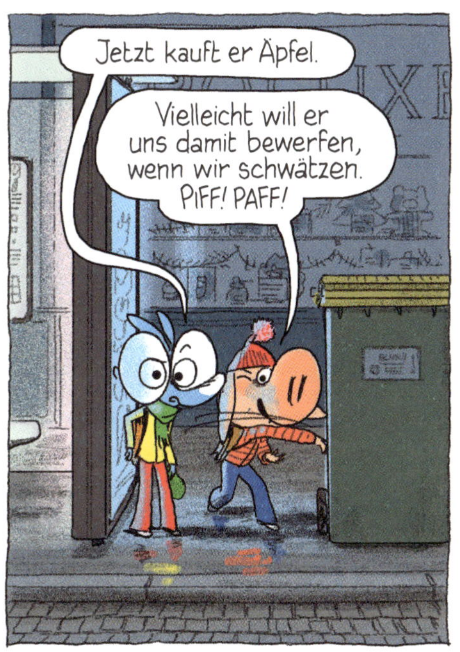
Jetzt kauft er Äpfel.
Vielleicht will er uns damit bewerfen, wenn wir schwätzen. PIFF! PAFF!

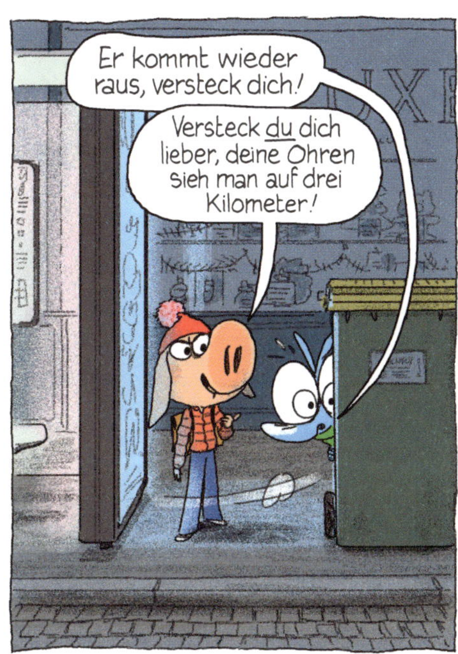
Er kommt wieder raus, versteck dich!
Versteck du dich lieber, deine Ohren sieh man auf drei Kilometer!

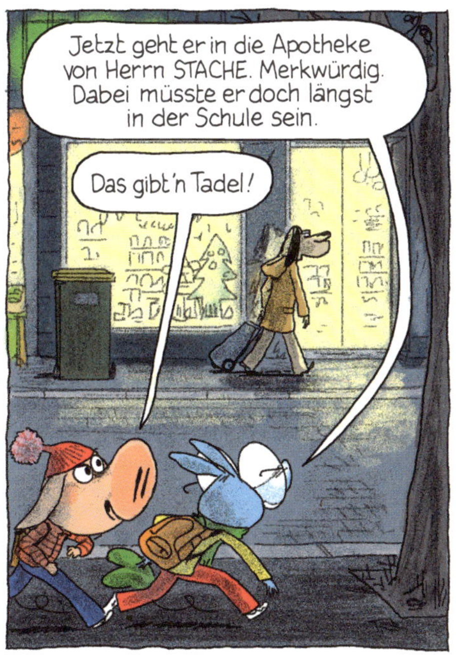
Jetzt geht er in die Apotheke von Herrn STACHE. Merkwürdig. Dabei müsste er doch längst in der Schule sein.
Das gibt'n Tadel!

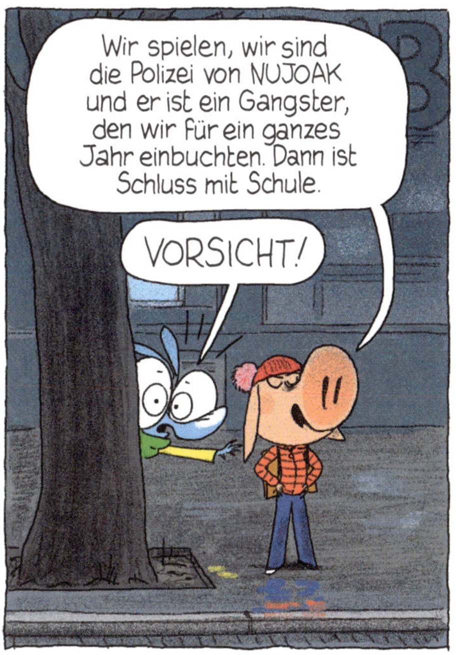
Wir spielen, wir sind die Polizei von NUJOAK und er ist ein Gangster, den wir für ein ganzes Jahr einbuchten. Dann ist Schluss mit Schule.
VORSICHT!

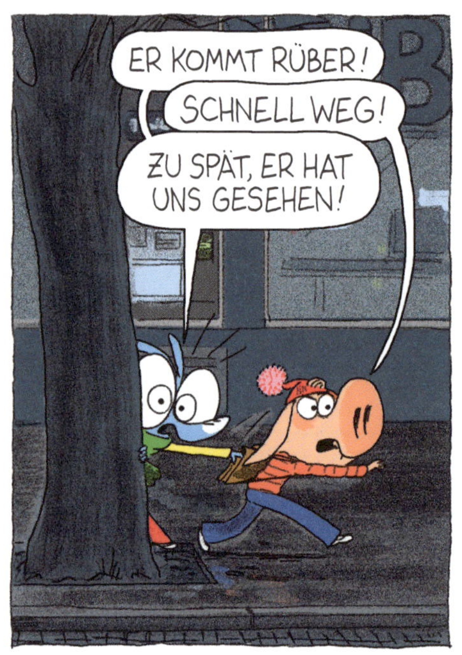
ER KOMMT RÜBER!
SCHNELL WEG!
ZU SPÄT, ER HAT UNS GESEHEN!

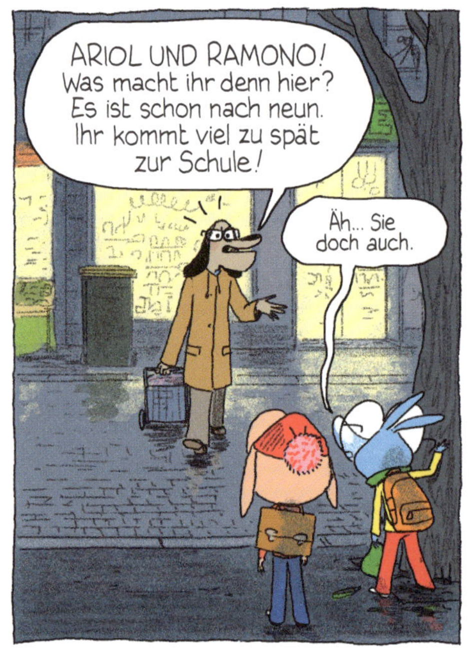
ARIOL UND RAMONO! Was macht ihr denn hier? Es ist schon nach neun. Ihr kommt viel zu spät zur Schule!
Äh... Sie doch auch.

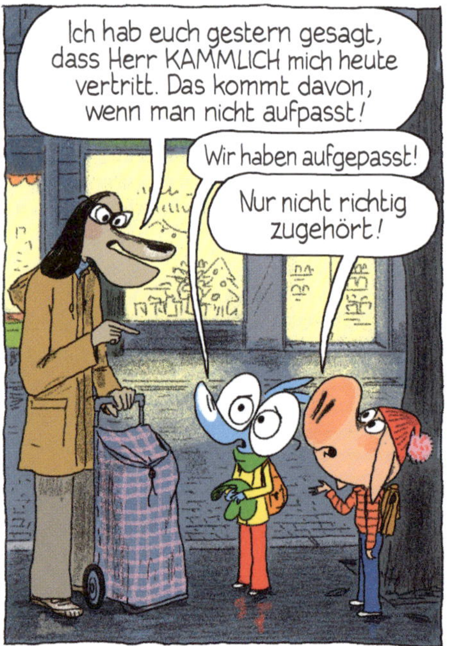
Ich hab euch gestern gesagt, dass Herr KAMMLICH mich heute vertritt. Das kommt davon, wenn man nicht aufpasst!
Wir haben aufgepasst!
Nur nicht richtig zugehört!

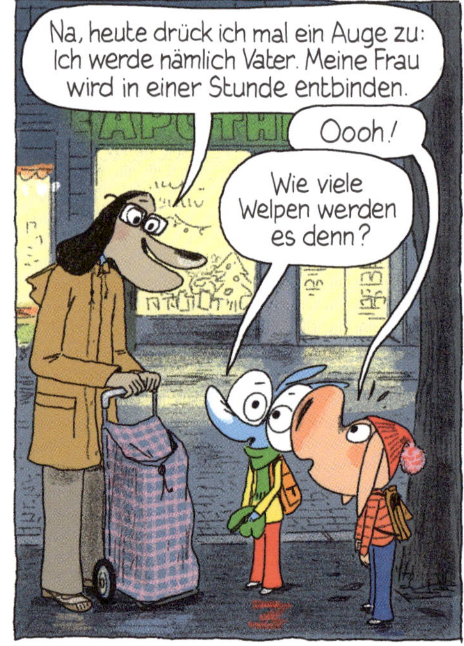
Na, heute drück ich mal ein Auge zu: Ich werde nämlich Vater. Meine Frau wird in einer Stunde entbinden.
Oooh!
Wie viele Welpen werden es denn?

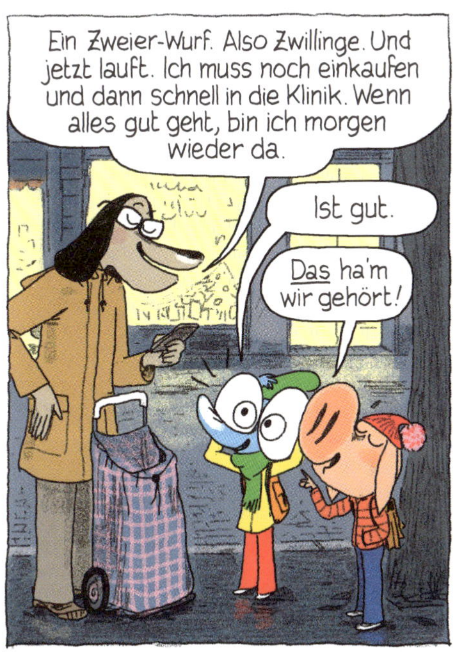
Ein Zweier-Wurf. Also Zwillinge. Und jetzt lauft. Ich muss noch einkaufen und dann schnell in die Klinik. Wenn alles gut geht, bin ich morgen wieder da.
Ist gut.
Das ha'm wir gehört!

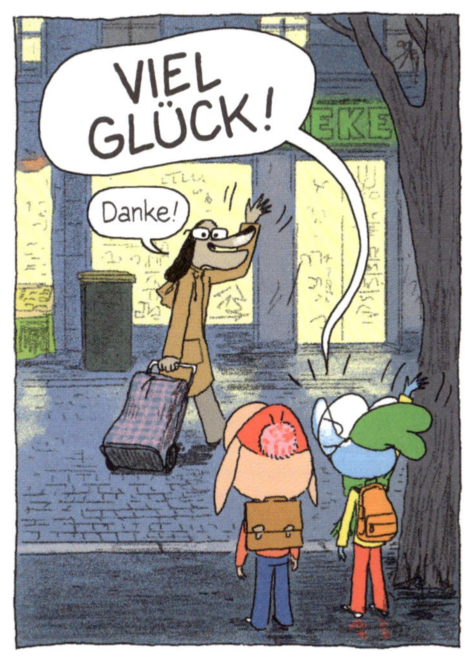
VIEL GLÜCK!
Danke!

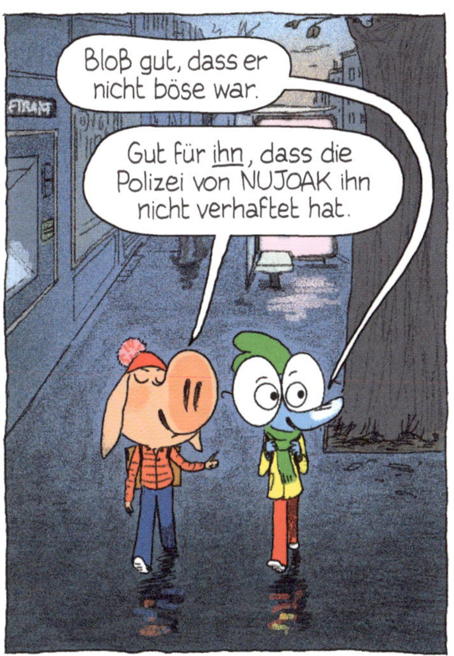
Bloß gut, dass er nicht böse war.
Gut für ihn, dass die Polizei von NUJOAK ihn nicht verhaftet hat.

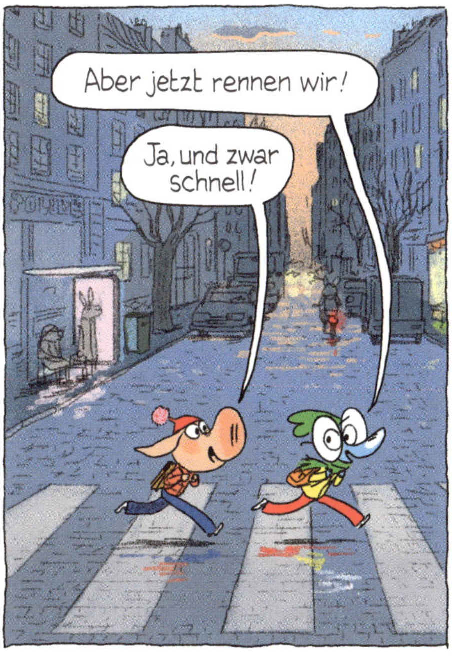
Aber jetzt rennen wir!
Ja, und zwar schnell!

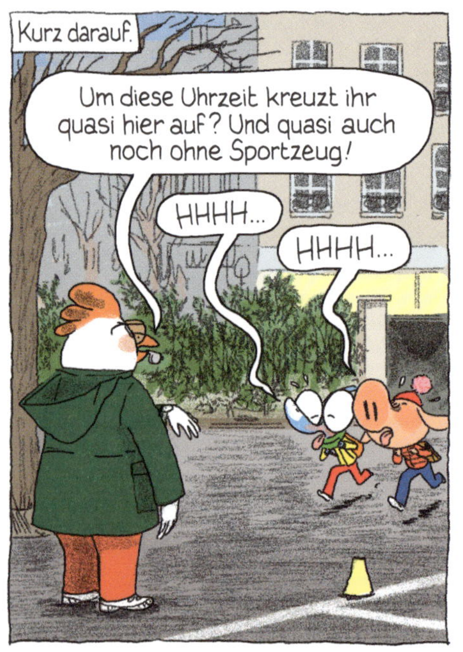

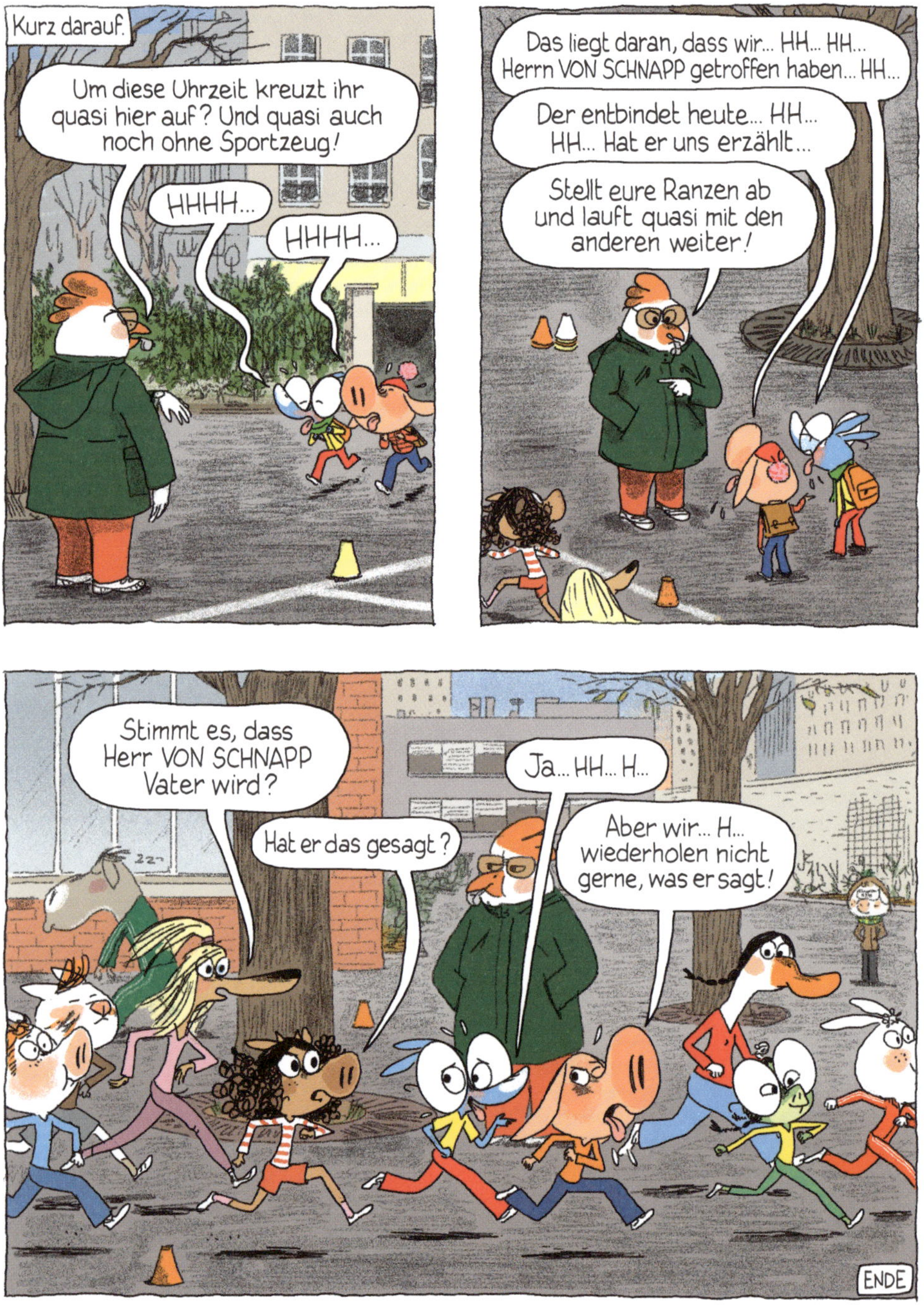

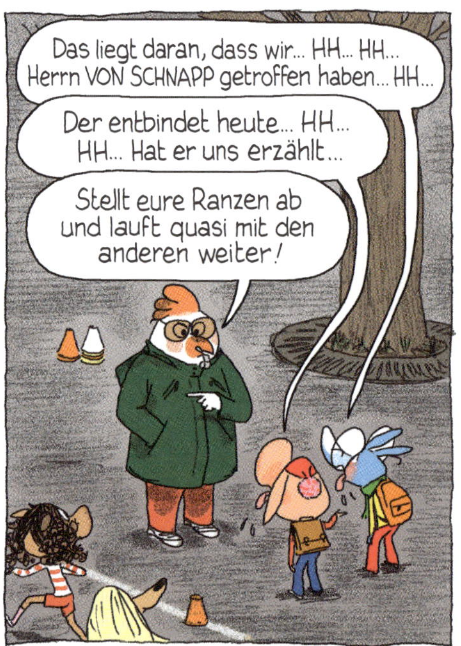


Stimmt es, dass Herr VON SCHNAPP Vater wird?
Hat er das gesagt?
Ja... HH... H...
Aber wir... H... wiederholen nicht gerne, was er sagt!
ENDE

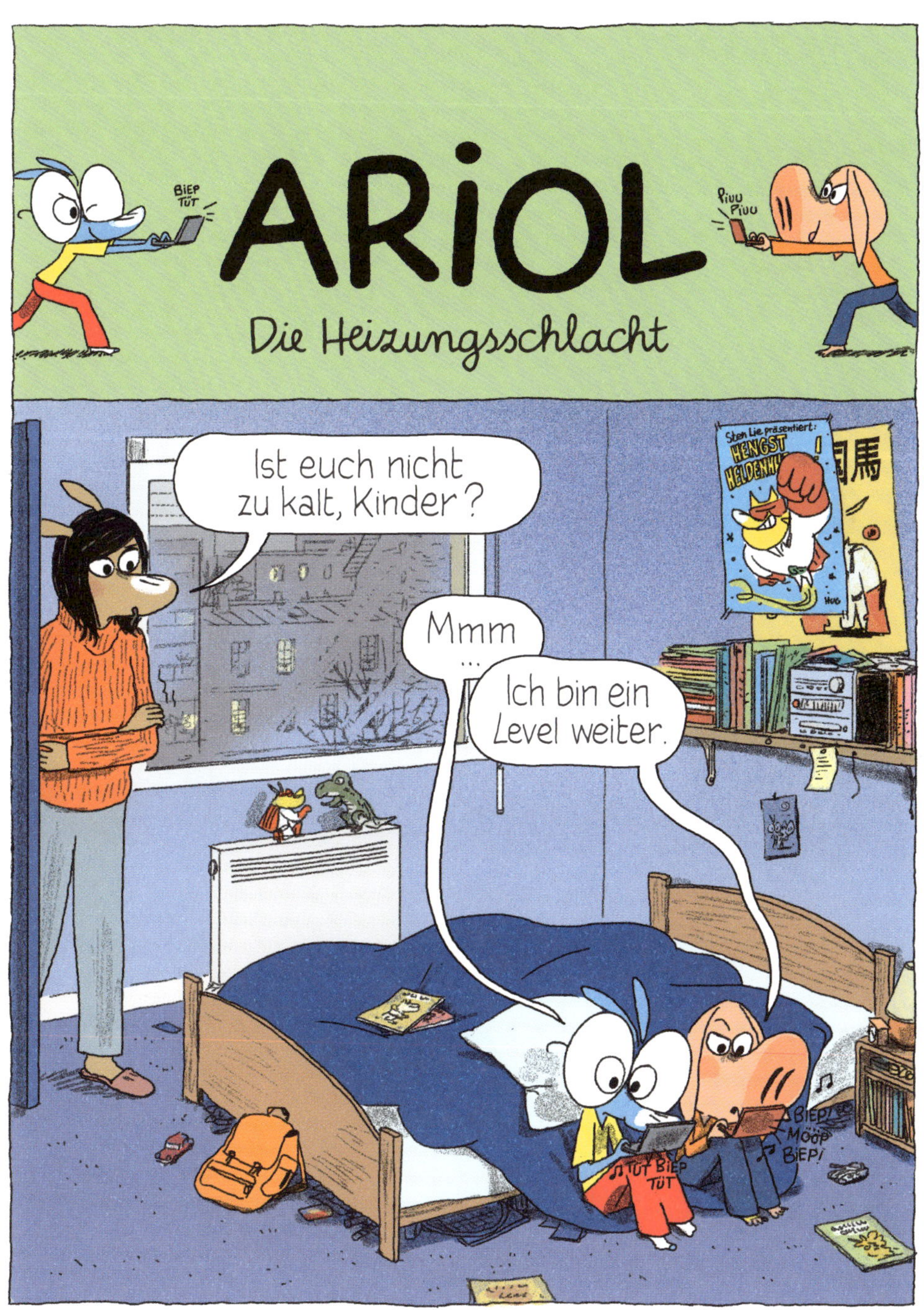
BIEP TÜT
ARIOL
PIUU PIUU
Die Heizungsschlacht
Ist euch nicht zu kalt, Kinder?
Mmm ...
Ich bin ein Level weiter.
TÜT BIEP TÜT
BIEP! MÖÖP BIEP!

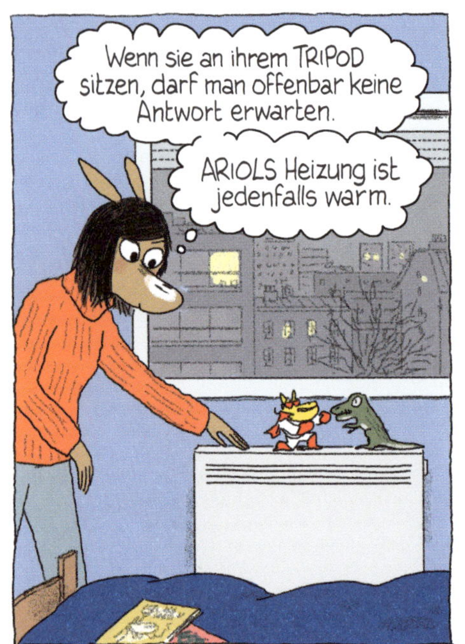
Wenn sie an ihrem TRIPOD sitzen, darf man offenbar keine Antwort erwarten.
ARIOLS Heizung ist jedenfalls warm.

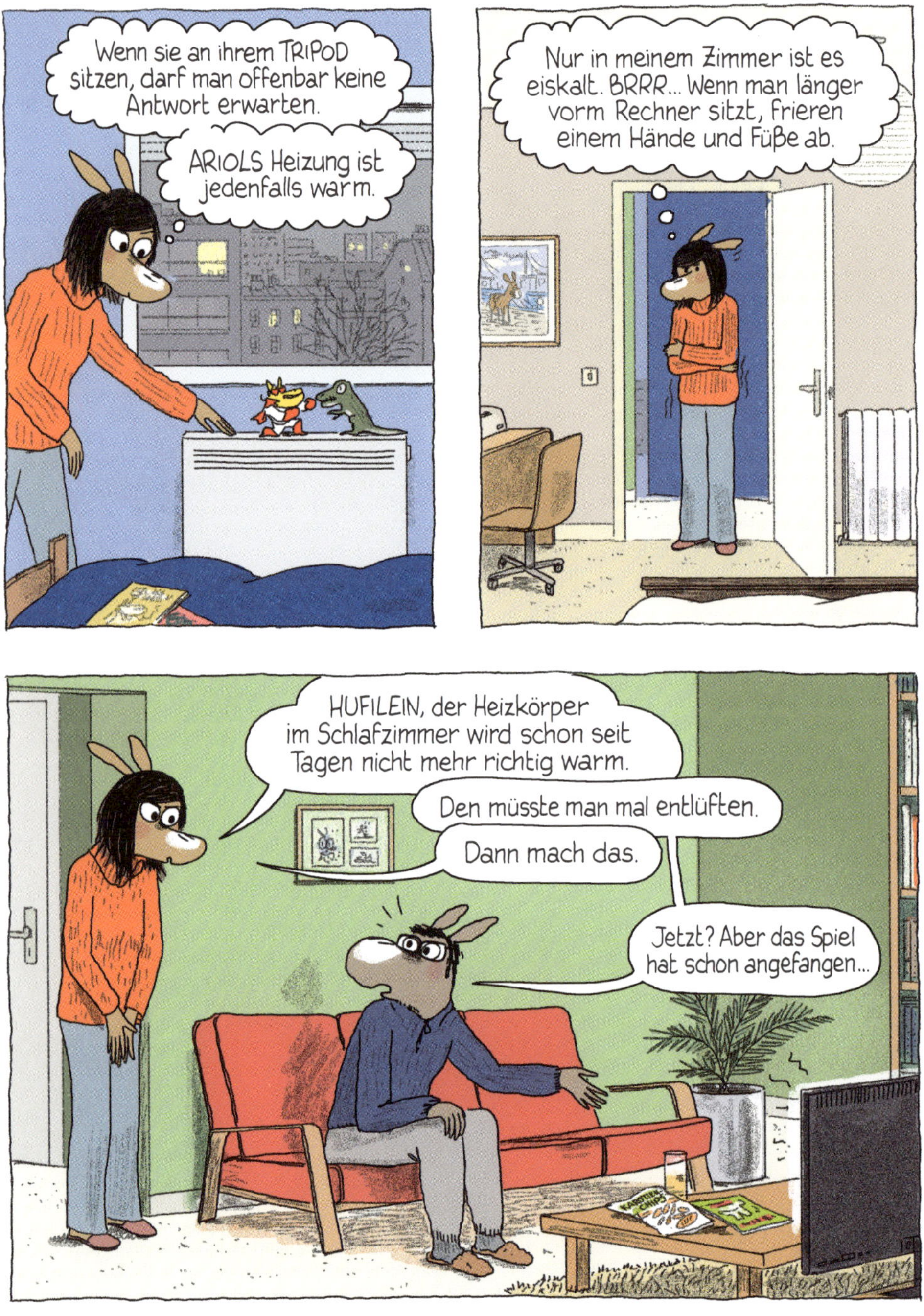

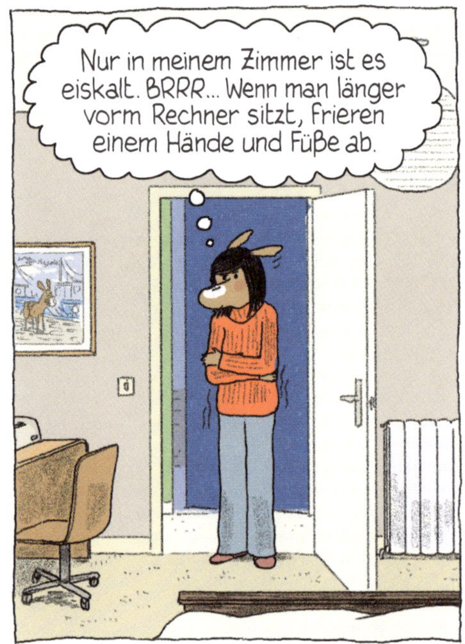
Nur in meinem Zimmer ist es eiskalt. BRRR... Wenn man länger vorm Rechner sitzt, frieren einem Hände und Füße ab.

HUFILEIN, der Heizkörper im Schlafzimmer wird schon seit Tagen nicht mehr richtig warm.
Den müsste man mal entlüften.
Dann mach das.
Jetzt? Aber das Spiel hat schon angefangen...

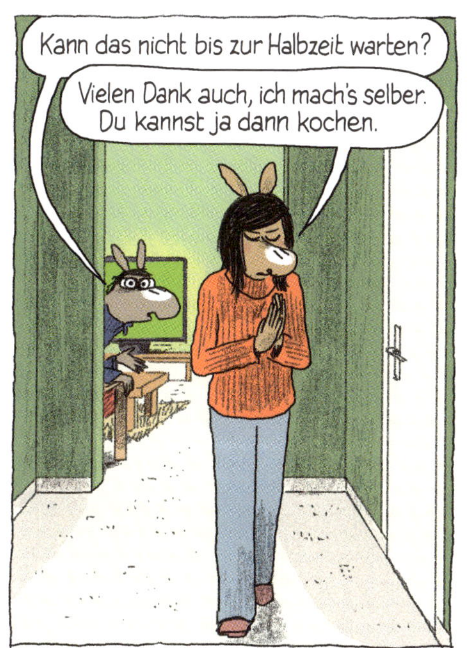
Kann das nicht bis zur Halbzeit warten?
Vielen Dank auch, ich mach's selber. Du kannst ja dann kochen.

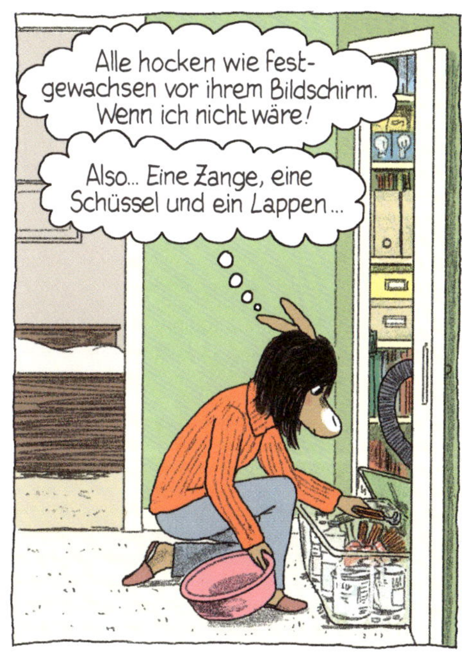
Alle hocken wie festgewachsen vor ihrem Bildschirm. Wenn ich nicht wäre!
Also... Eine Zange, eine Schüssel und ein Lappen...

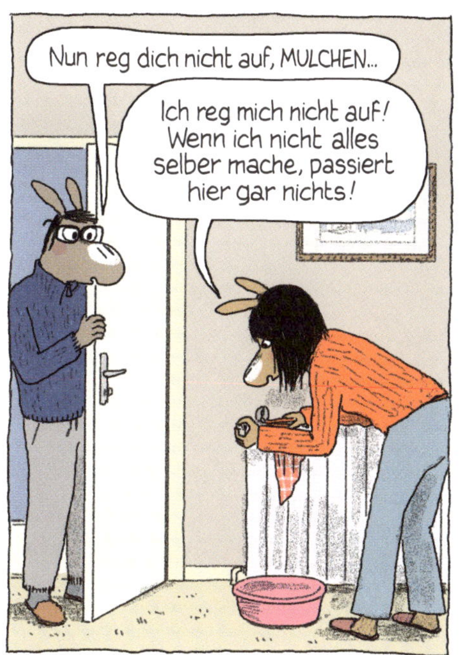
Nun reg dich nicht auf, MULCHEN...
Ich reg mich nicht auf! Wenn ich nicht alles selber mache, passiert hier gar nichts!

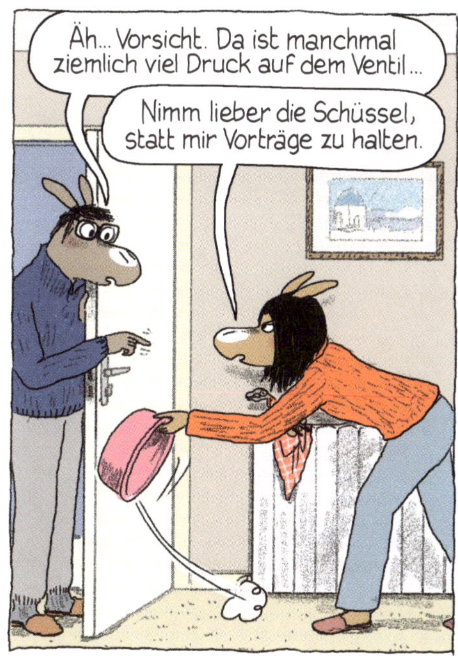
Äh... Vorsicht. Da ist manchmal ziemlich viel Druck auf dem Ventil...
Nimm lieber die Schüssel, statt mir Vorträge zu halten.

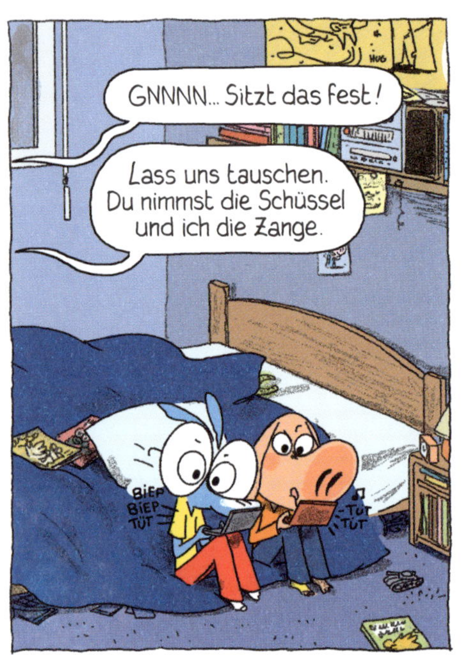
GNNNN... Sitzt das fest!
Lass uns tauschen. Du nimmst die Schüssel und ich die Zange.
BIEP BIEP TÜT
TÜT TÜT

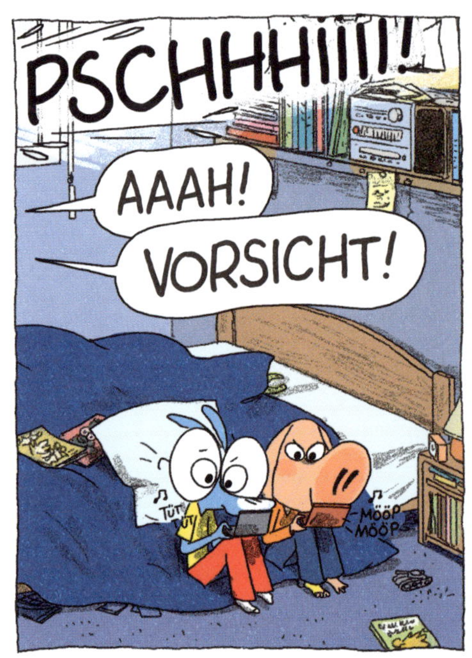
PSCHHHIIII!
AAAH!
VORSICHT!
TÜT TÜT
MÖÖP MÖÖP

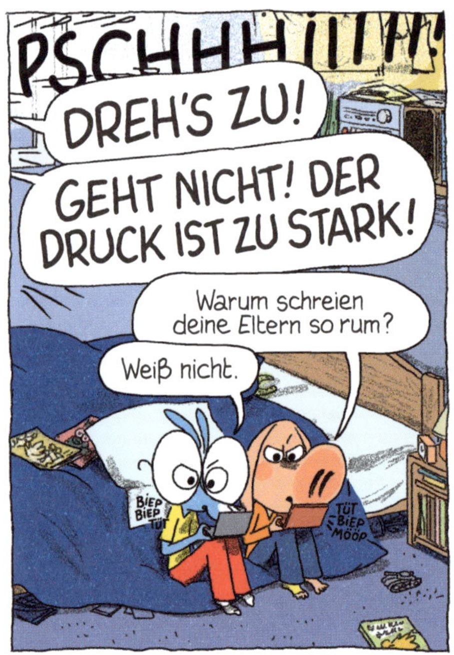
PSCHHHIII!
DREH'S ZU!
GEHT NICHT! DER DRUCK IST ZU STARK!
Warum schreien deine Eltern so rum?
Weiß nicht.
BIEP BIEP TÜT
TÜT BIEP MÖÖP

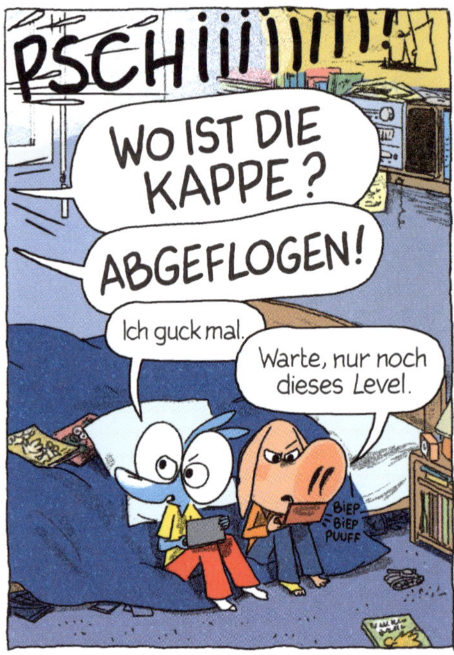
PSCHIIIIIII!
WO IST DIE KAPPE?
ABGEFLOGEN!
Ich guck mal.
Warte, nur noch dieses Level.
BIEP BIEP PUUFF

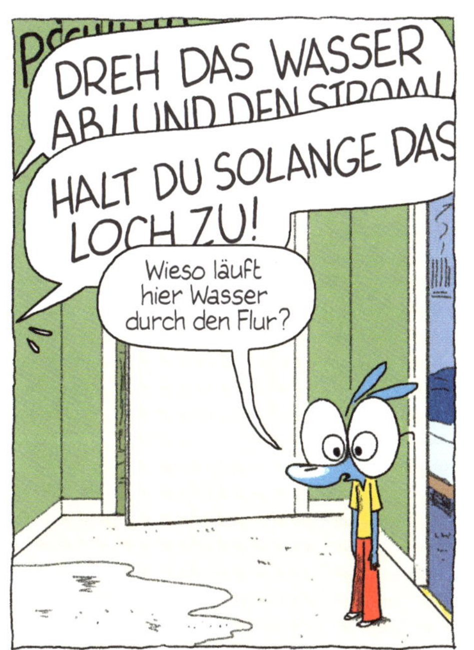

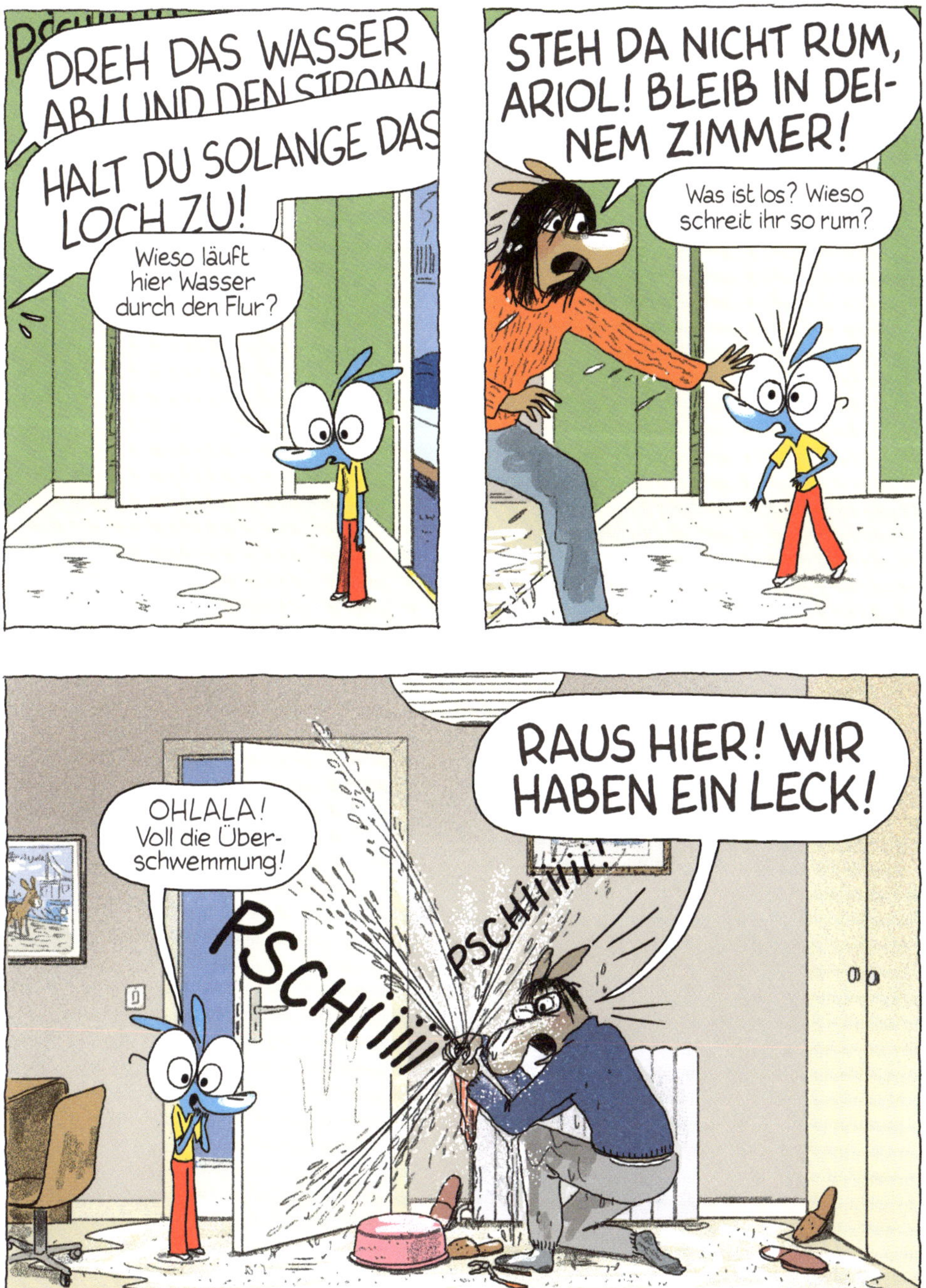

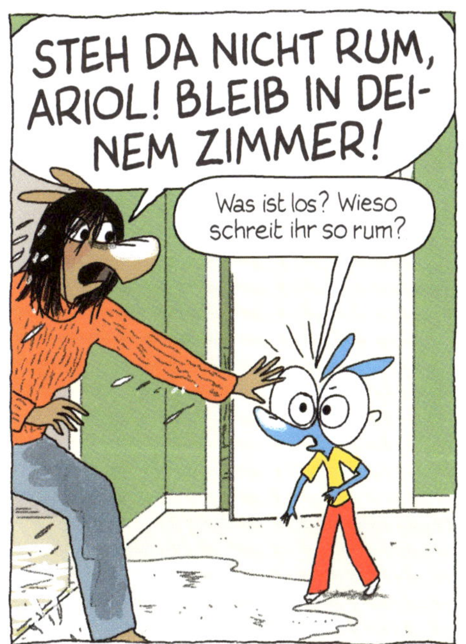


OHLALA! Voll die Überschwemmung!

RAUS HIER! WIR HABEN EIN LECK!

PSCHIiiiii

PSCHIiiiii!

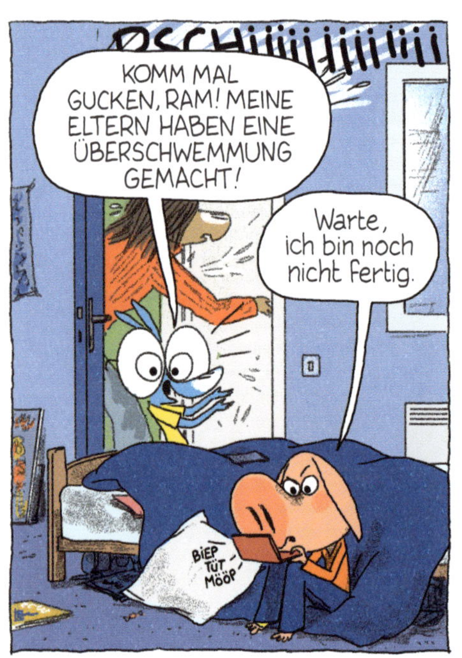
PSCHIIIIIIIIIII
KOMM MAL GUCKEN, RAM! MEINE ELTERN HABEN EINE ÜBERSCHWEMMUNG GEMACHT!
Warte, ich bin noch nicht fertig.
BIEP TÜT MÖÖP

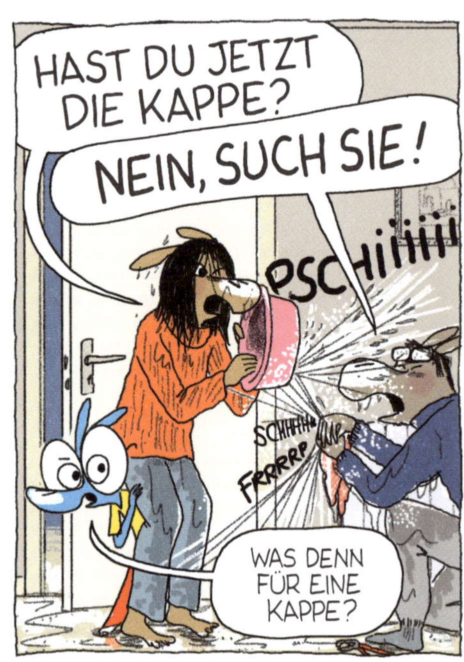
HAST DU JETZT DIE KAPPE?
NEIN, SUCH SIE!
PSCHIIIIII
SCHHHH
FRRRRP
WAS DENN FÜR EINE KAPPE?

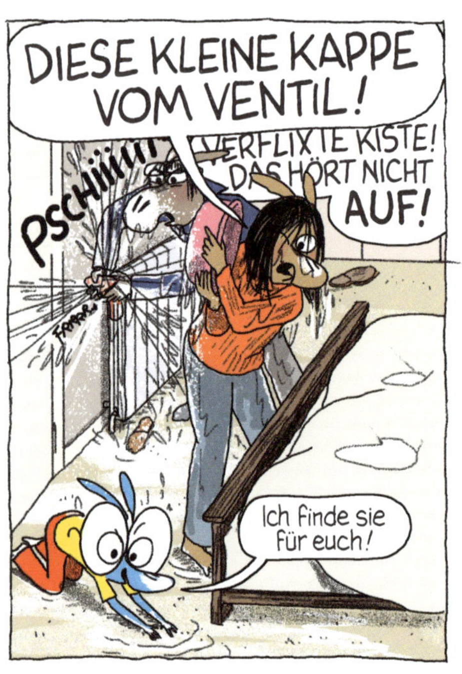
DIESE KLEINE KAPPE VOM VENTIL!
VERFLIXTE KISTE! DAS HÖRT NICHT AUF!
PSCHIIIII
Ich finde sie für euch!

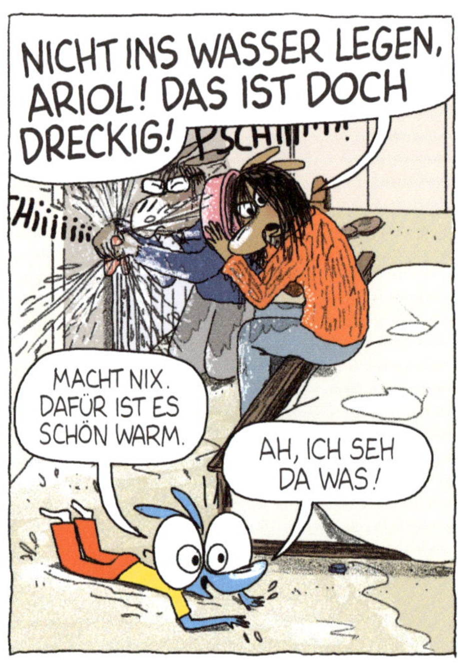
NICHT INS WASSER LEGEN, ARIOL! DAS IST DOCH DRECKIG!
PSCHIIIIII
MACHT NIX. DAFÜR IST ES SCHÖN WARM.
AH, ICH SEH DA WAS!

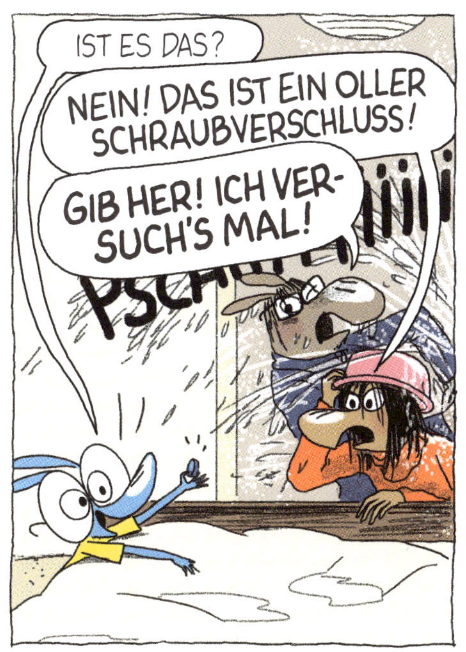
IST ES DAS?
NEIN! DAS IST EIN OLLER SCHRAUBVERSCHLUSS!
GIB HER! ICH VERSUCH'S MAL!
PSCHHHHiiiii

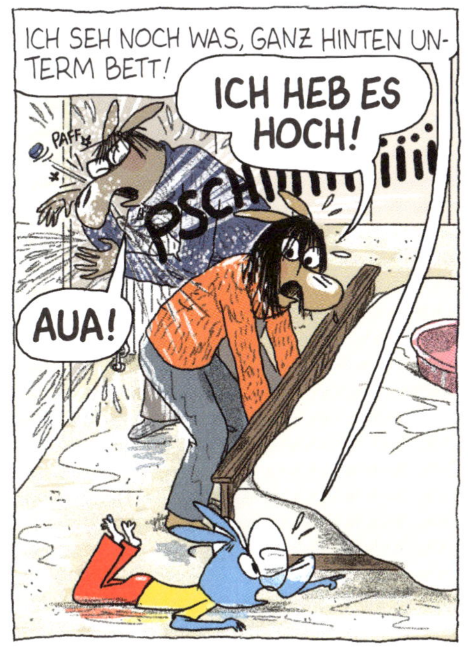
ICH SEH NOCH WAS, GANZ HINTEN UNTERM BETT!
ICH HEB ES HOCH!
PAFF
PSCHHHHiiiii
AUA!

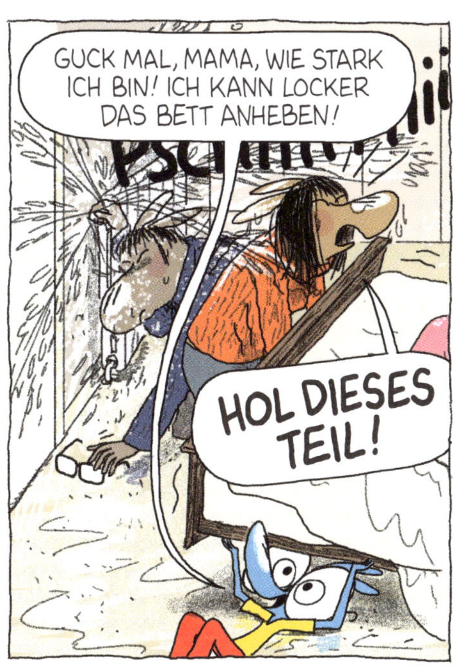
GUCK MAL, MAMA, WIE STARK ICH BIN! ICH KANN LOCKER DAS BETT ANHEBEN!
HOL DIESES TEIL!

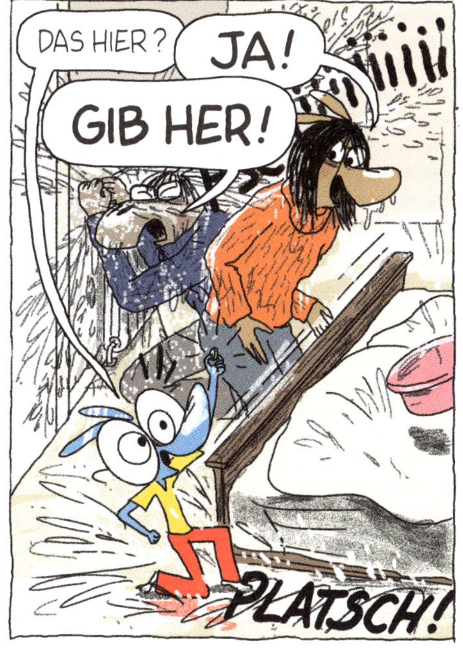
DAS HIER?
JA!
GIB HER!
PLATSCH!

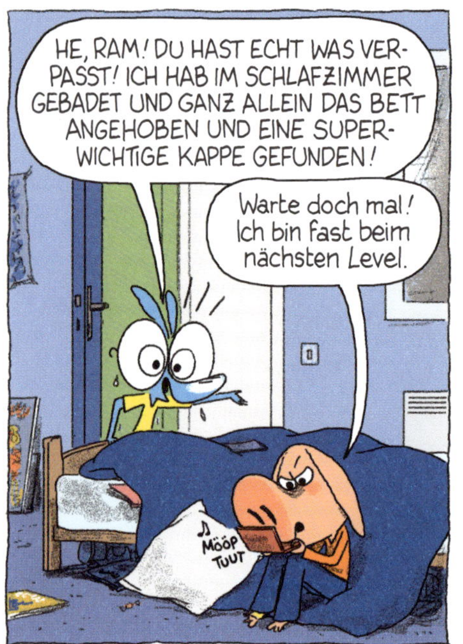
HE, RAM! DU HAST ECHT WAS VERPASST! ICH HAB IM SCHLAFZIMMER GEBADET UND GANZ ALLEIN DAS BETT ANGEHOBEN UND EINE SUPERWICHTIGE KAPPE GEFUNDEN!
Warte doch mal! Ich bin fast beim nächsten Level.
MÖÖP TUUT

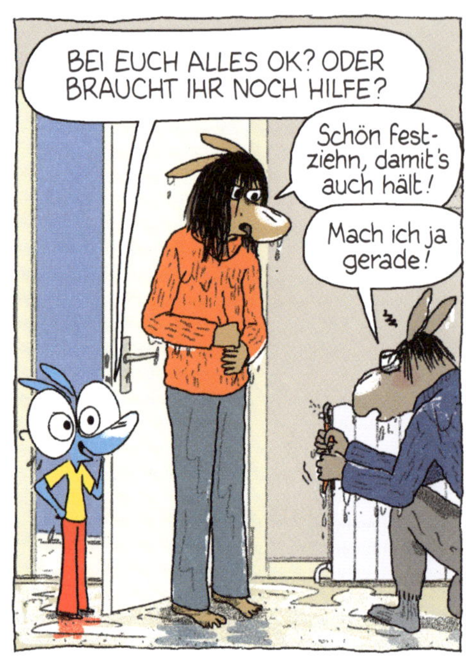
BEI EUCH ALLES OK? ODER BRAUCHT IHR NOCH HILFE?
Schön festziehn, damit's auch hält!
Mach ich ja gerade!

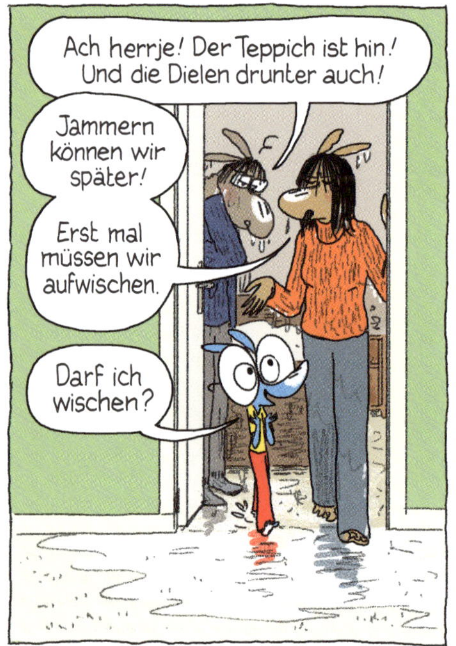
Ach herrje! Der Teppich ist hin! Und die Dielen drunter auch!
Jammern können wir später!
Erst mal müssen wir aufwischen.
Darf ich wischen?

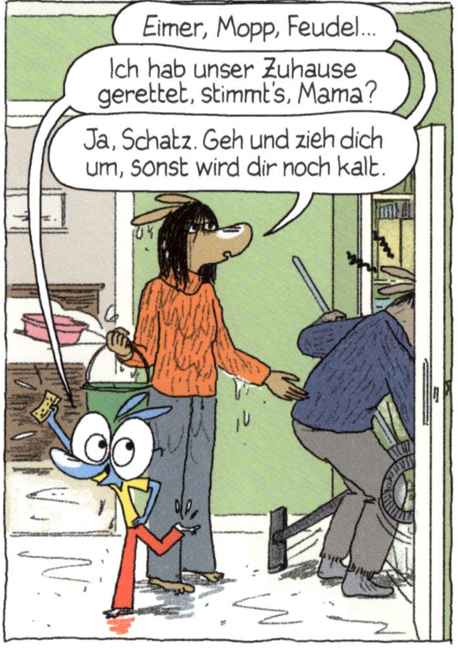
Eimer, Mopp, Feudel...
Ich hab unser Zuhause gerettet, stimmt's, Mama?
Ja, Schatz. Geh und zieh dich um, sonst wird dir noch kalt.

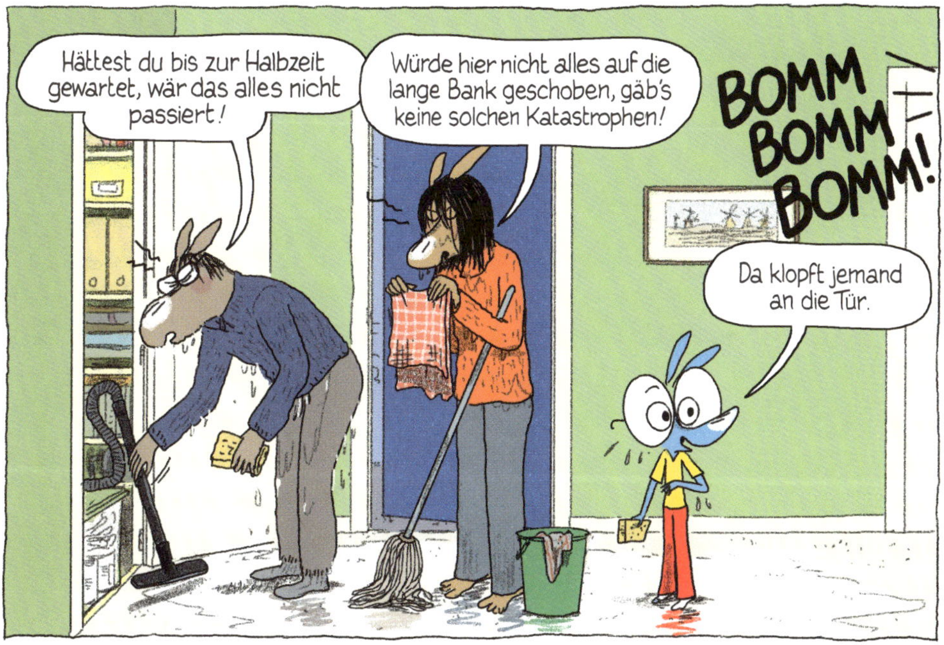

Hättest du bis zur Halbzeit gewartet, wär das alles nicht passiert!
Würde hier nicht alles auf die lange Bank geschoben, gäb's keine solchen Katastrophen!
BOMM BOMM BOMM!
Da klopft jemand an die Tür.

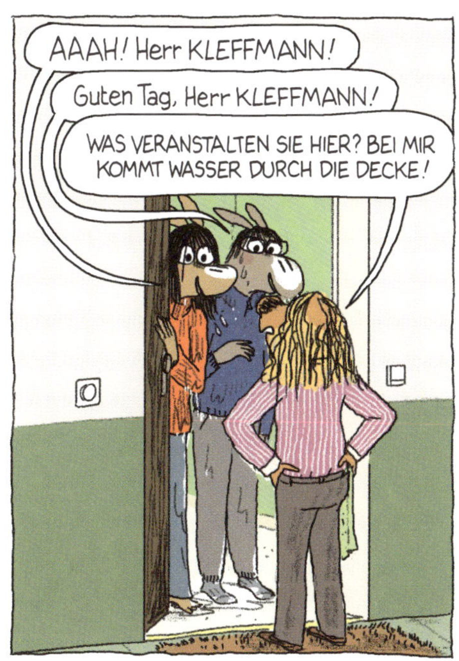
AAAH! Herr KLEFFMANN!
Guten Tag, Herr KLEFFMANN!
WAS VERANSTALTEN SIE HIER? BEI MIR KOMMT WASSER DURCH DIE DECKE!

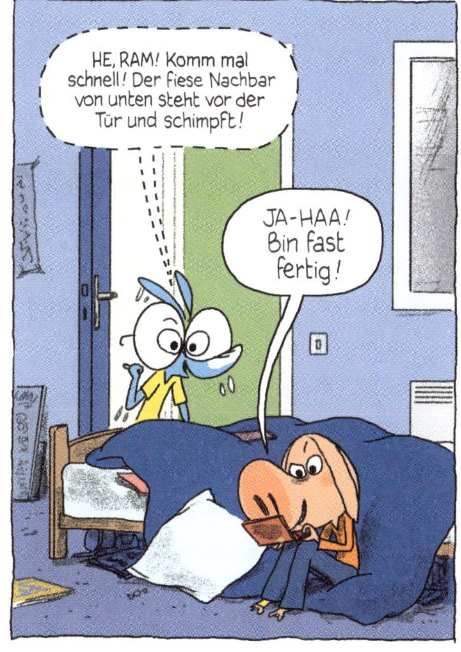
HE, RAM! Komm mal schnell! Der fiese Nachbar von unten steht vor der Tür und schimpft!
JA-HAA! Bin fast fertig!

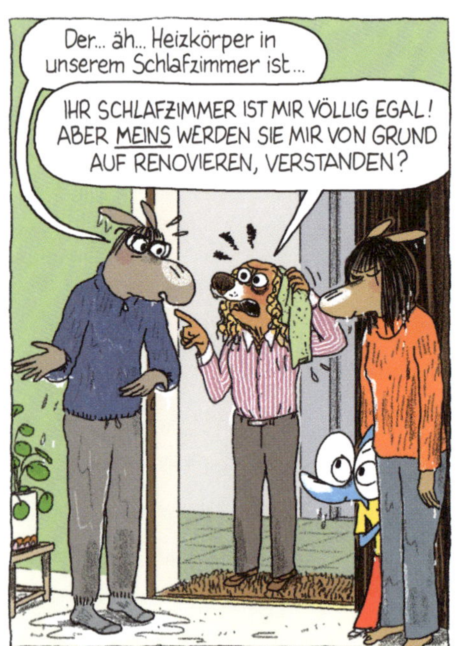

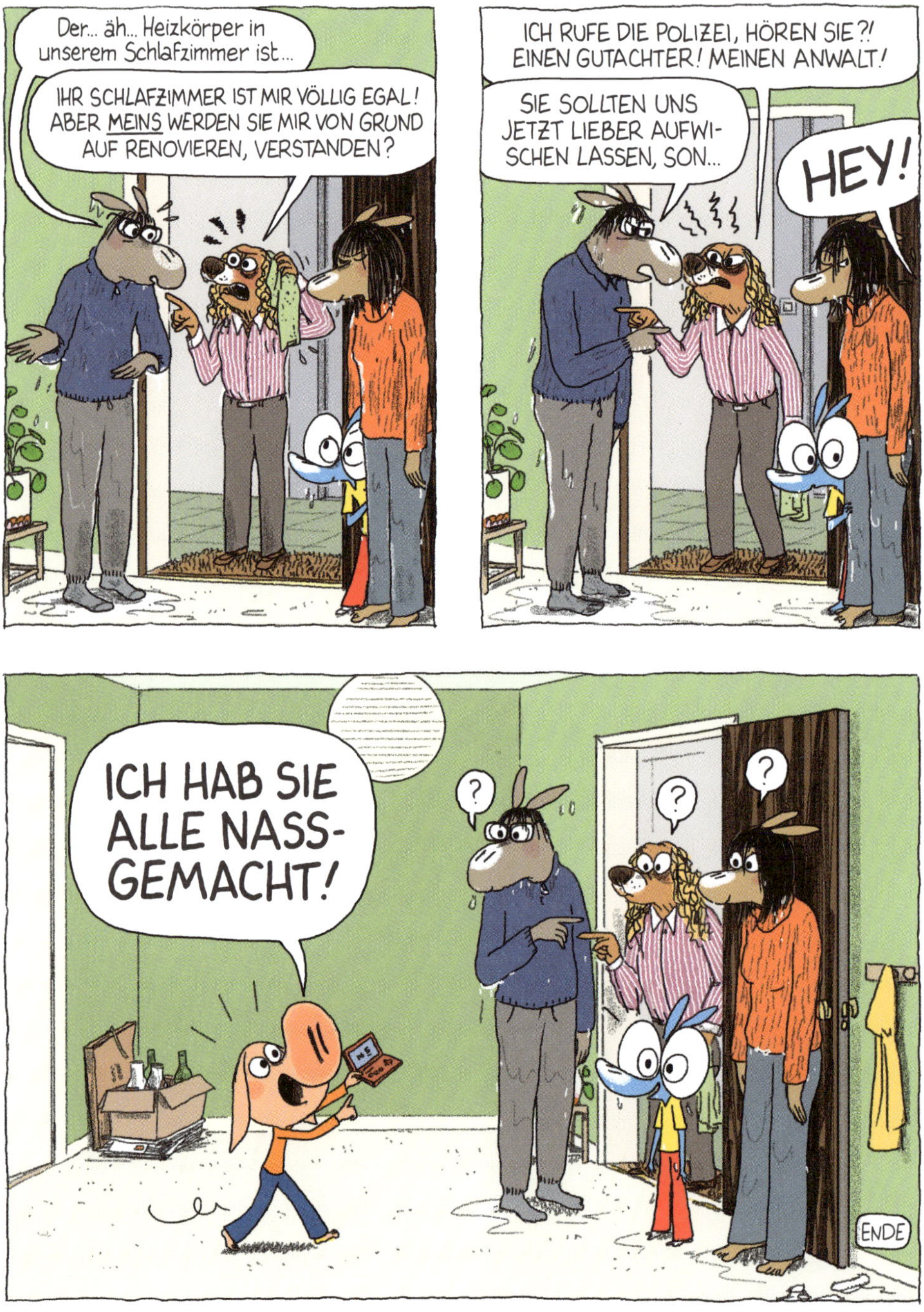

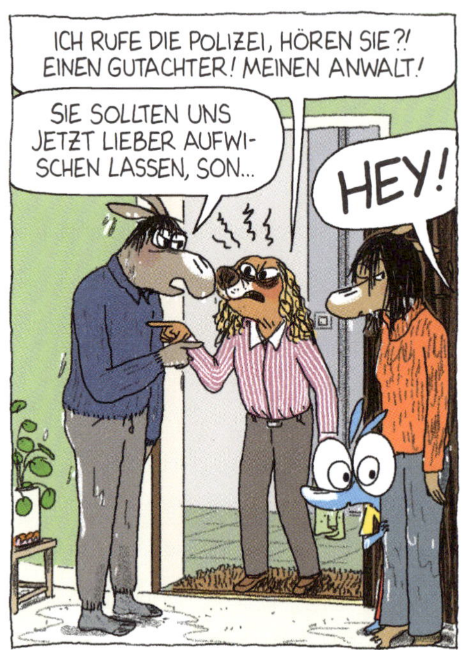


ICH HAB SIE ALLE NASS- GEMACHT!

?

?

?

ENDE

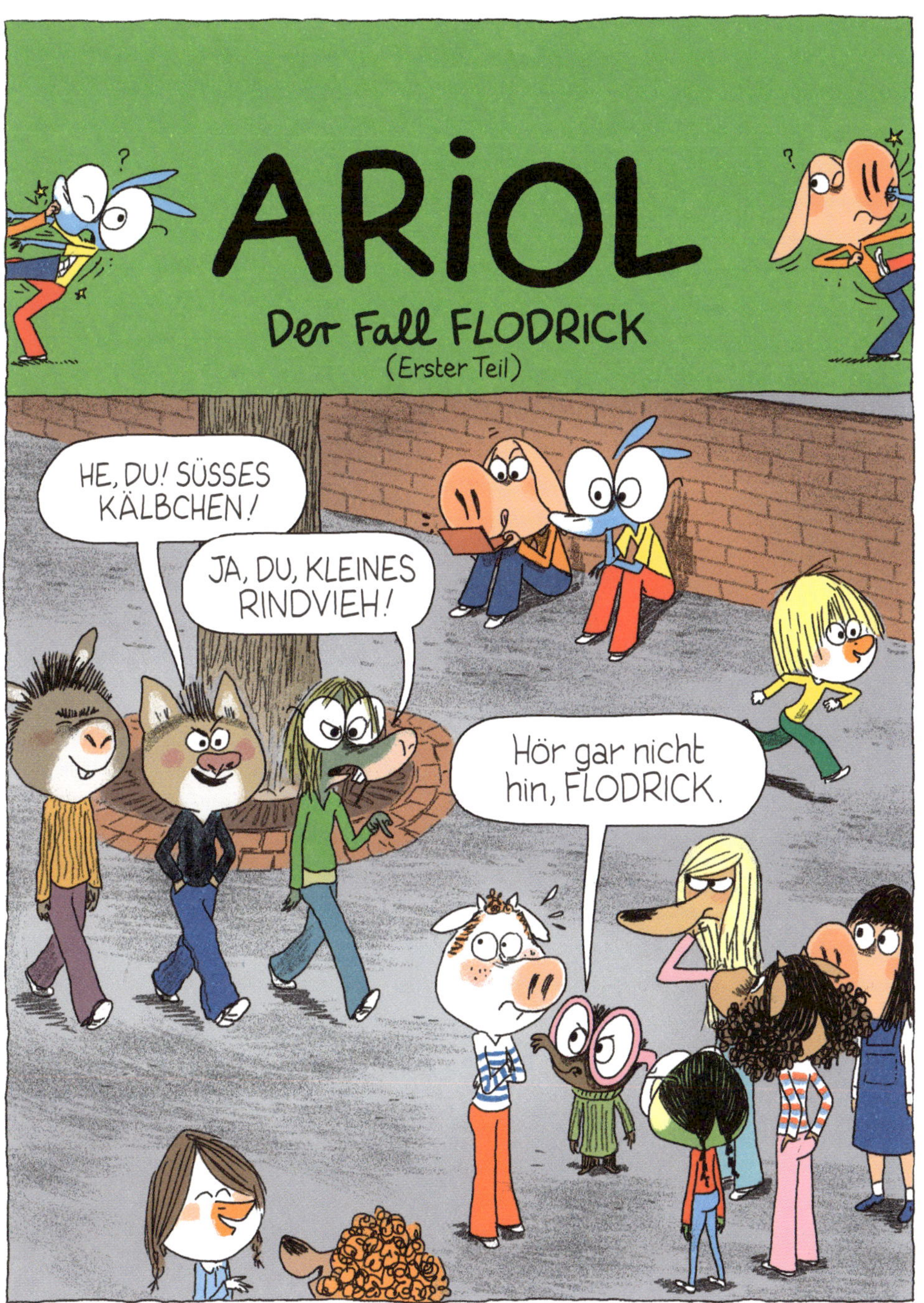
ARiOL
Der Fall FLODRICK
(Erster Teil)
HE, DU! SÜSSES KÄLBCHEN!
JA, DU, KLEINES RINDVIEH!
Hör gar nicht hin, FLODRICK.

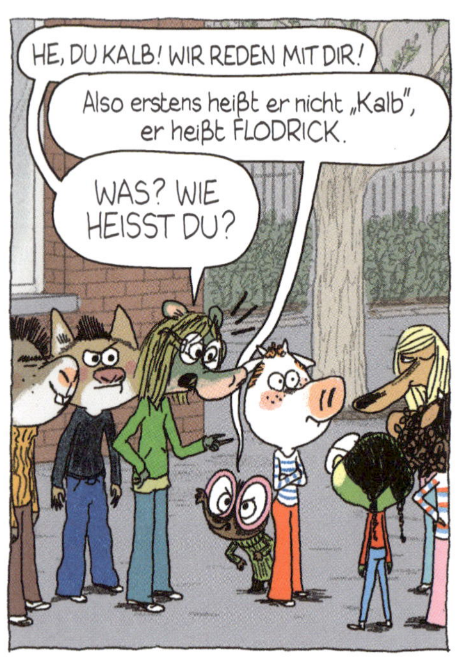
HE, DU KALB! WIR REDEN MIT DIR!
Also erstens heißt er nicht „Kalb", er heißt FLODRICK.
WAS? WIE HEISST DU?

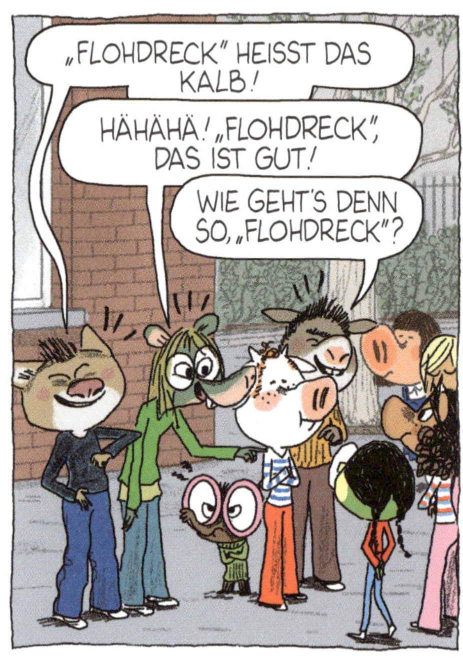
„FLOHDRECK" HEISST DAS KALB!
HÄHÄHÄ! „FLOHDRECK", DAS IST GUT!
WIE GEHT'S DENN SO, „FLOHDRECK"?

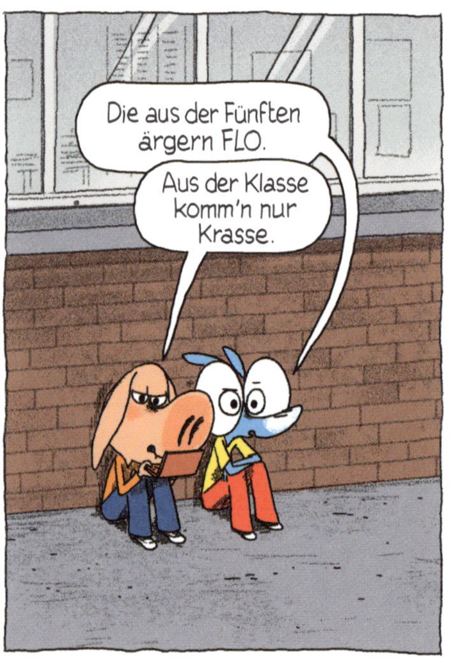
Die aus der Fünften ärgern FLO.
Aus der Klasse komm'n nur Krasse.

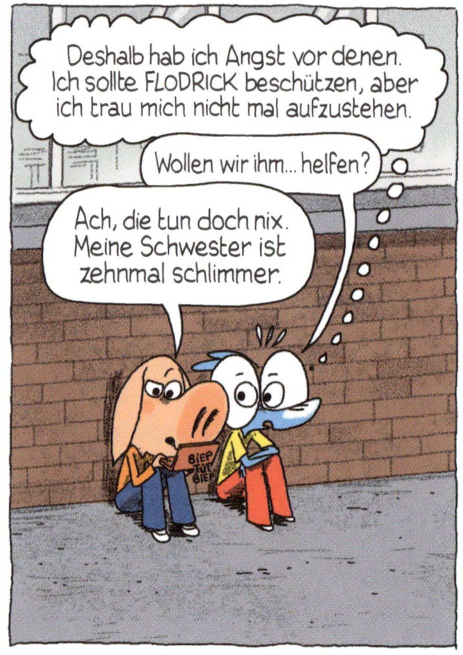
Deshalb hab ich Angst vor denen. Ich sollte FLODRICK beschützen, aber ich trau mich nicht mal aufzustehen.
Wollen wir ihm... helfen?
Ach, die tun doch nix. Meine Schwester ist zehnmal schlimmer.
BIEP TUT BIEP

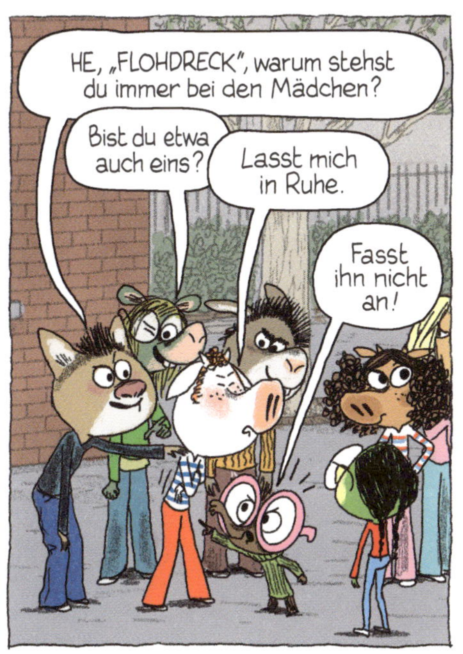
HE, „FLOHDRECK", warum stehst du immer bei den Mädchen?
Bist du etwa auch eins?
Lasst mich in Ruhe.
Fasst ihn nicht an!

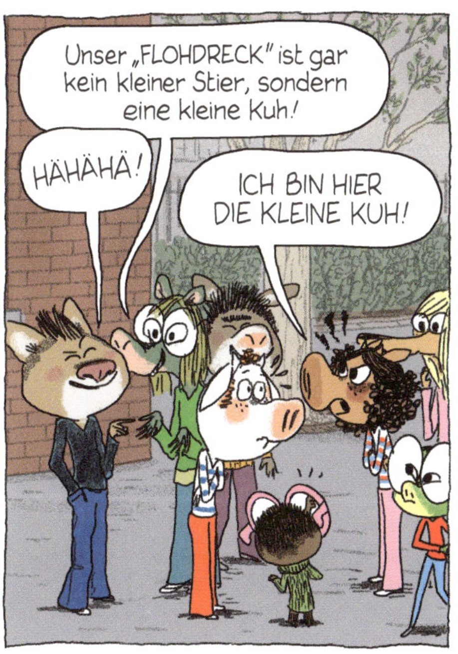
Unser „FLOHDRECK" ist gar kein kleiner Stier, sondern eine kleine Kuh!
HÄHÄHÄ!
ICH BIN HIER DIE KLEINE KUH!

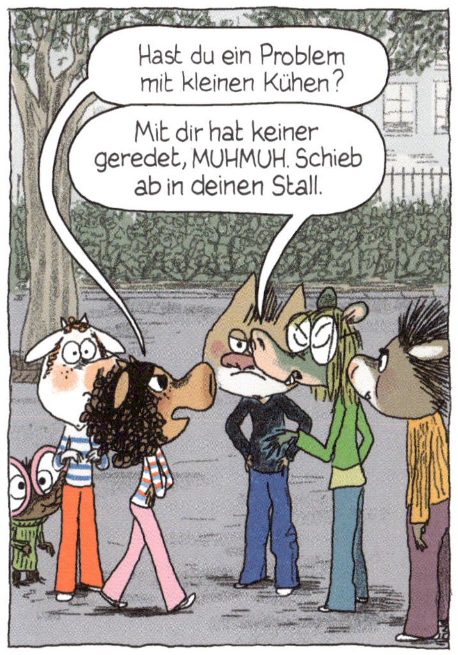
Hast du ein Problem mit kleinen Kühen?
Mit dir hat keiner geredet, MUHMUH. Schieb ab in deinen Stall.

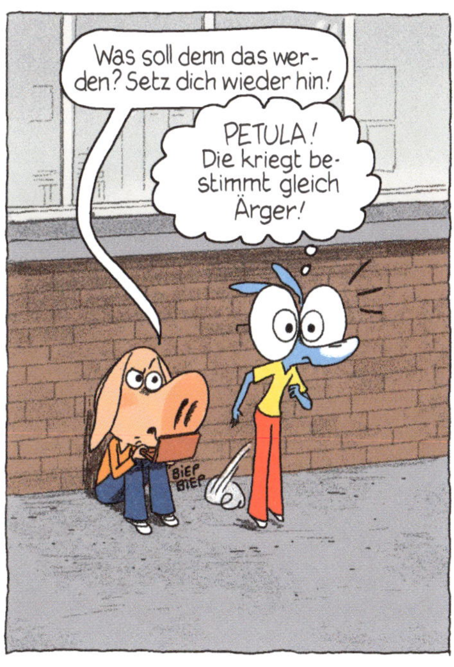
Was soll denn das werden? Setz dich wieder hin!
PETULA! Die kriegt bestimmt gleich Ärger!
BIEP BIEP

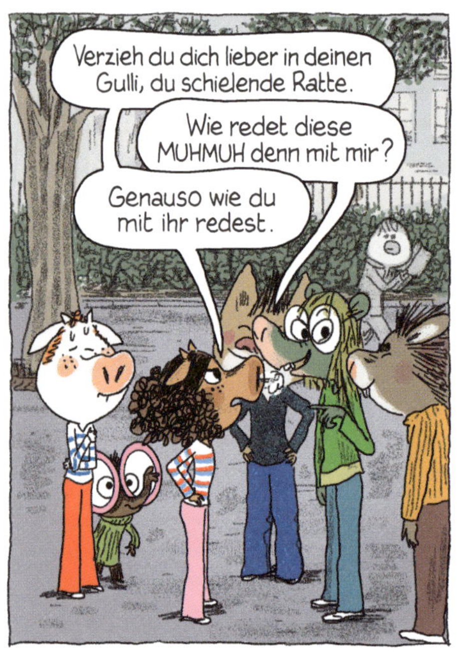
Verzieh du dich lieber in deinen Gulli, du schielende Ratte.
Wie redet diese MUHMUH denn mit mir?
Genauso wie du mit ihr redest.

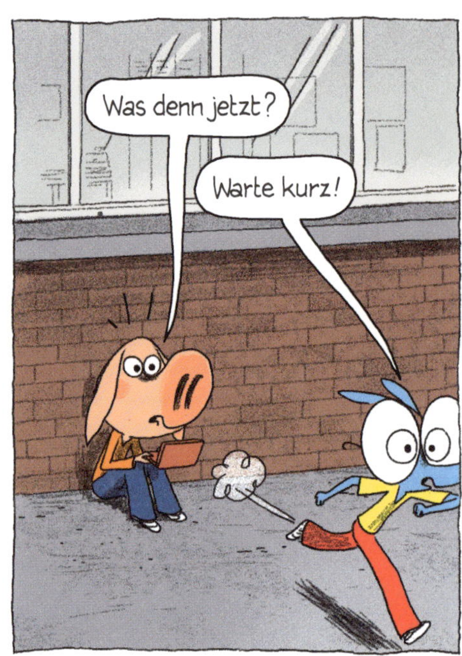
Was denn jetzt?
Warte kurz!

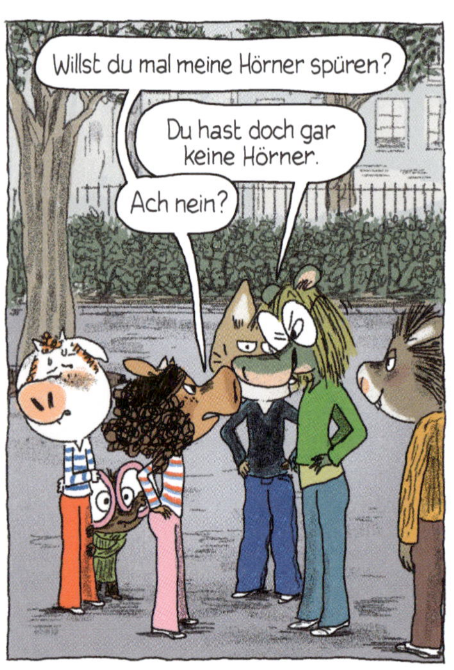
Willst du mal meine Hörner spüren?
Du hast doch gar keine Hörner.
Ach nein?

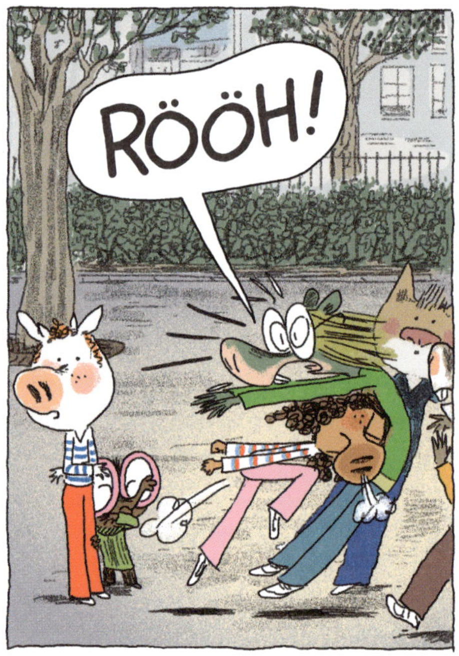
RÖÖH!

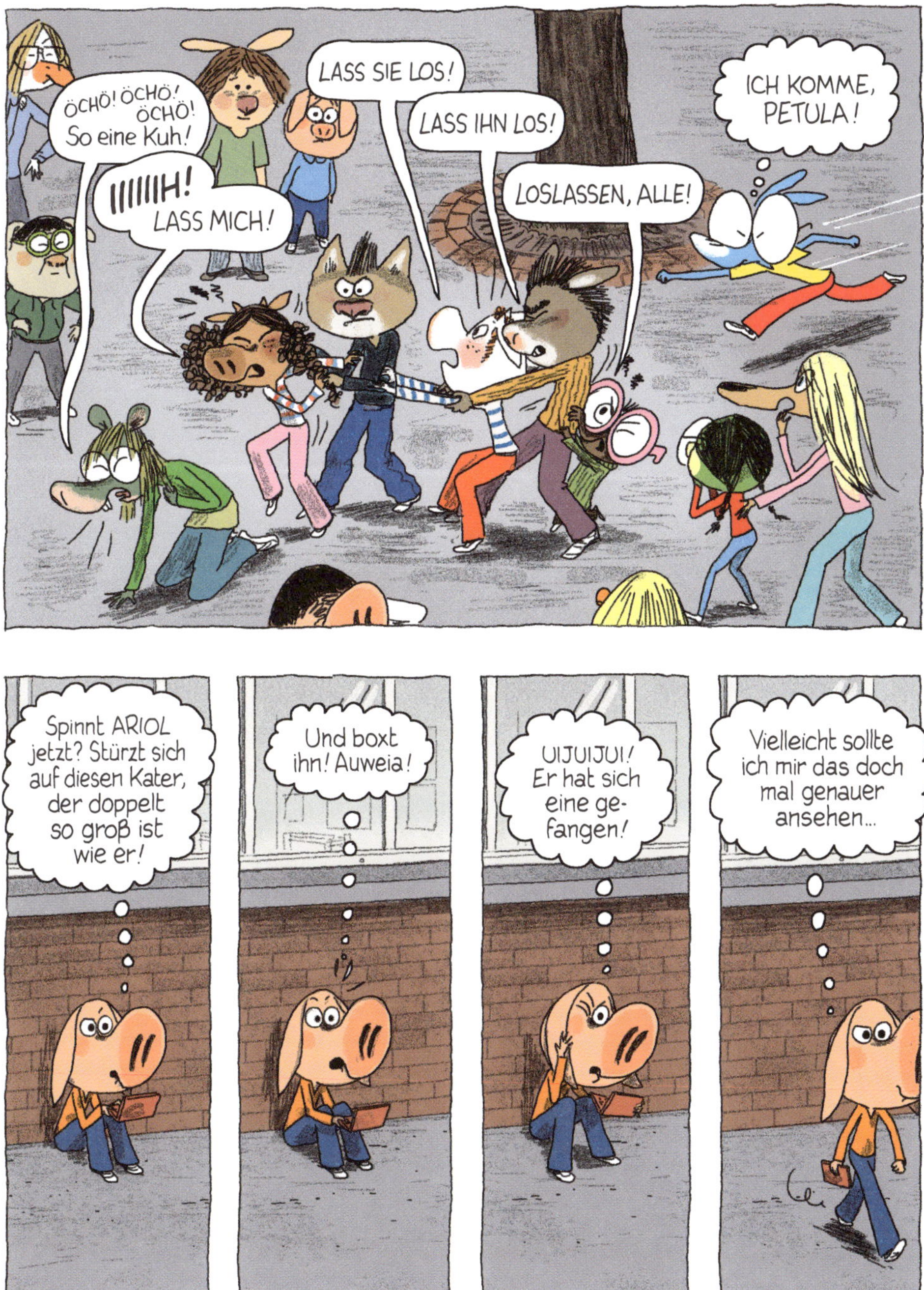

ÖCHÖ! ÖCHÖ! ÖCHÖ! So eine Kuh!
IIIIIIH! LASS MICH!
LASS SIE LOS!
LASS IHN LOS!
LOSLASSEN, ALLE!
ICH KOMME, PETULA!

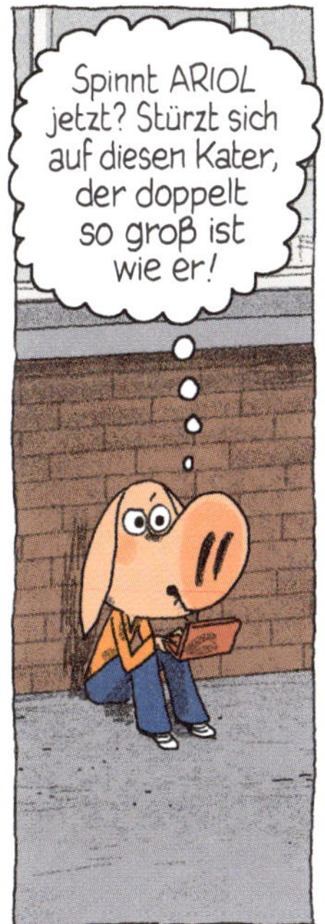
Spinnt ARIOL jetzt? Stürzt sich auf diesen Kater, der doppelt so groß ist wie er!

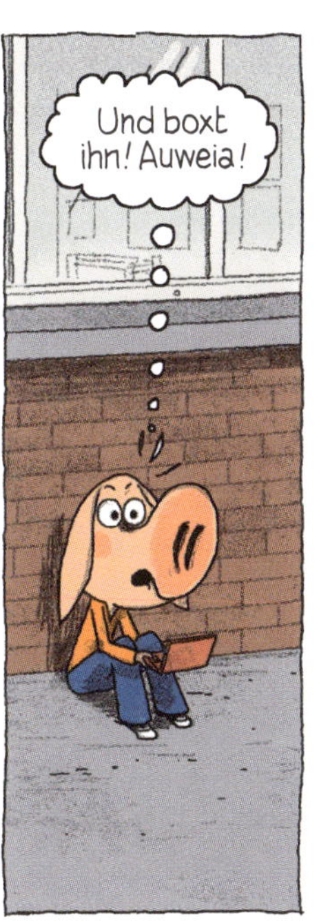
Und boxt ihn! Auweia!

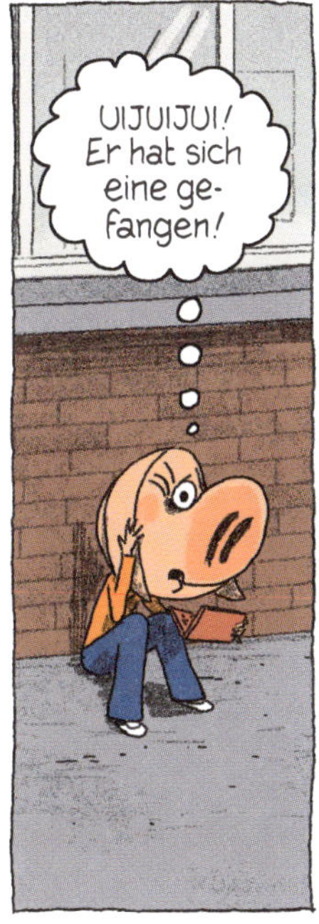
UIJUIJUI! Er hat sich eine gefangen!

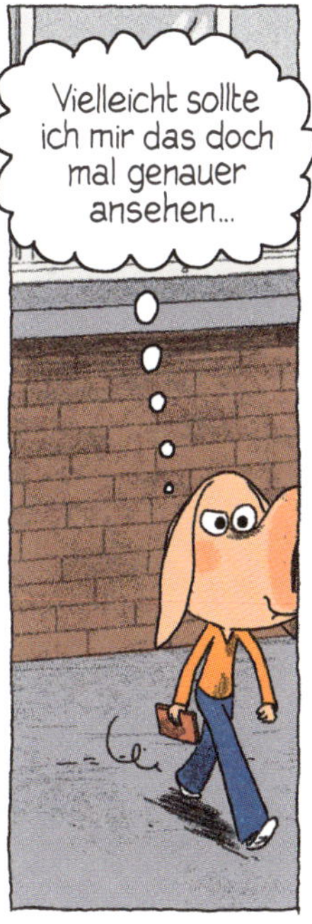
Vielleicht sollte ich mir das doch mal genauer ansehen...

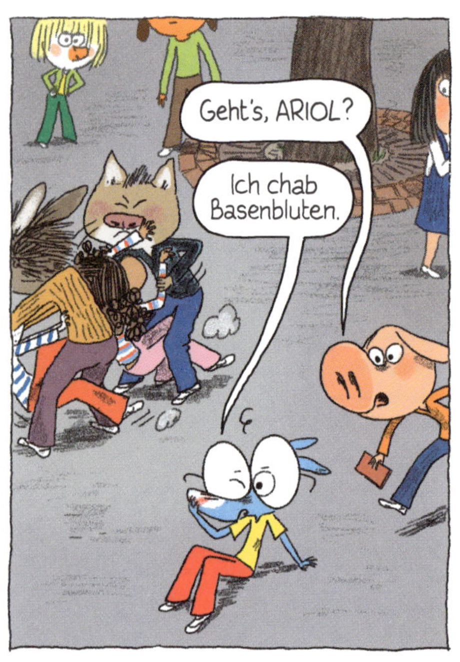
Geht's, ARIOL?
Ich chab Basenbluten.

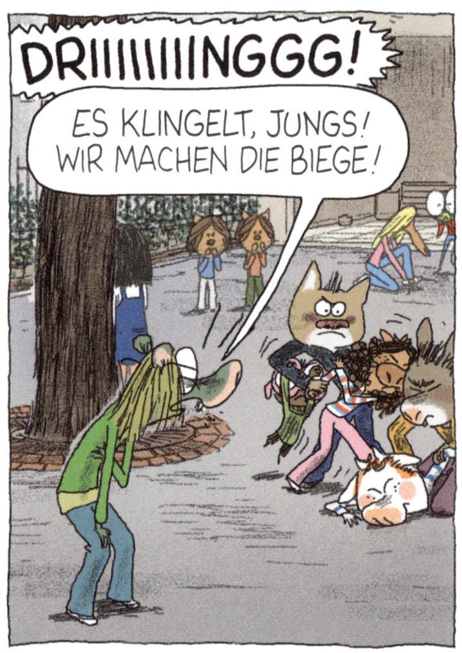
DRIIIIIIIINGGG!
ES KLINGELT, JUNGS! WIR MACHEN DIE BIEGE!

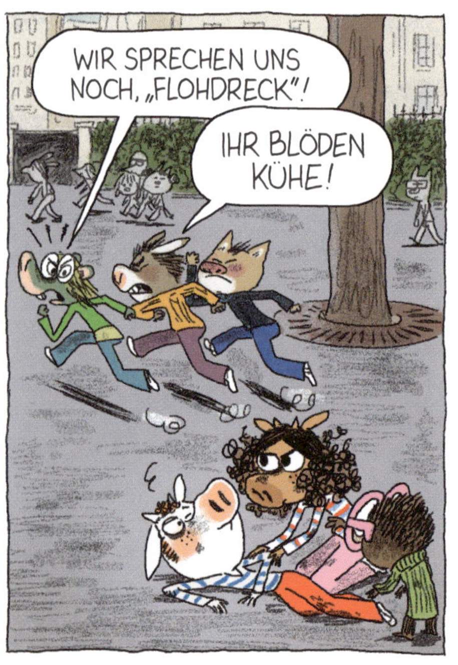
WIR SPRECHEN UNS NOCH, „FLOHDRECK"!
IHR BLÖDEN KÜHE!

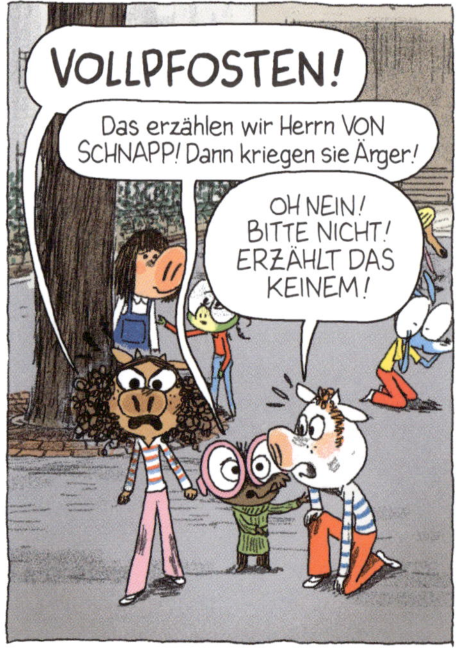
VOLLPFOSTEN!
Das erzählen wir Herrn VON SCHNAPP! Dann kriegen sie Ärger!
OH NEIN! BITTE NICHT! ERZÄHLT DAS KEINEM!

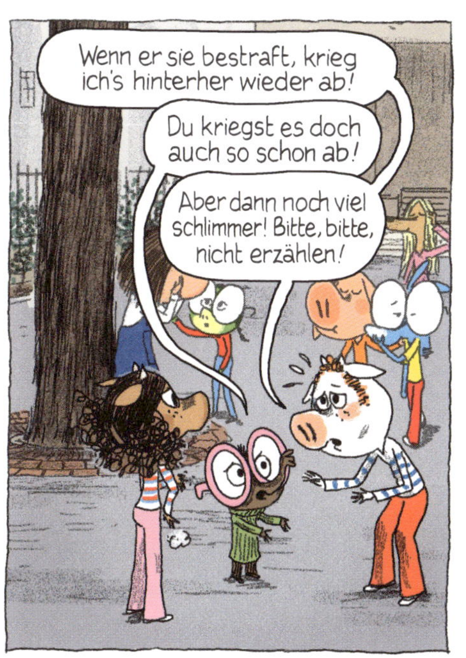
Wenn er sie bestraft, krieg ich's hinterher wieder ab!
Du kriegst es doch auch so schon ab!
Aber dann noch viel schlimmer! Bitte, bitte, nicht erzählen!

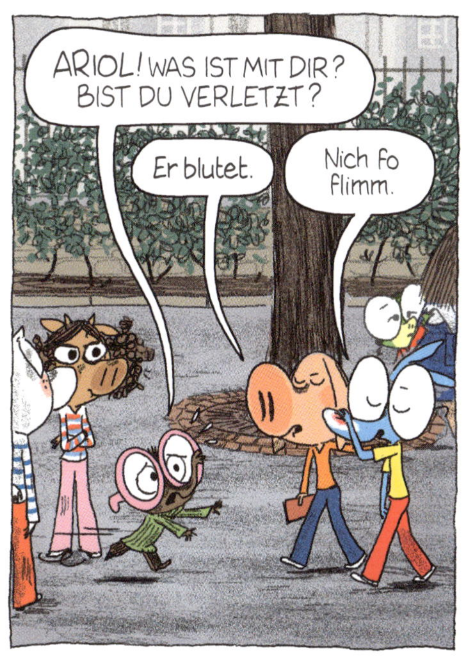
ARIOL! WAS IST MIT DIR? BIST DU VERLETZT?
Er blutet.
Nich fo flimm.

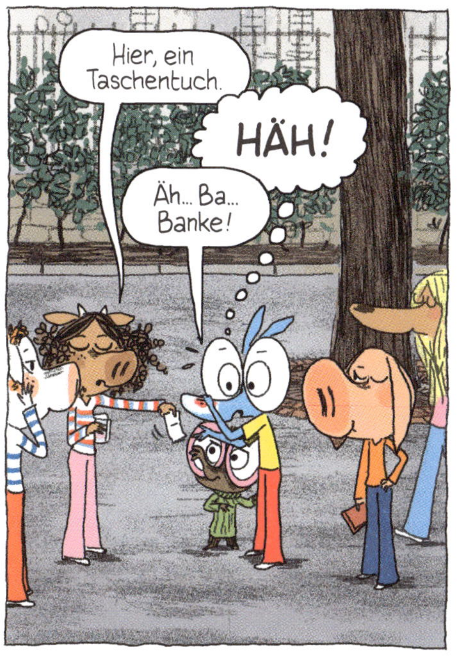
Hier, ein Taschentuch.
HÄH!
Äh... Ba... Banke!

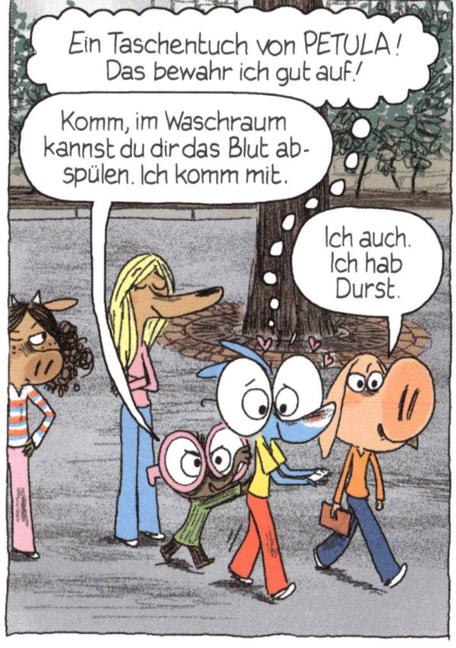
Ein Taschentuch von PETULA! Das bewahr ich gut auf!
Komm, im Waschraum kannst du dir das Blut abspülen. Ich komm mit.
Ich auch. Ich hab Durst.

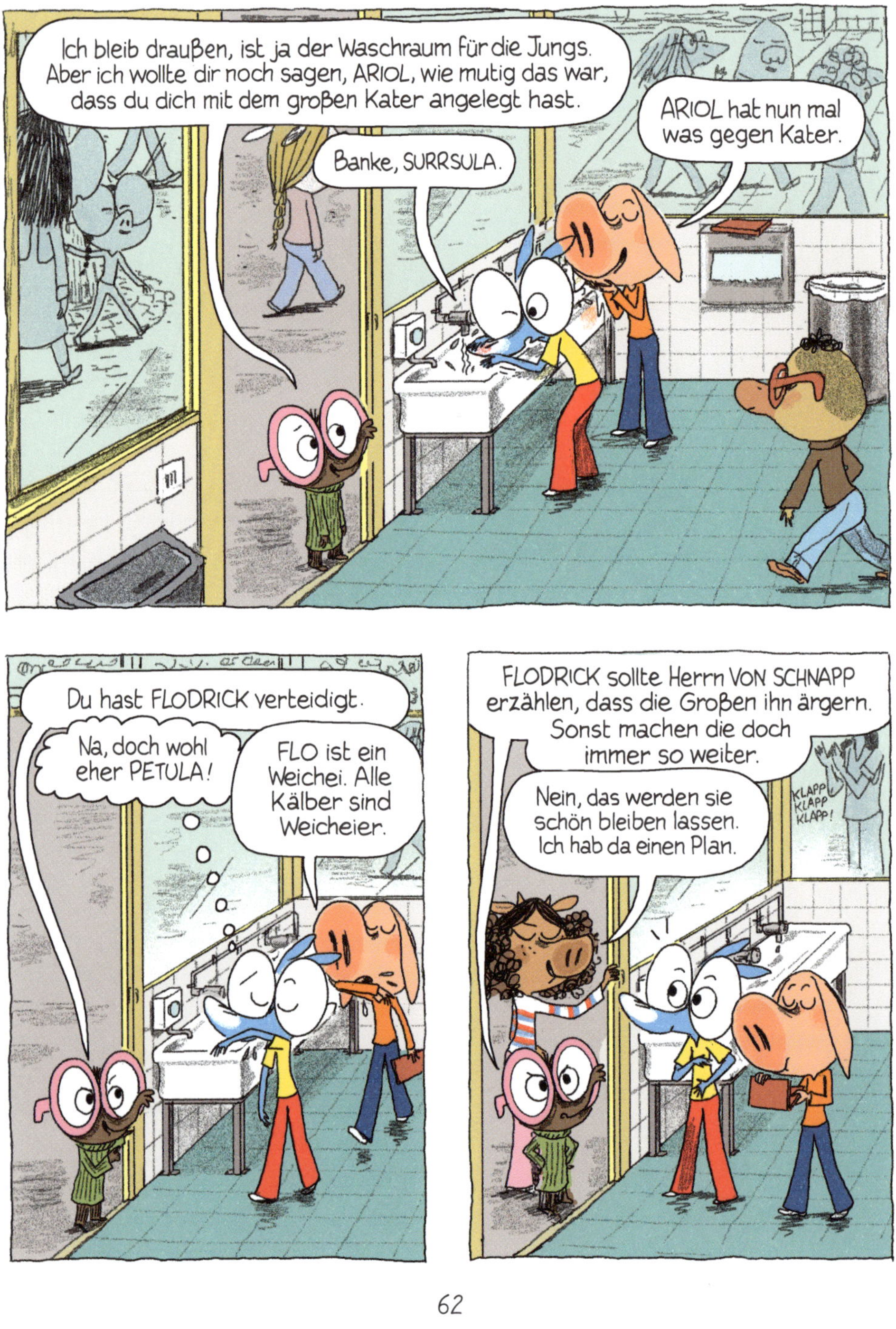

Ich bleib draußen, ist ja der Waschraum für die Jungs. Aber ich wollte dir noch sagen, ARIOL, wie mutig das war, dass du dich mit dem großen Kater angelegt hast.
Banke, SURRSULA.
ARIOL hat nun mal was gegen Kater.

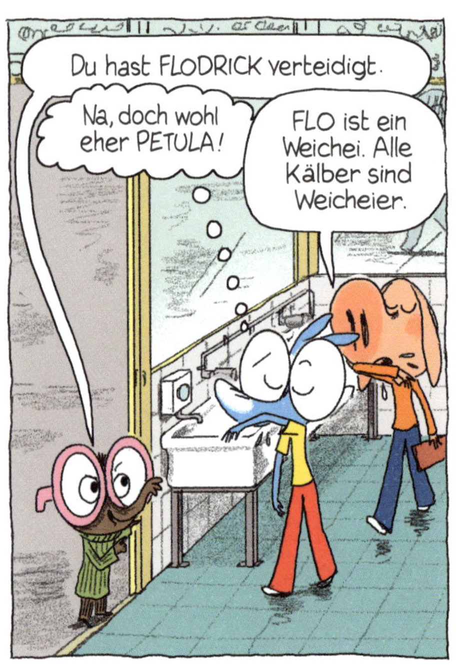


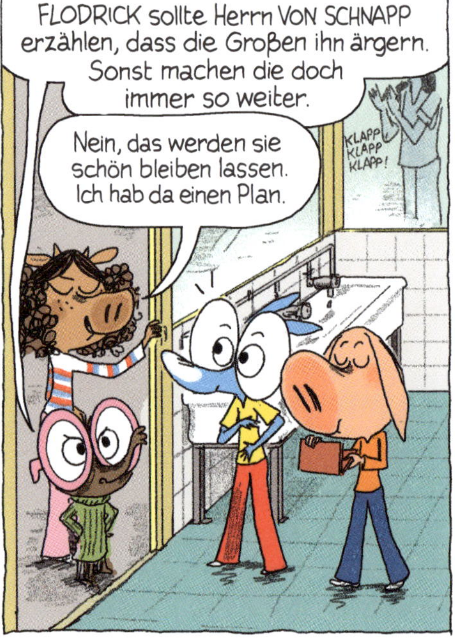

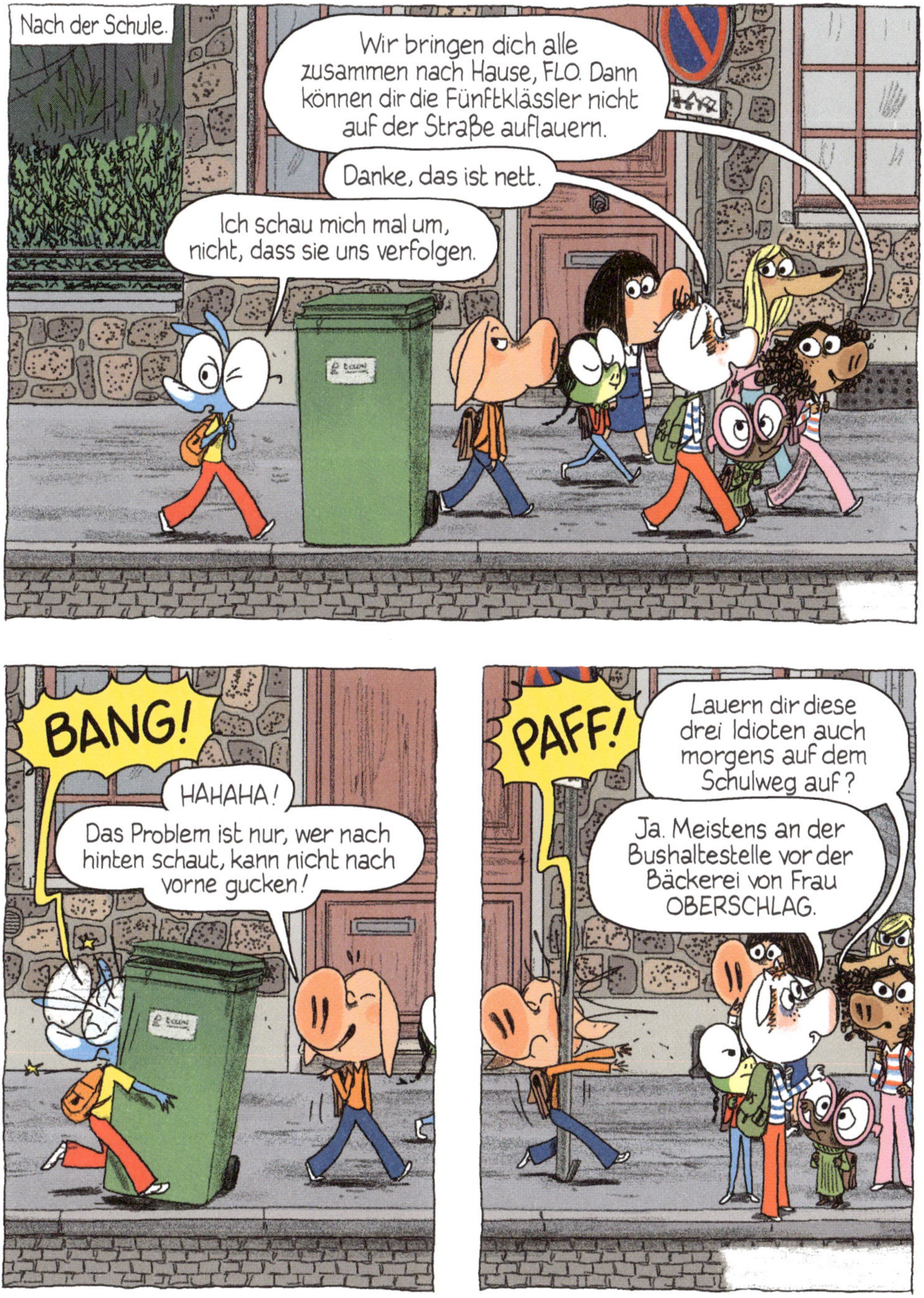

Nach der Schule.

Wir bringen dich alle zusammen nach Hause, FLO. Dann können dir die Fünftklässler nicht auf der Straße auflauern.

Danke, das ist nett.

Ich schau mich mal um, nicht, dass sie uns verfolgen.

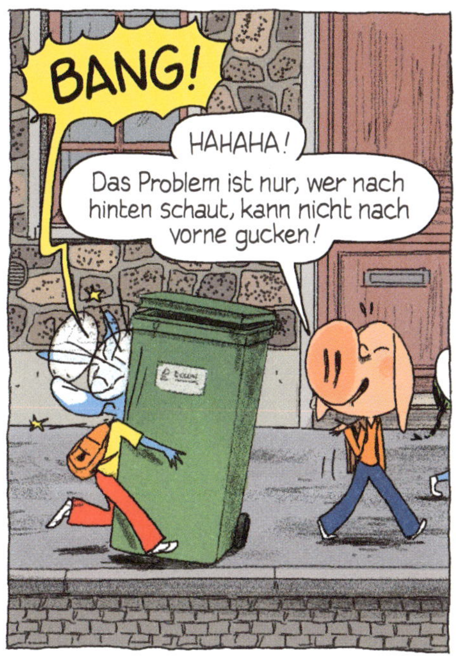


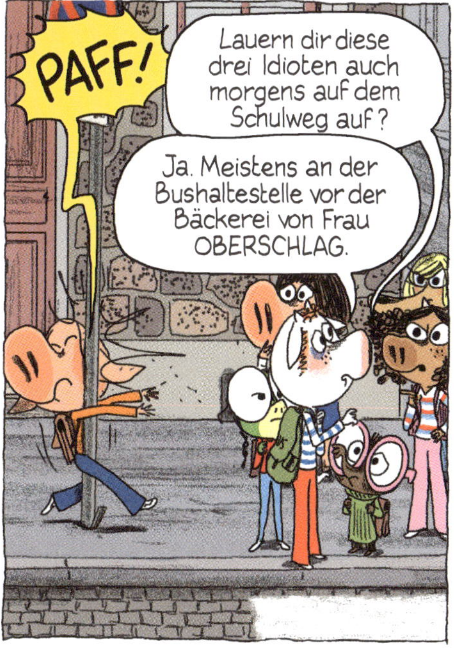

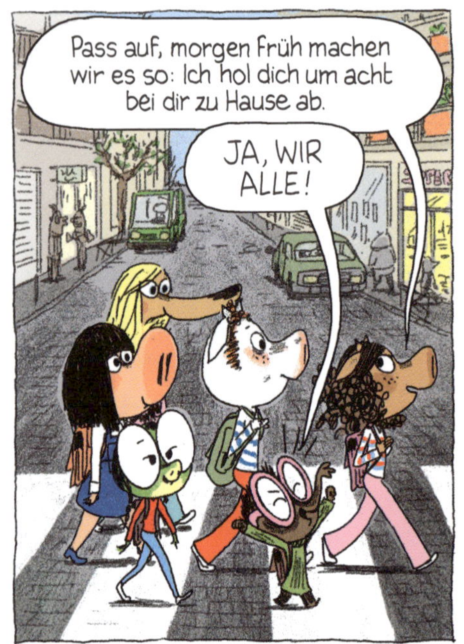

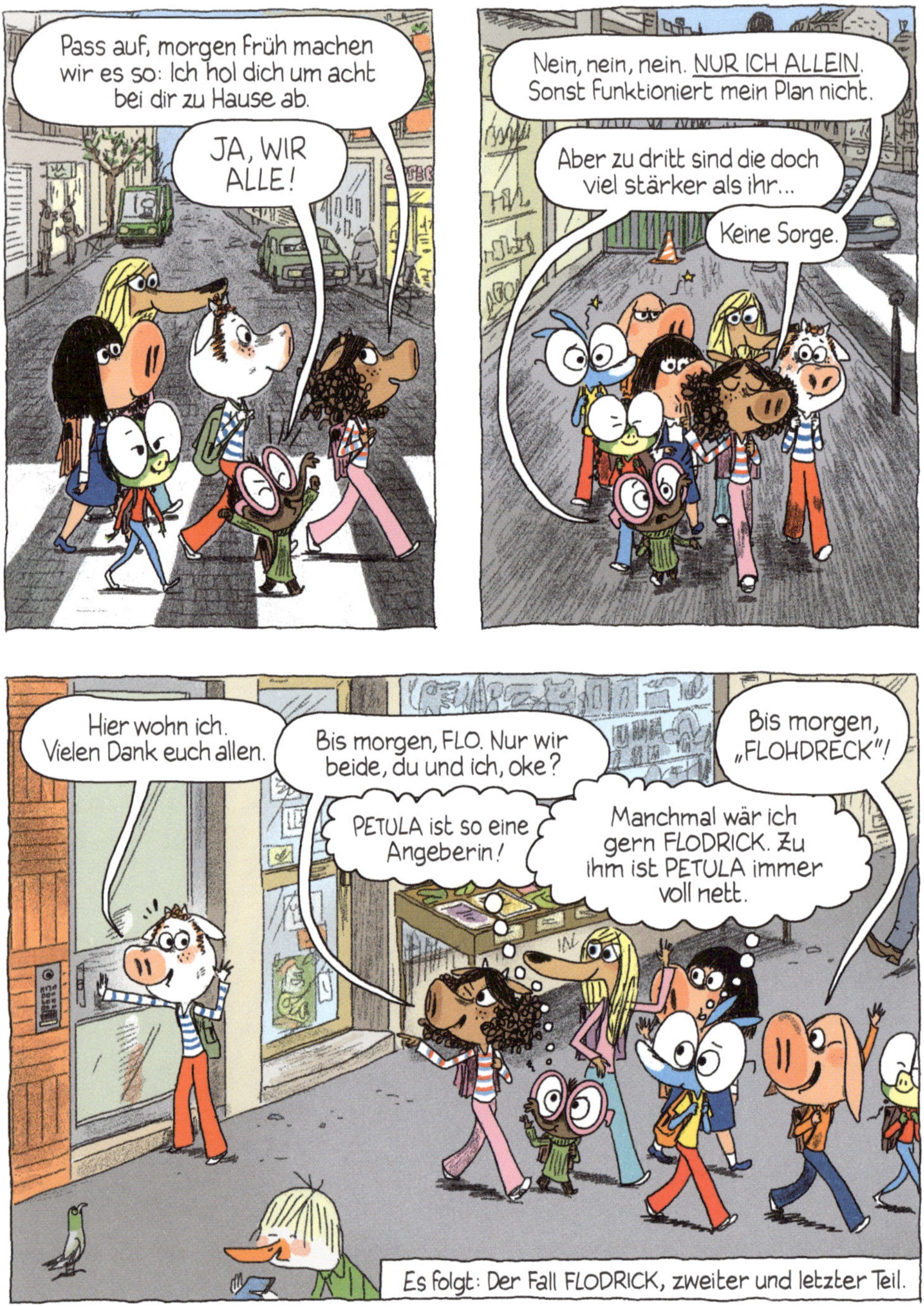

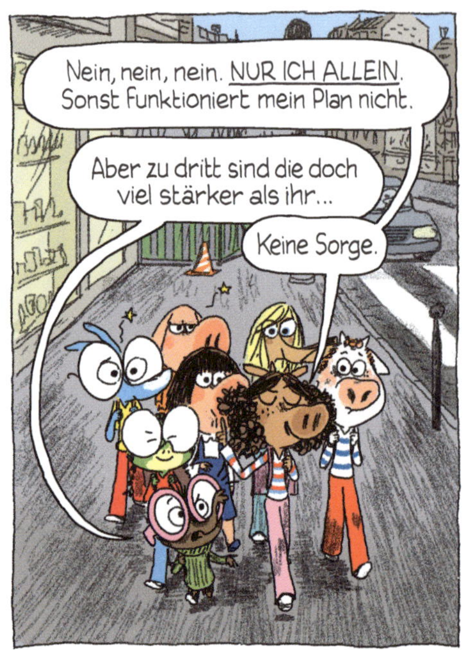


Hier wohn ich. Vielen Dank euch allen.

Bis morgen, FLO. Nur wir beide, du und ich, oke?

PETULA ist so eine Angeberin!

Manchmal wär ich gern FLODRICK. Zu ihm ist PETULA immer voll nett.

Bis morgen, „FLOHDRECK"!

Es folgt: Der Fall FLODRICK, zweiter und letzter Teil.

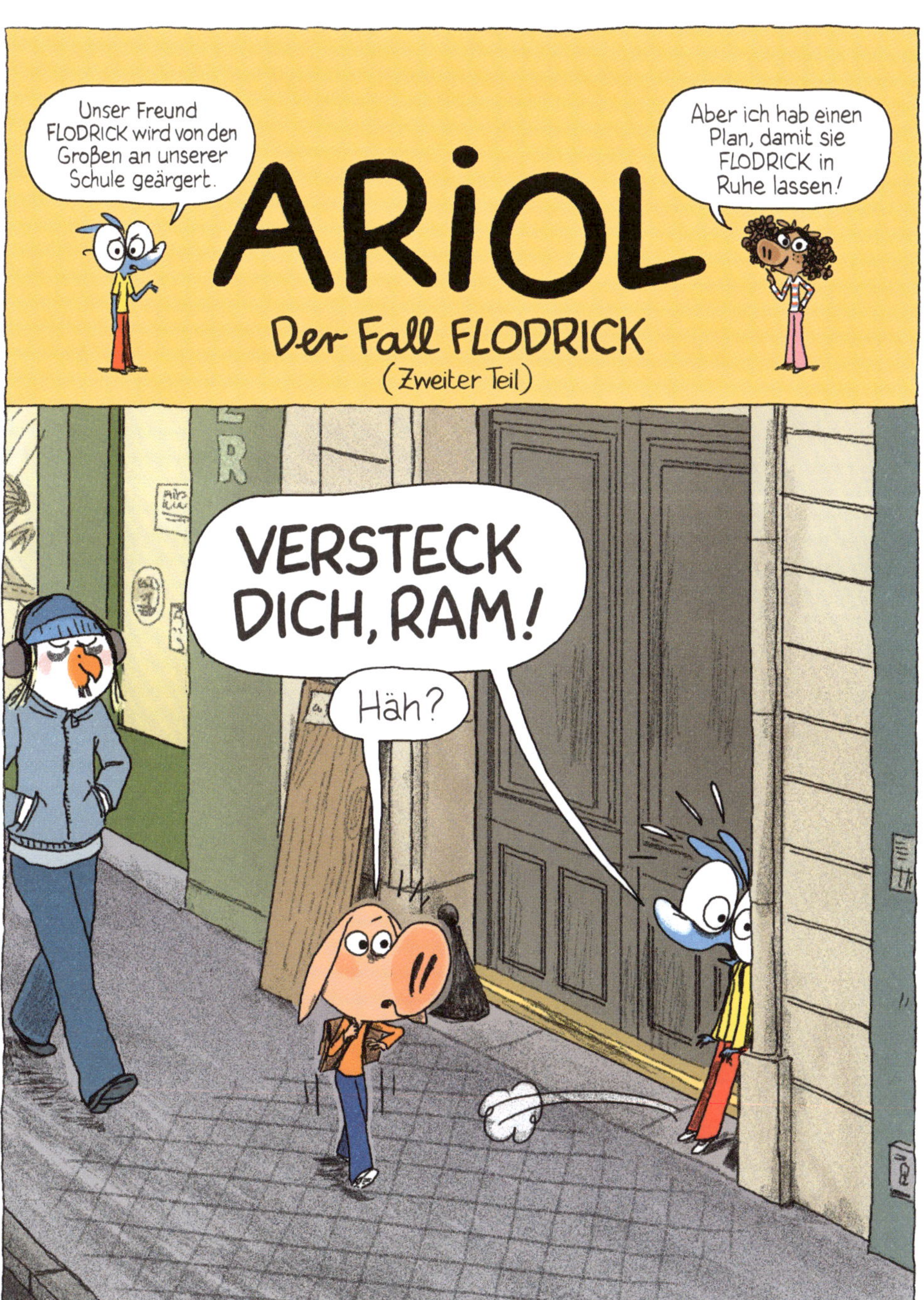
Unser Freund FLODRICK wird von den Großen an unserer Schule geärgert.
Aber ich hab einen Plan, damit sie FLODRICK in Ruhe lassen!
ARiOL
Der Fall FLODRICK
(Zweiter Teil)
VERSTECK DICH, RAM!
Häh?

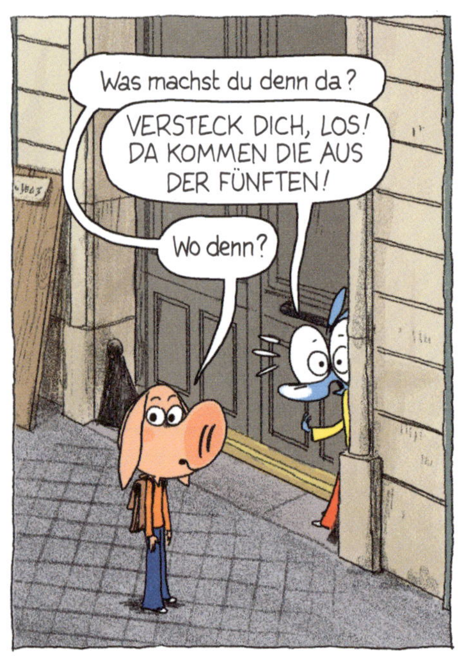
Was machst du denn da?
VERSTECK DICH, LOS! DA KOMMEN DIE AUS DER FÜNFTEN!
Wo denn?

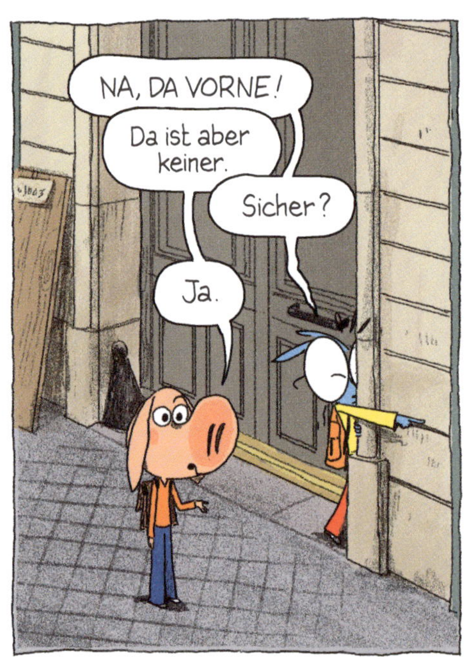
NA, DA VORNE!
Da ist aber keiner.
Sicher?
Ja.

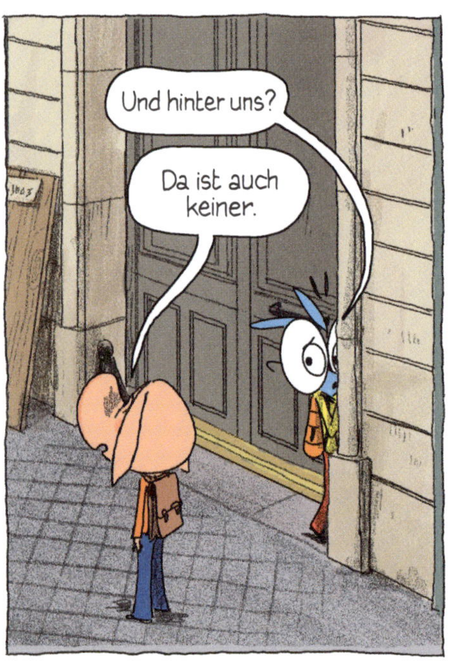
Und hinter uns?
Da ist auch keiner.

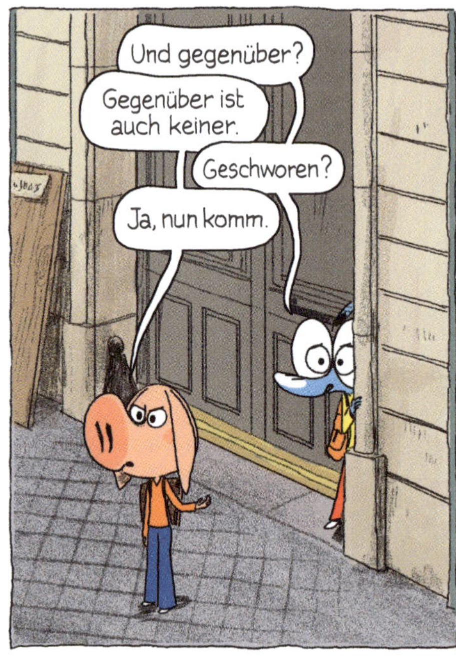
Und gegenüber?
Gegenüber ist auch keiner.
Geschworen?
Ja, nun komm.

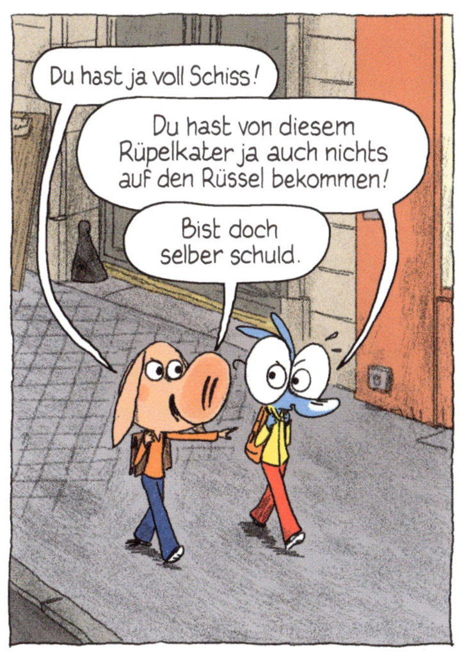
Du hast ja voll Schiss!
Du hast von diesem Rüpelkater ja auch nichts auf den Rüssel bekommen!
Bist doch selber schuld.

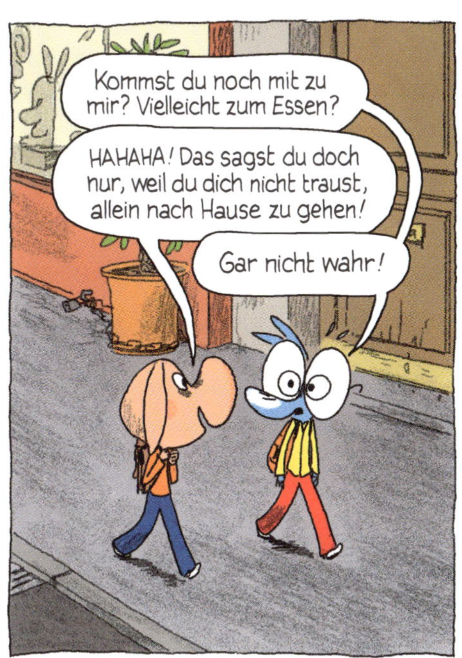
Kommst du noch mit zu mir? Vielleicht zum Essen?
HAHAHA! Das sagst du doch nur, weil du dich nicht traust, allein nach Hause zu gehen!
Gar nicht wahr!

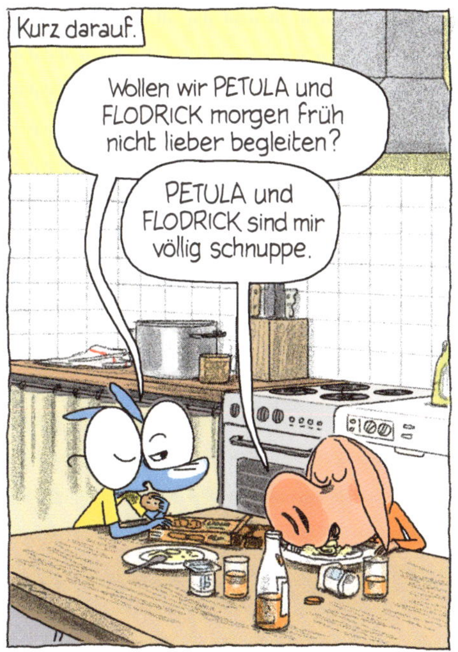
Kurz darauf.
Wollen wir PETULA und FLODRICK morgen früh nicht lieber begleiten?
PETULA und FLODRICK sind mir völlig schnuppe.

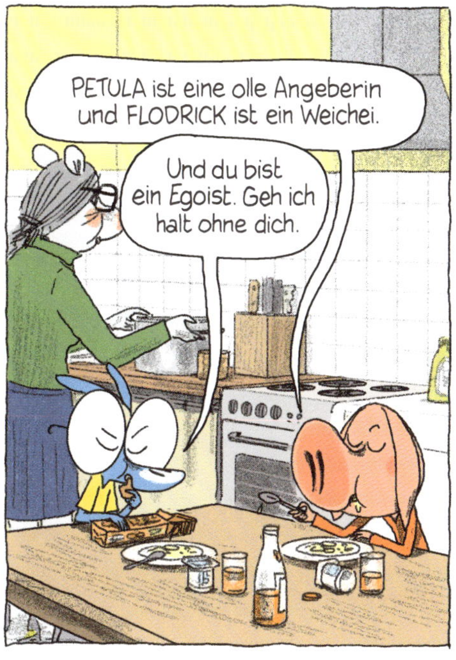
PETULA ist eine olle Angeberin und FLODRICK ist ein Weichei.
Und du bist ein Egoist. Geh ich halt ohne dich.

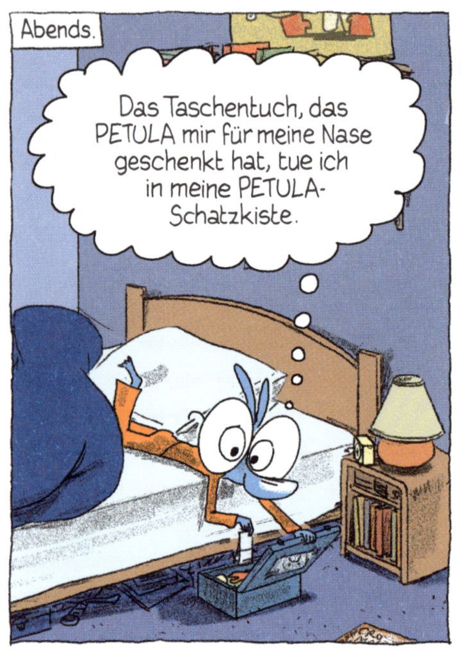
Abends.
Das Taschentuch, das PETULA mir für meine Nase geschenkt hat, tue ich in meine PETULA-Schatzkiste.

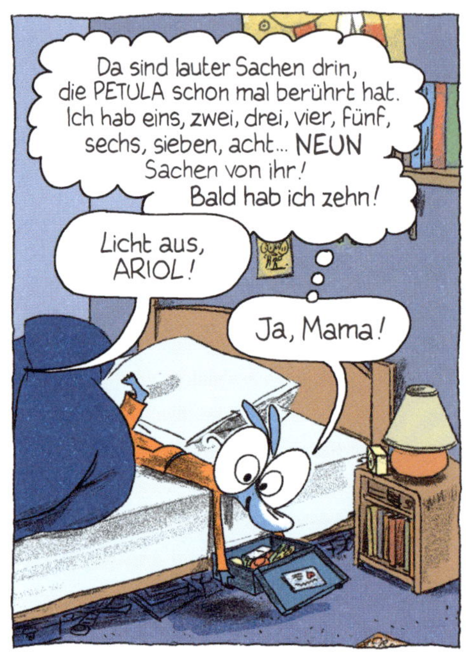
Da sind lauter Sachen drin, die PETULA schon mal berührt hat. Ich hab eins, zwei, drei, vier, fünf, sechs, sieben, acht... NEUN Sachen von ihr! Bald hab ich zehn!
Licht aus, ARIOL!
Ja, Mama!

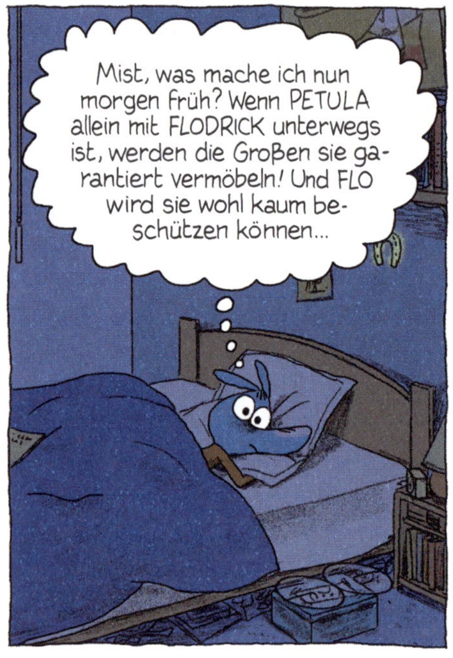
Mist, was mache ich nun morgen früh? Wenn PETULA allein mit FLODRICK unterwegs ist, werden die Großen sie garantiert vermöbeln! Und FLO wird sie wohl kaum beschützen können...

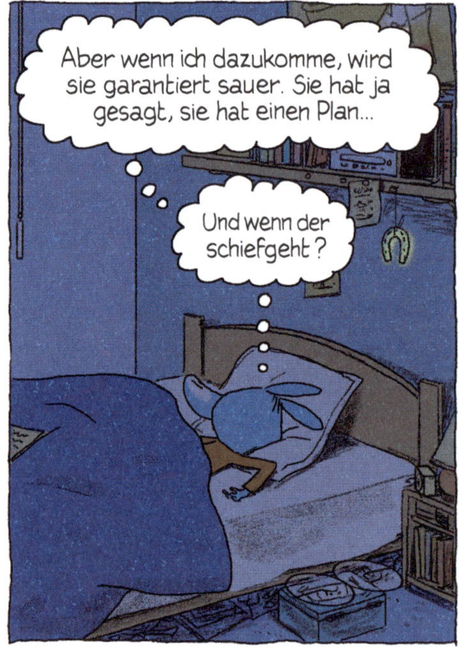
Aber wenn ich dazukomme, wird sie garantiert sauer. Sie hat ja gesagt, sie hat einen Plan...
Und wenn der schiefgeht?

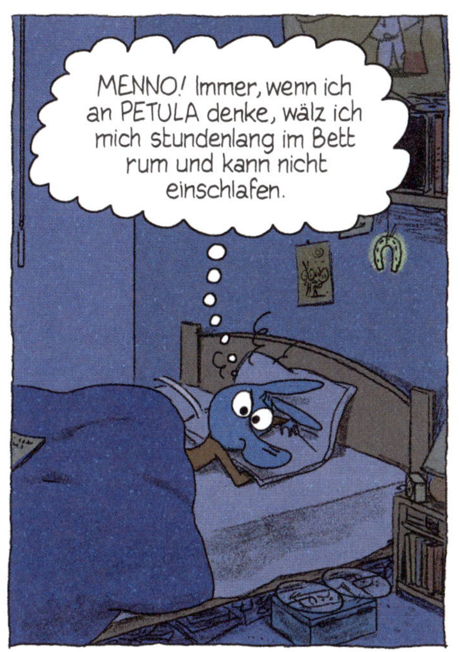

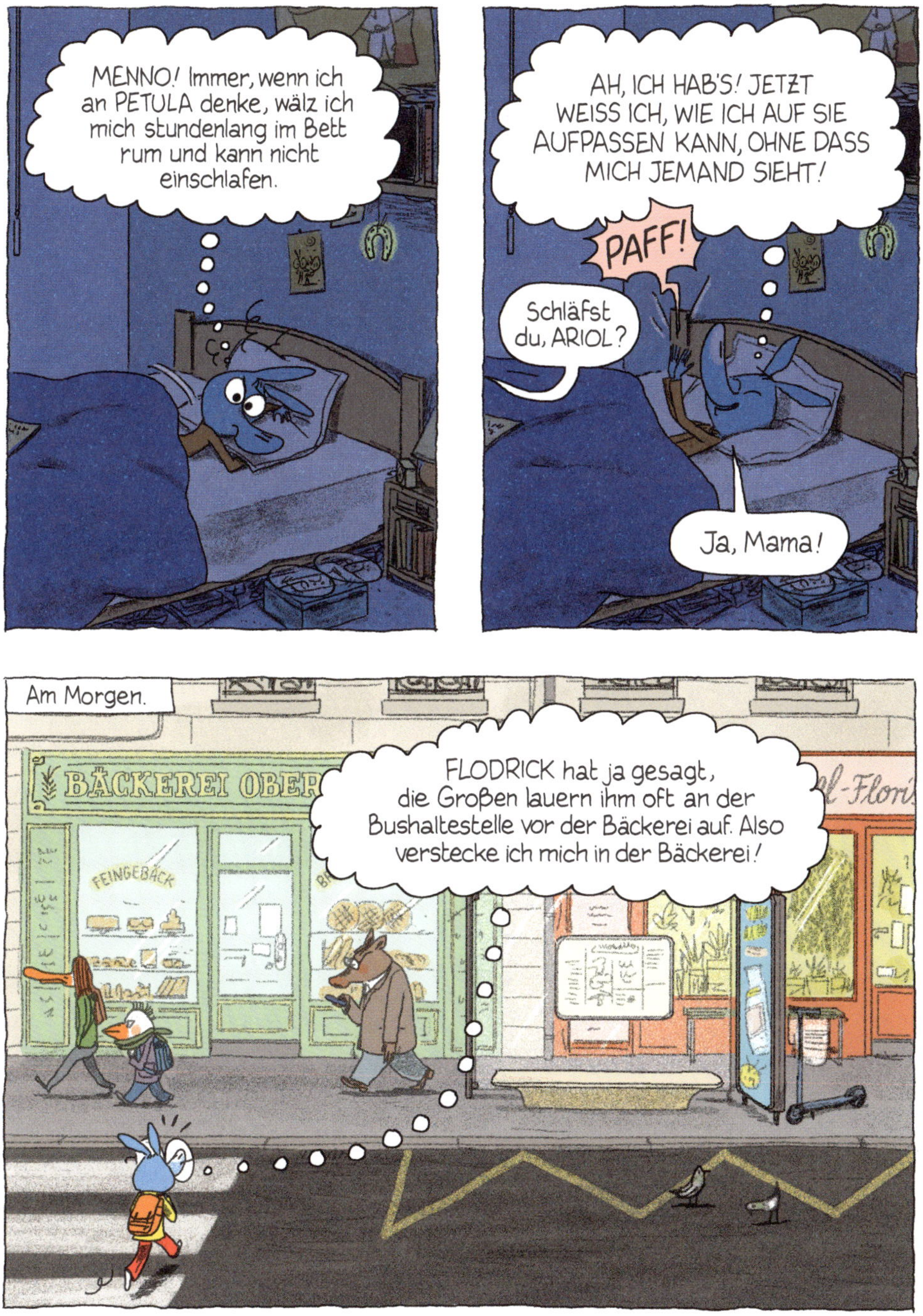

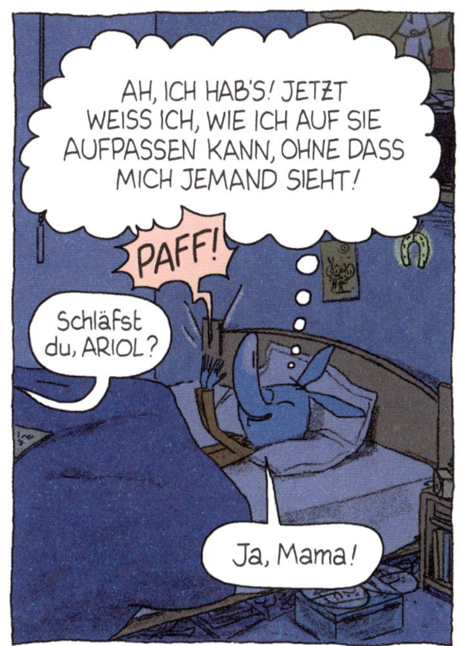


Am Morgen.

BÄCKEREI OBER

FEINGEBÄCK

FLODRICK hat ja gesagt, die Großen lauern ihm oft an der Bushaltestelle vor der Bäckerei auf. Also verstecke ich mich in der Bäckerei!

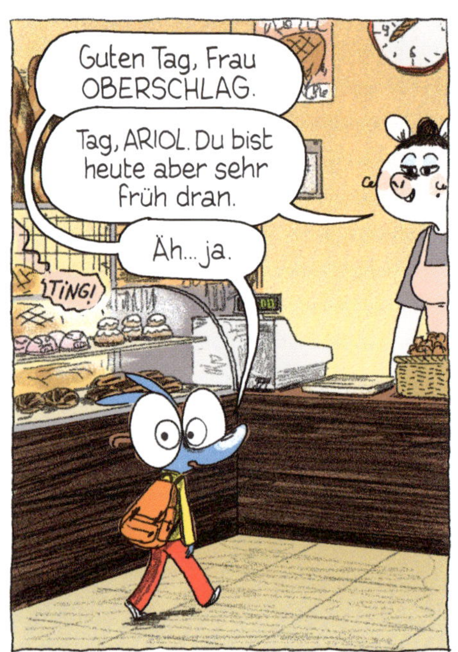

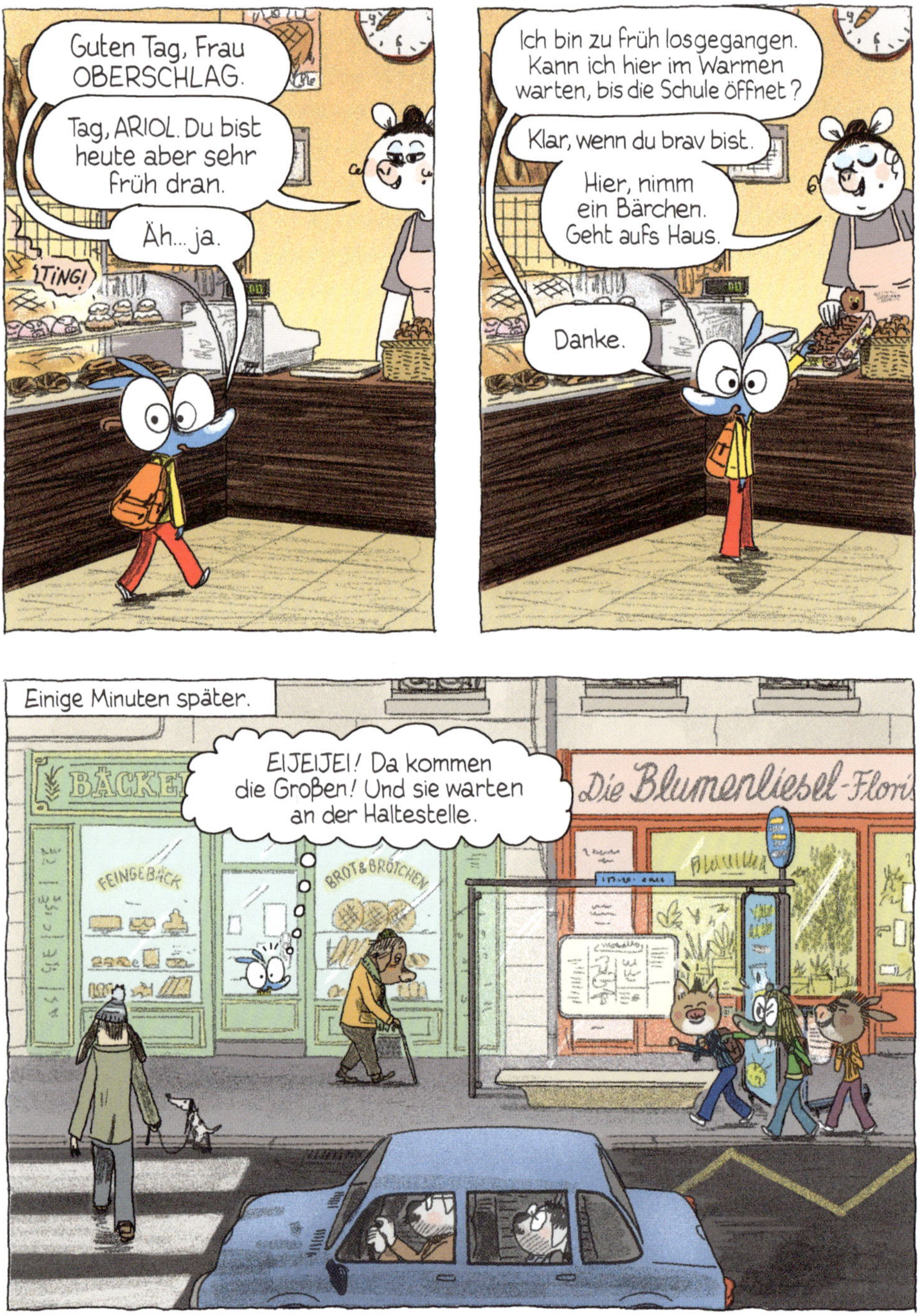

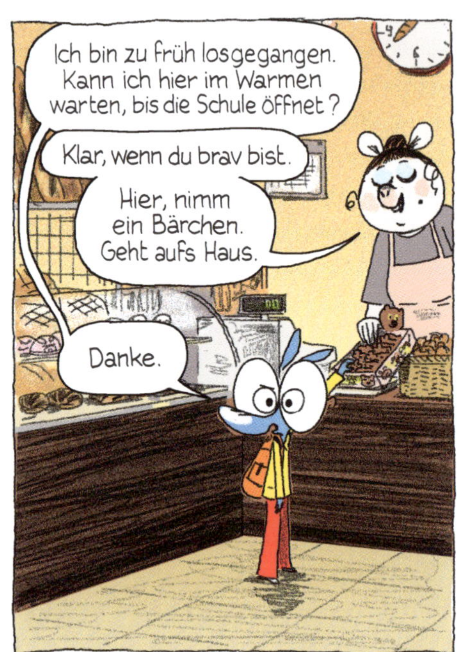


Einige Minuten später.

BÄCKE

FEINGEBÄCK

BROT & BRÖTCHEN

Die Blumenliesel-Flori

EIJEIJEI! Da kommen die Großen! Und sie warten an der Haltestelle.

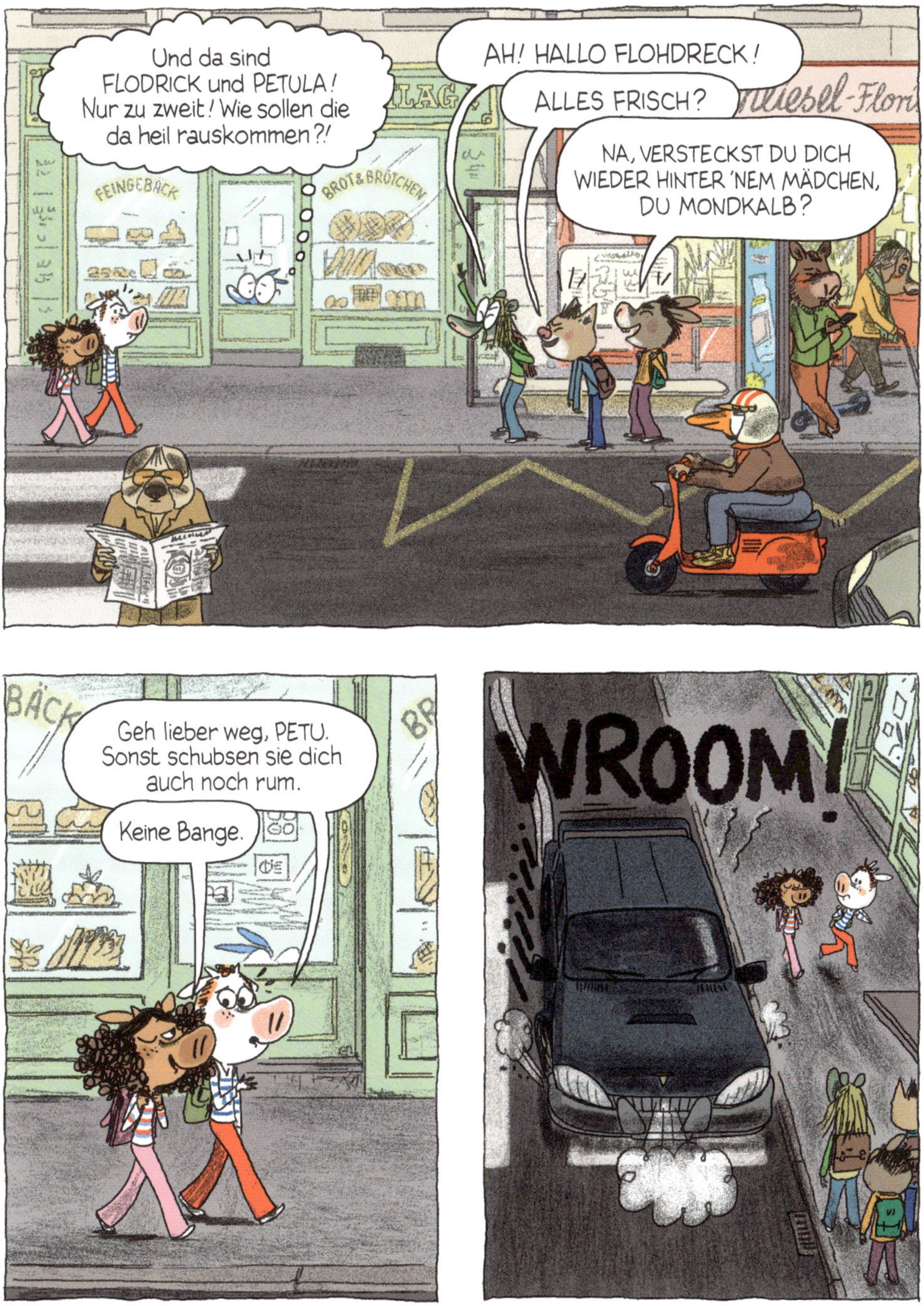

Und da sind FLODRICK und PETULA! Nur zu zweit! Wie sollen die da heil rauskommen?!

AH! HALLO FLOHDRECK!

ALLES FRISCH?

NA, VERSTECKST DU DICH WIEDER HINTER 'NEM MÄDCHEN, DU MONDKALB?

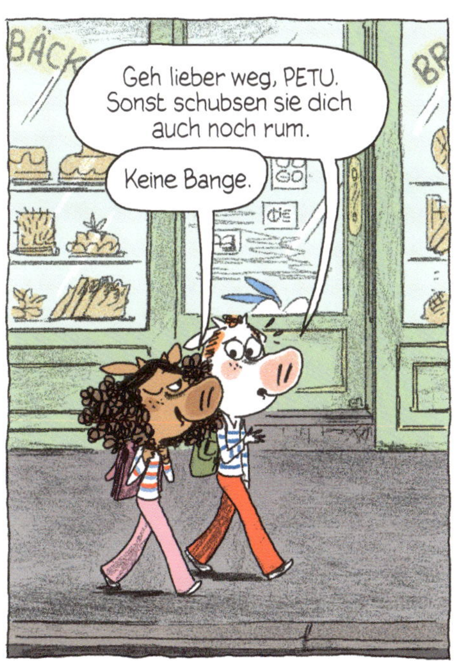


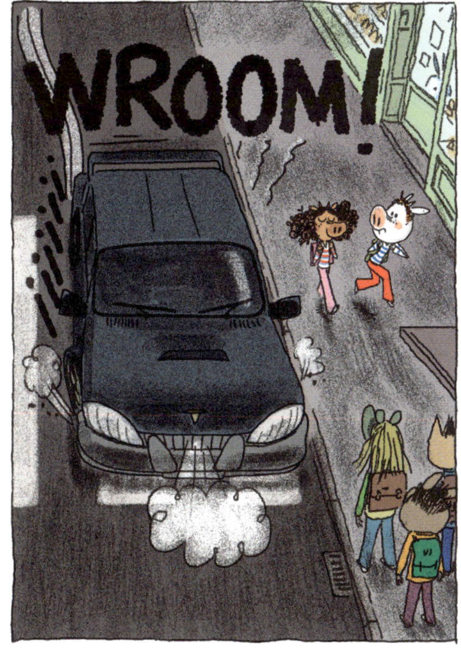

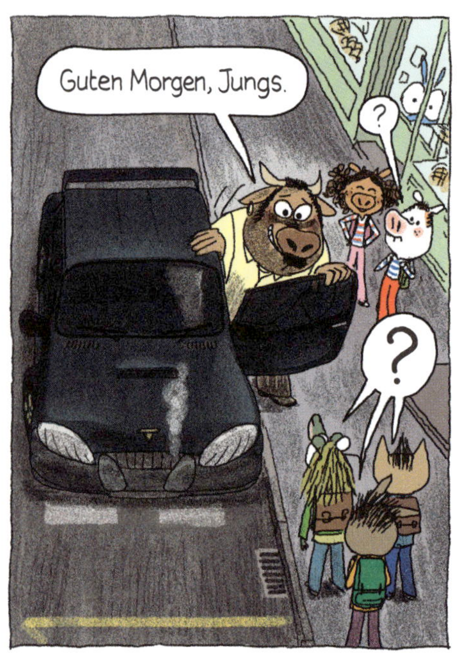

Guten Morgen, Jungs.
?
?


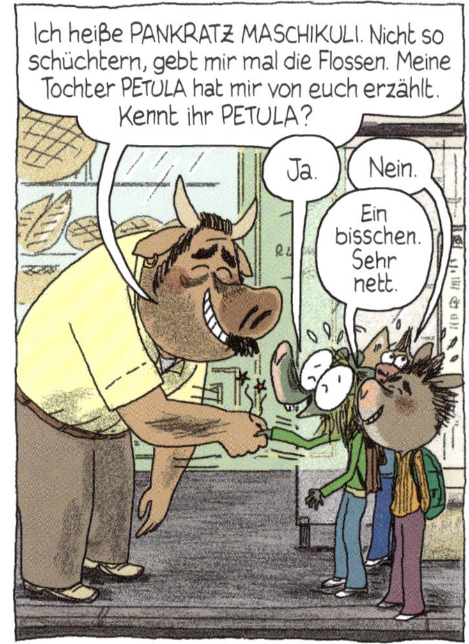

Ich heiße PANKRATZ MASCHIKULI. Nicht so schüchtern, gebt mir mal die Flossen. Meine Tochter PETULA hat mir von euch erzählt. Kennt ihr PETULA?
Ja.
Nein.
Ein bisschen. Sehr nett.


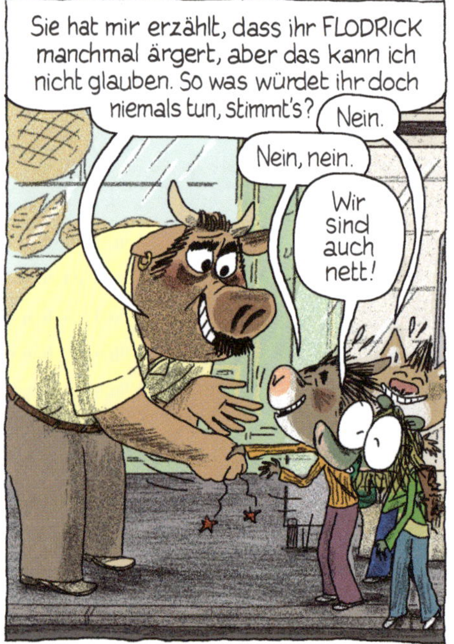

Sie hat mir erzählt, dass ihr FLODRICK manchmal ärgert, aber das kann ich nicht glauben. So was würdet ihr doch niemals tun, stimmt's?
Nein.
Nein, nein.
Wir sind auch nett!


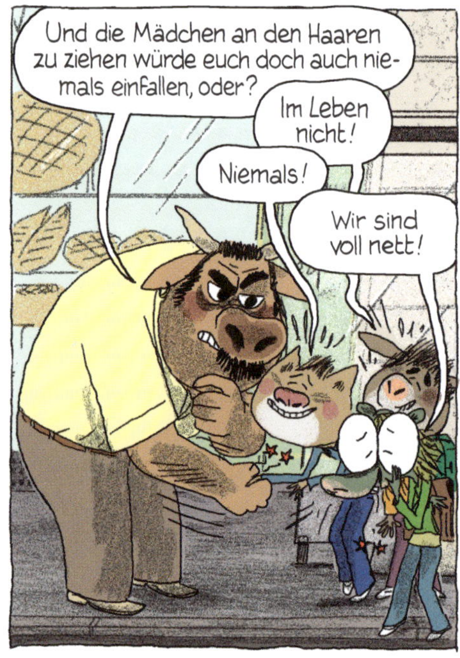

Und die Mädchen an den Haaren zu ziehen würde euch doch auch niemals einfallen, oder?
Im Leben nicht!
Niemals!
Wir sind voll nett!

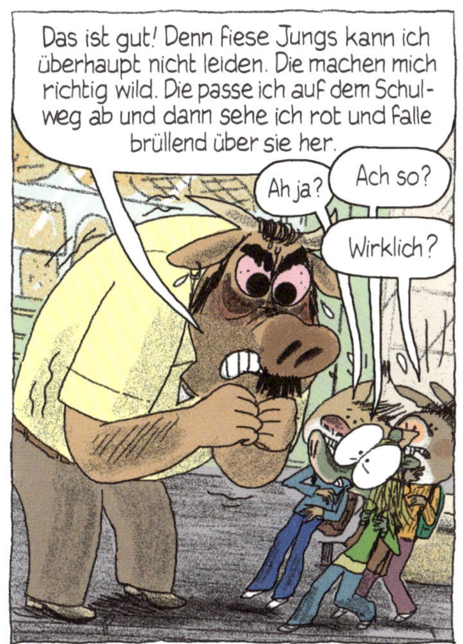

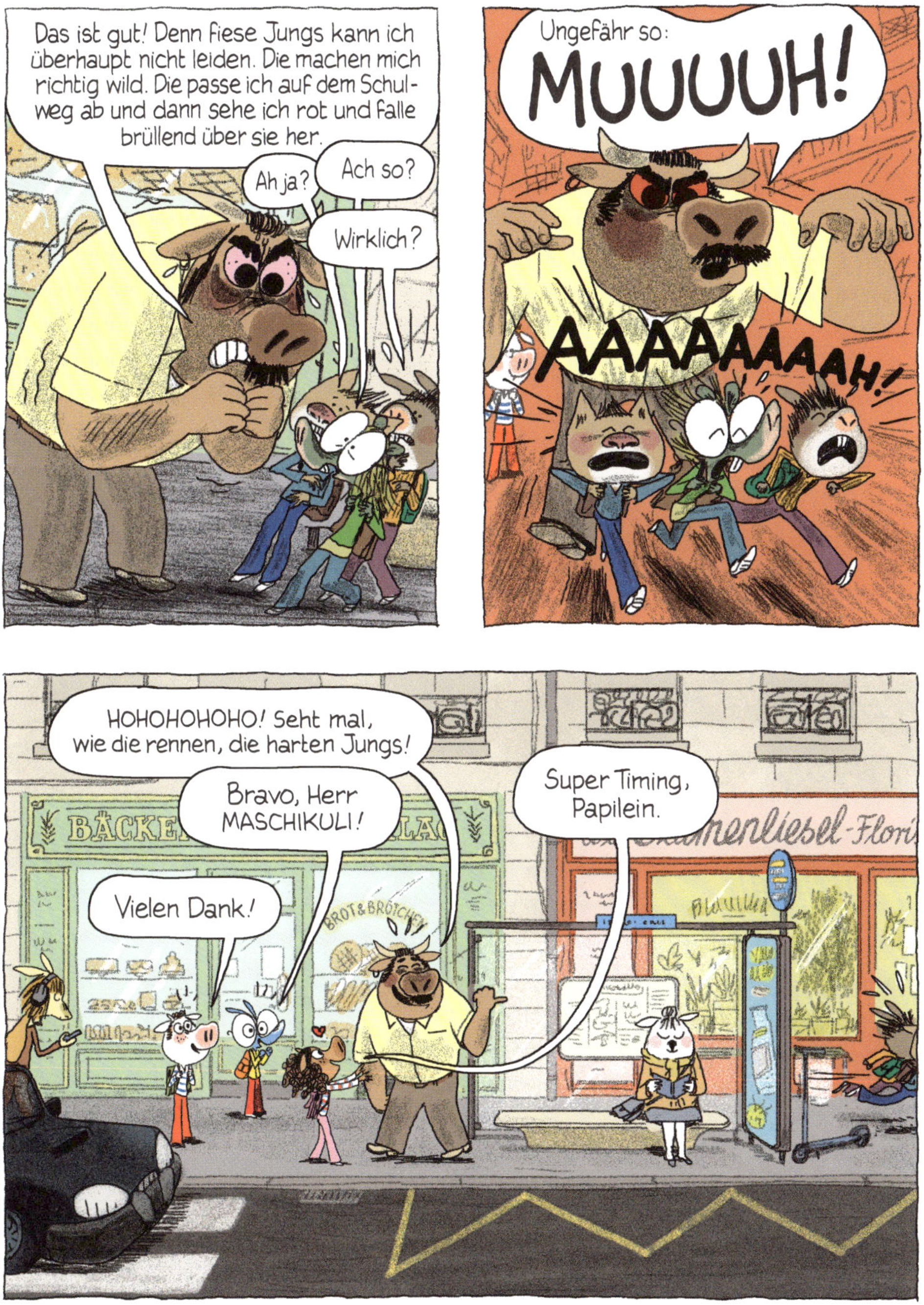

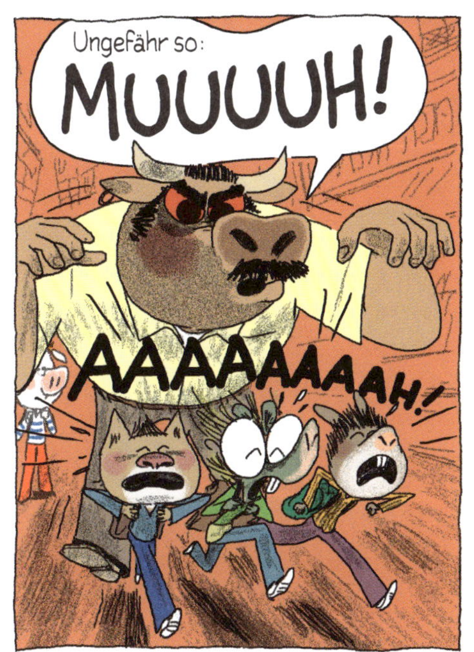


HOHOHOHOHO! Seht mal, wie die rennen, die harten Jungs!

Bravo, Herr MASCHIKULI!

Super Timing, Papilein.

Vielen Dank!

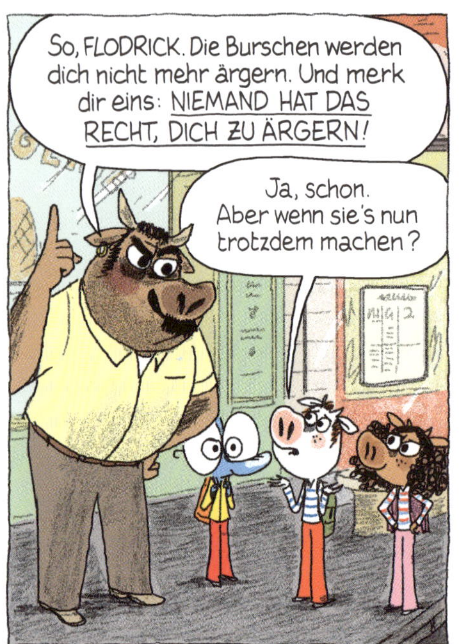

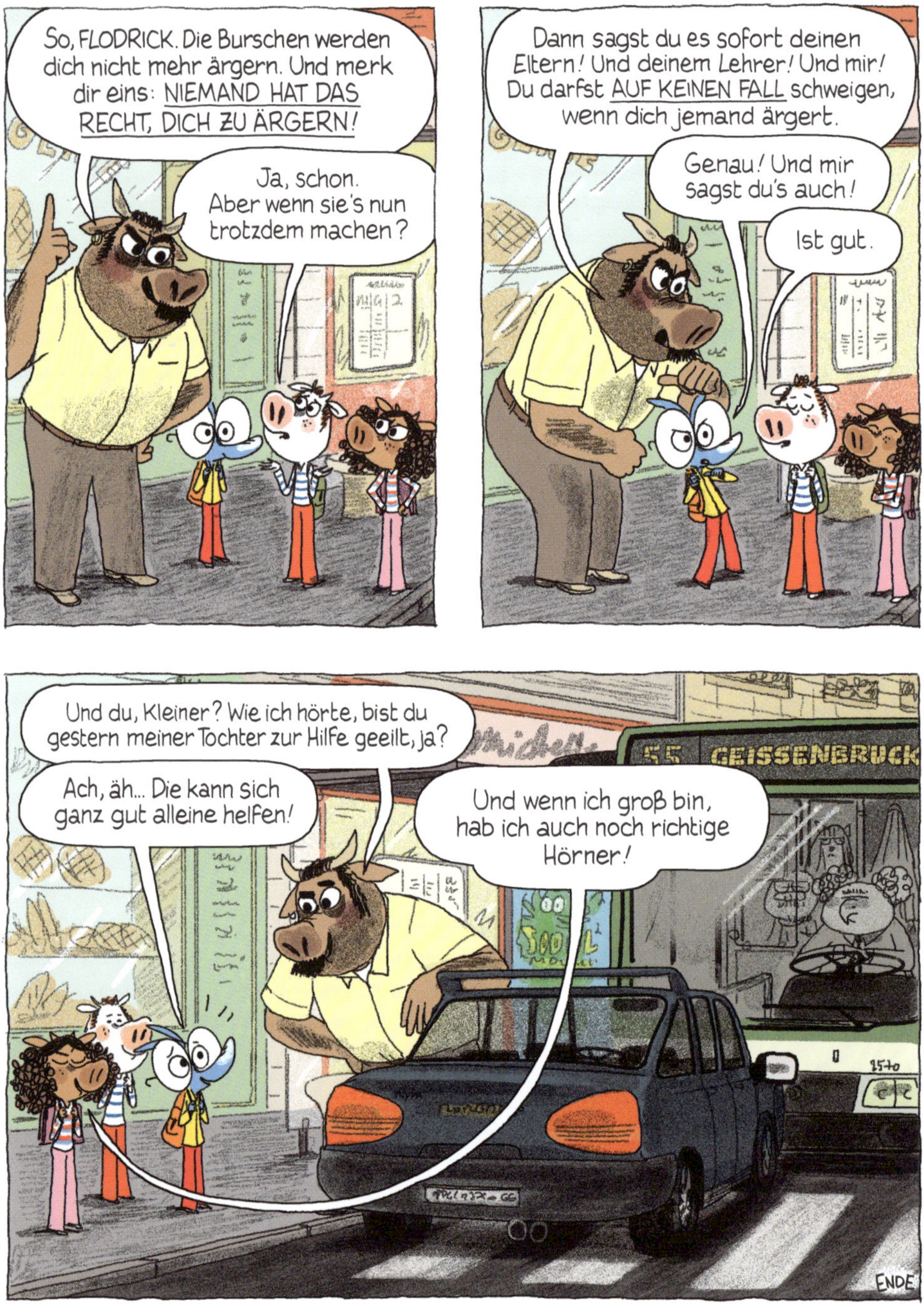

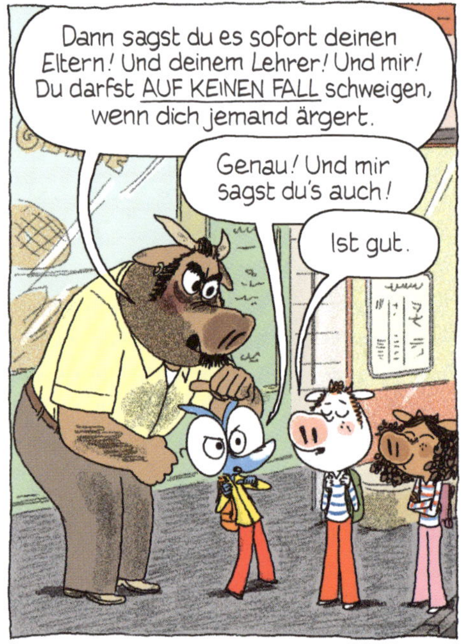


Und du, Kleiner? Wie ich hörte, bist du gestern meiner Tochter zur Hilfe geeilt, ja?

Ach, äh... Die kann sich ganz gut alleine helfen!

Und wenn ich groß bin, hab ich auch noch richtige Hörner!

55 GEISSENBRUCK

ENDE

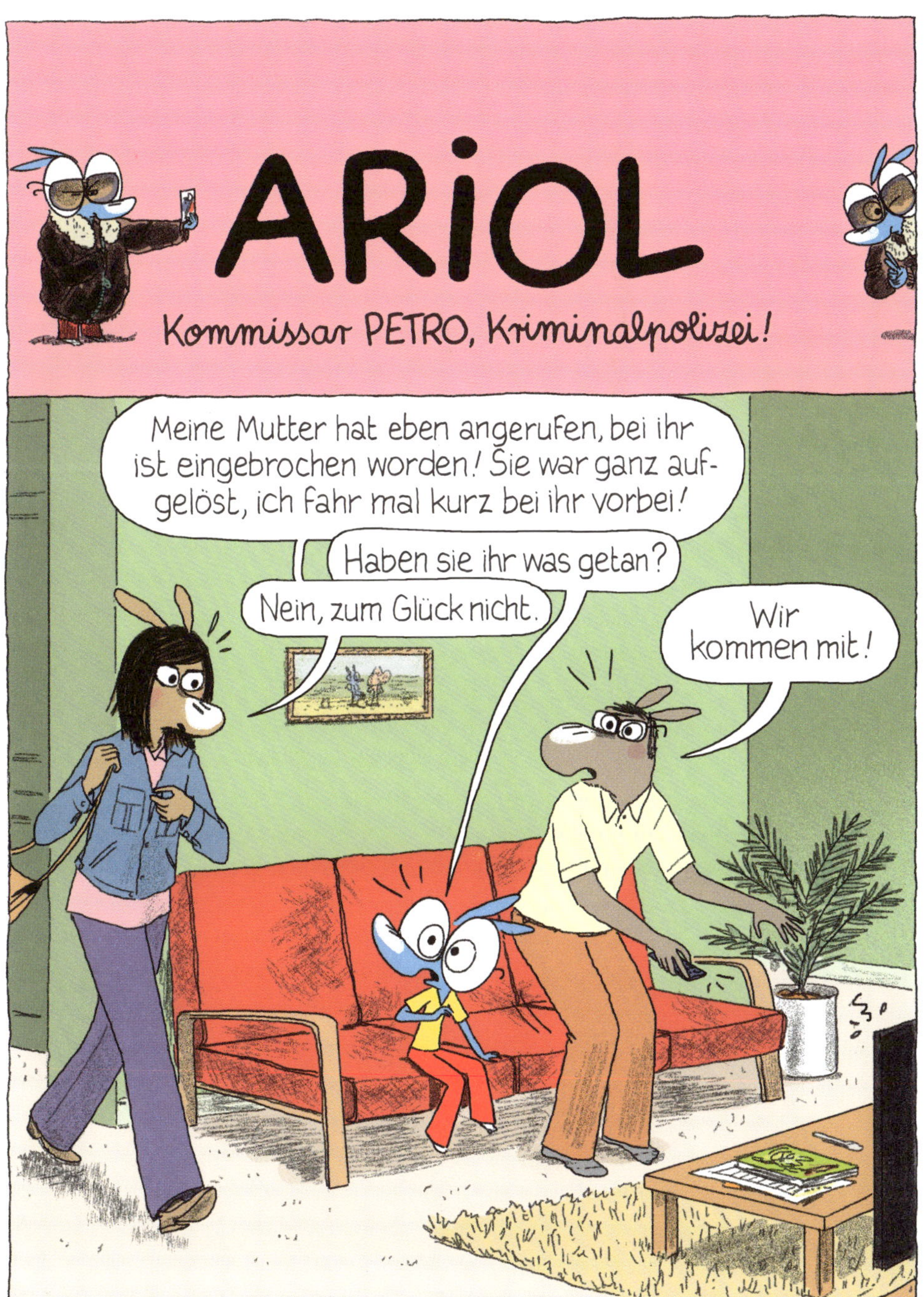
ARIOL
Kommissar PETRO, Kriminalpolizei!
Meine Mutter hat eben angerufen, bei ihr ist eingebrochen worden! Sie war ganz aufgelöst, ich fahr mal kurz bei ihr vorbei!
Haben sie ihr was getan?
Nein, zum Glück nicht.
Wir kommen mit!

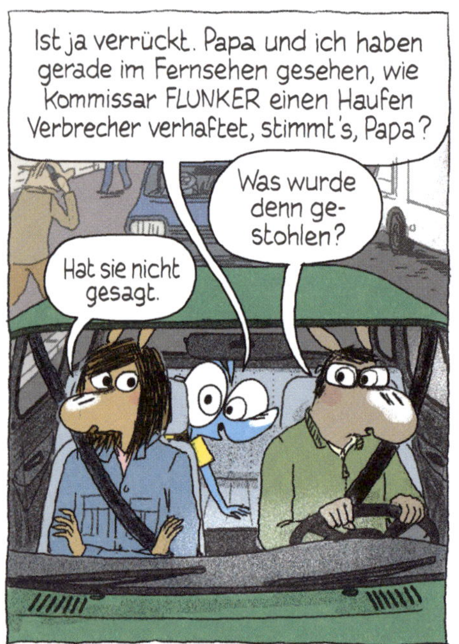
Ist ja verrückt. Papa und ich haben gerade im Fernsehen gesehen, wie Kommissar FLUNKER einen Haufen Verbrecher verhaftet, stimmt's, Papa?
Was wurde denn ge-stohlen?
Hat sie nicht gesagt.

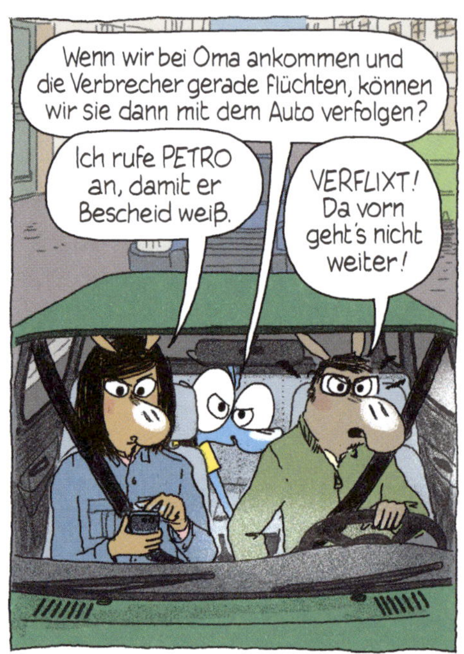
Wenn wir bei Oma ankommen und die Verbrecher gerade flüchten, können wir sie dann mit dem Auto verfolgen?
Ich rufe PETRO an, damit er Bescheid weiß.
VERFLIXT! Da vorn geht's nicht weiter!

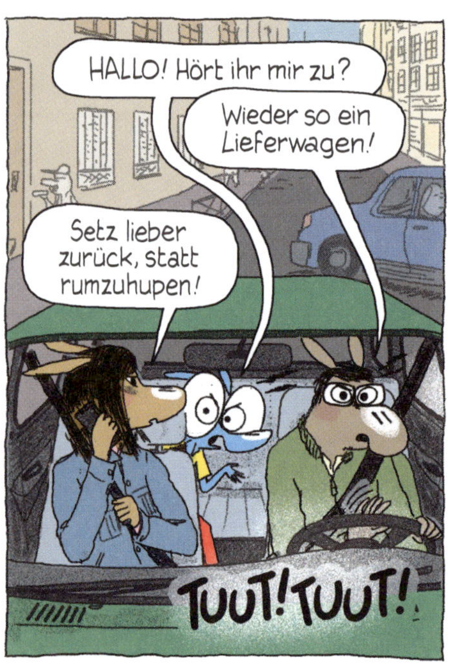
HALLO! Hört ihr mir zu?
Wieder so ein Lieferwagen!
Setz lieber zurück, statt rumzuhupen!
TUUT! TUUT!

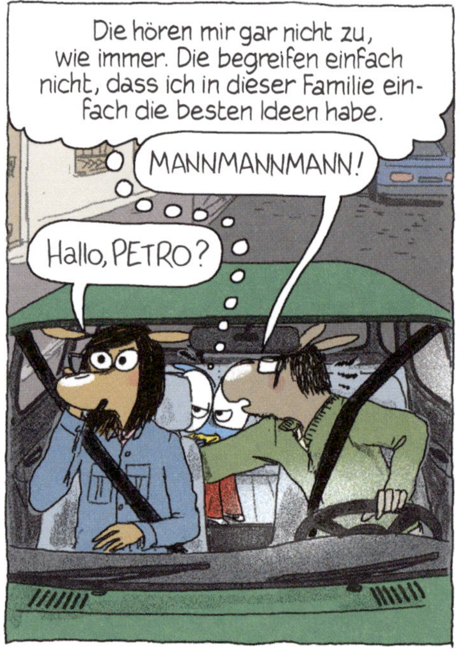
Die hören mir gar nicht zu, wie immer. Die begreifen einfach nicht, dass ich in dieser Familie ein-fach die besten Ideen habe.
MANNMANNMANN!
Hallo, PETRO?

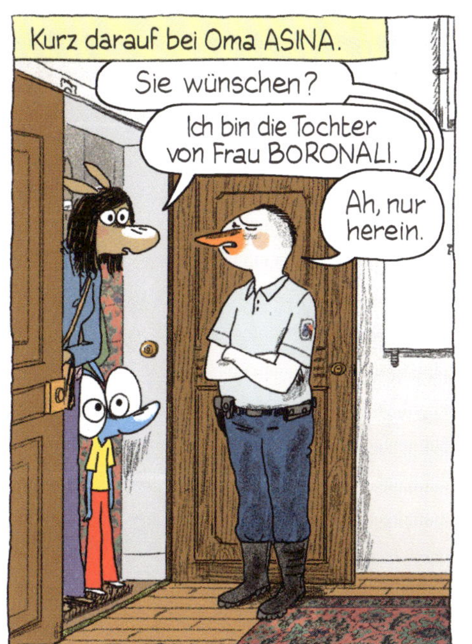
Kurz darauf bei Oma ASINA.
Sie wünschen?
Ich bin die Tochter von Frau BORONALI.
Ah, nur herein.

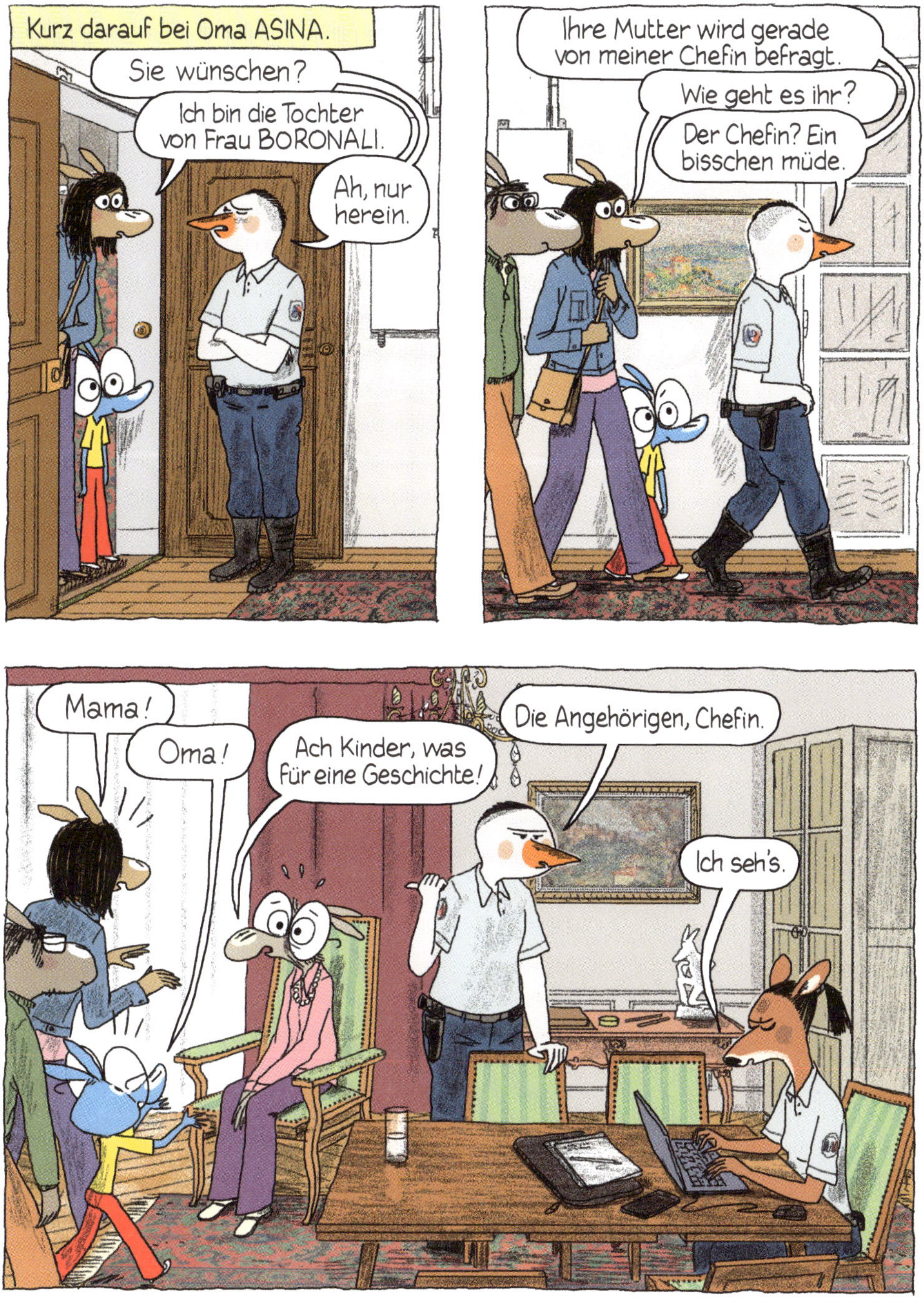

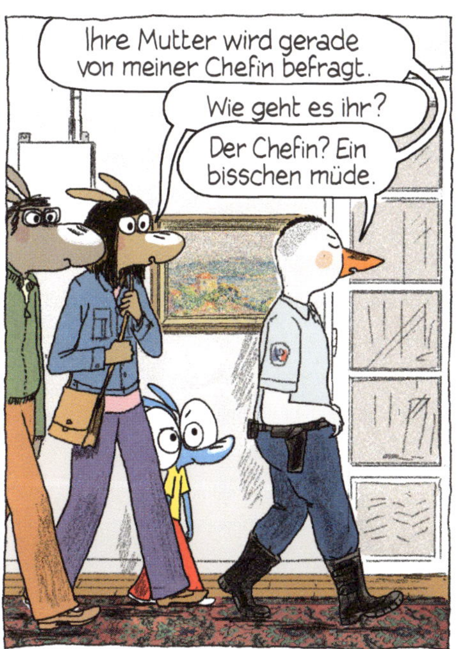
Ihre Mutter wird gerade von meiner Chefin befragt.
Wie geht es ihr?
Der Chefin? Ein bisschen müde.

Mama!
Oma!
Ach Kinder, was für eine Geschichte!
Die Angehörigen, Chefin.
Ich seh's.

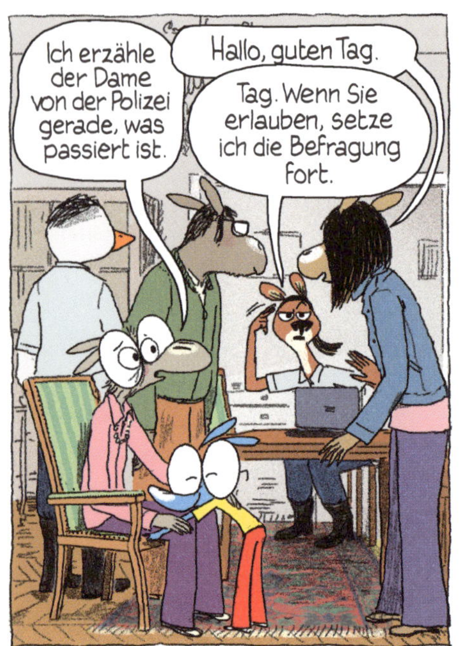
Ich erzähle der Dame von der Polizei gerade, was passiert ist.
Hallo, guten Tag.
Tag. Wenn Sie erlauben, setze ich die Befragung fort.

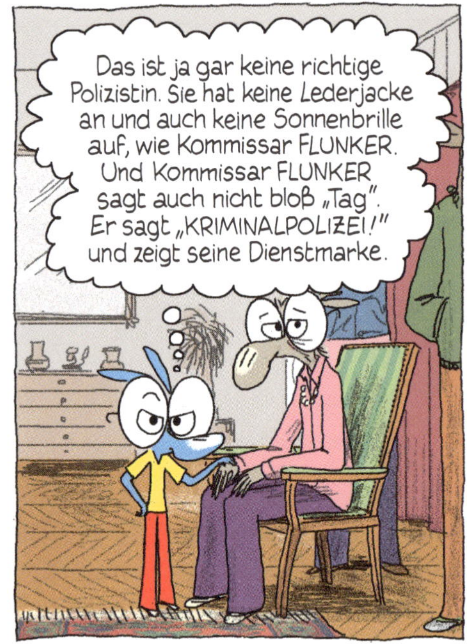
Das ist ja gar keine richtige Polizistin. Sie hat keine Lederjacke an und auch keine Sonnenbrille auf, wie Kommissar FLUNKER. Und Kommissar FLUNKER sagt auch nicht bloß „Tag". Er sagt „KRIMINALPOLIZEI!" und zeigt seine Dienstmarke.

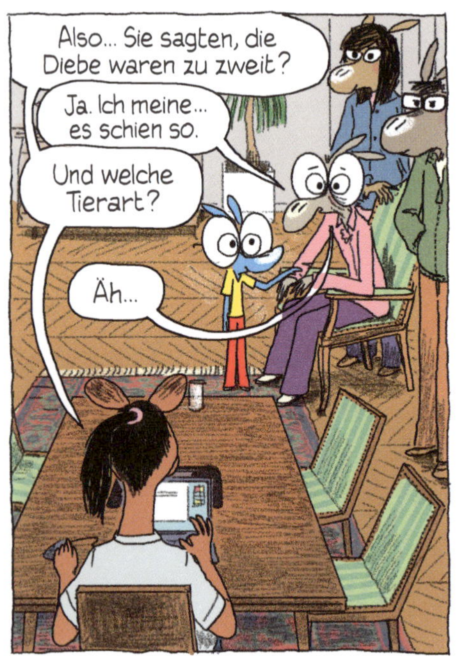
Also... Sie sagten, die Diebe waren zu zweit?
Ja. Ich meine... es schien so.
Und welche Tierart?
Äh...

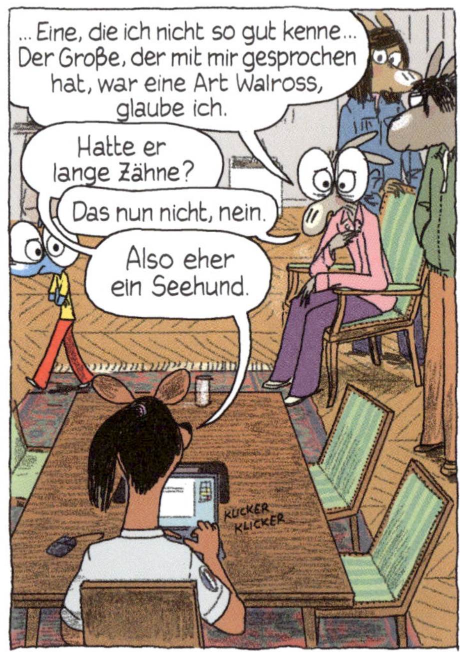
... Eine, die ich nicht so gut kenne... Der Große, der mit mir gesprochen hat, war eine Art Walross, glaube ich.
Hatte er lange Zähne?
Das nun nicht, nein.
Also eher ein Seehund.
KLICKER KLICKER

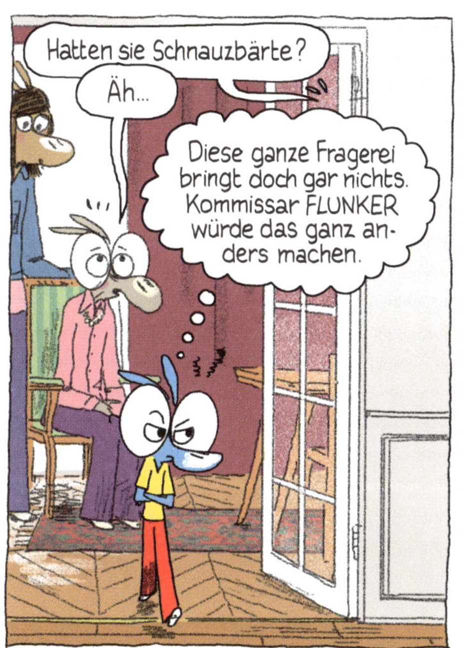
Hatten sie Schnauzbärte?
Äh...
Diese ganze Fragerei bringt doch gar nichts. Kommissar FLUNKER würde das ganz anders machen.

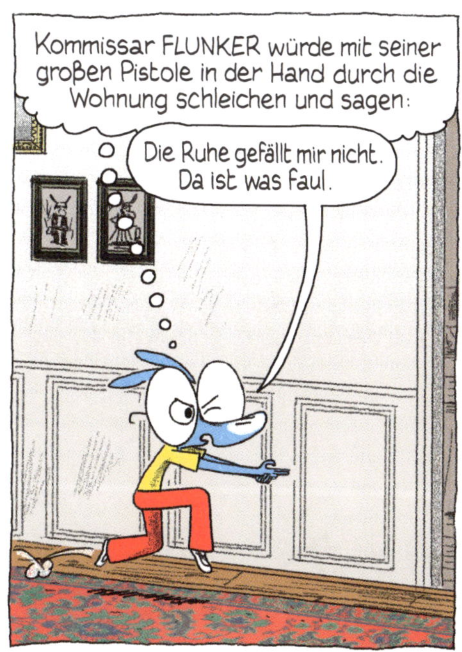
Kommissar FLUNKER würde mit seiner großen Pistole in der Hand durch die Wohnung schleichen und sagen:
Die Ruhe gefällt mir nicht. Da ist was faul.

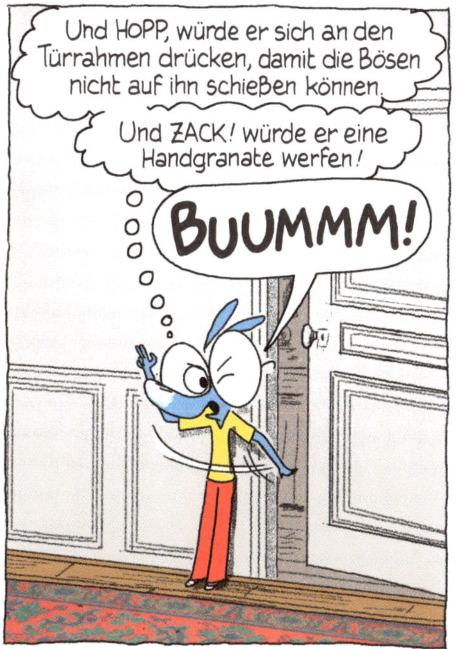
Und HOPP, würde er sich an den Türrahmen drücken, damit die Bösen nicht auf ihn schießen können.
Und ZACK! würde er eine Handgranate werfen!
BUUMMM!

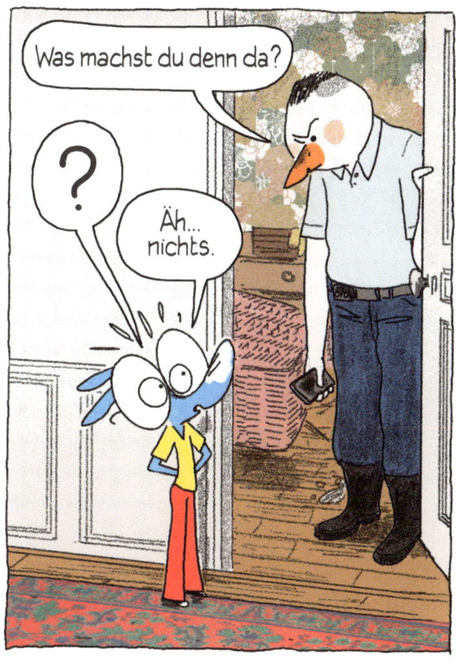
Was machst du denn da?
?
Äh... nichts.

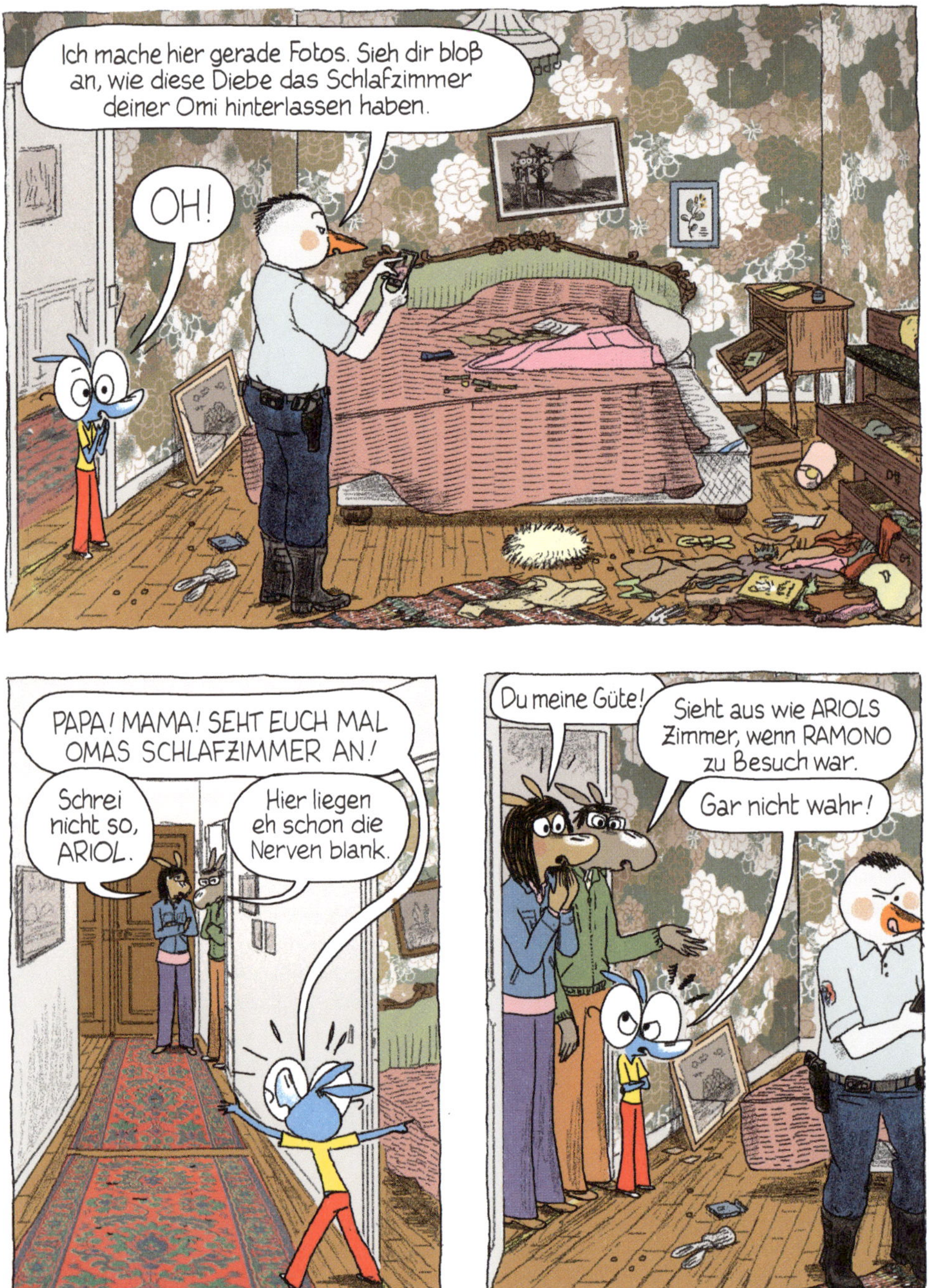

Ich mache hier gerade Fotos. Sieh dir bloß an, wie diese Diebe das Schlafzimmer deiner Omi hinterlassen haben.

OH!

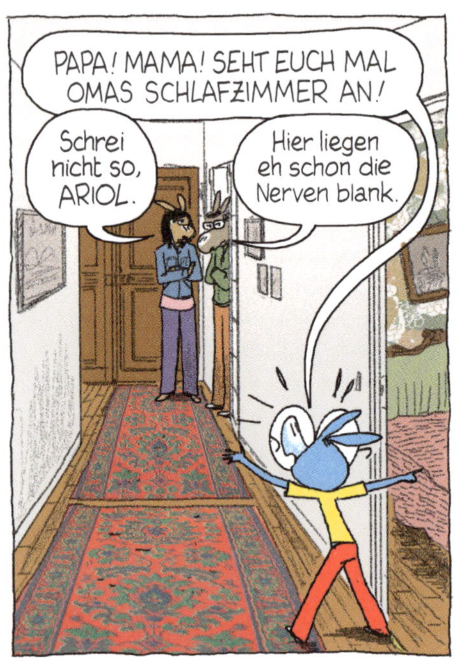


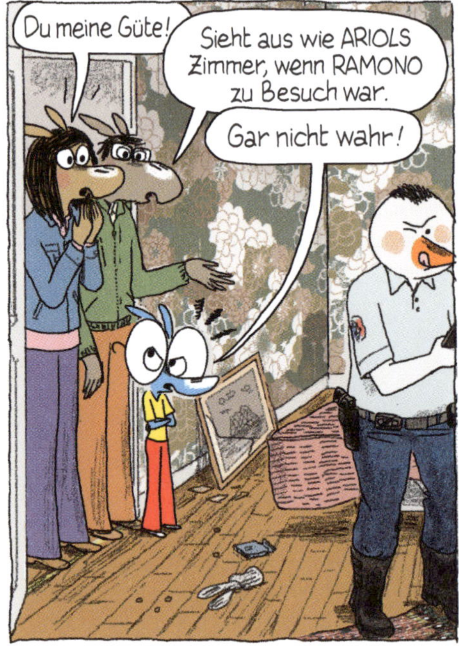

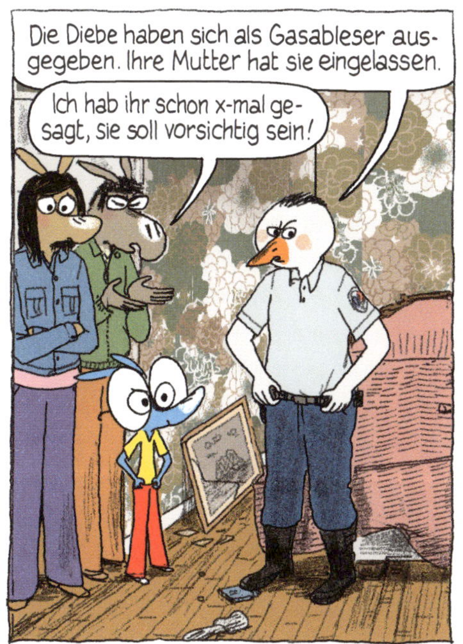
Die Diebe haben sich als Gasableser ausgegeben. Ihre Mutter hat sie eingelassen.
Ich hab ihr schon x-mal gesagt, sie soll vorsichtig sein!

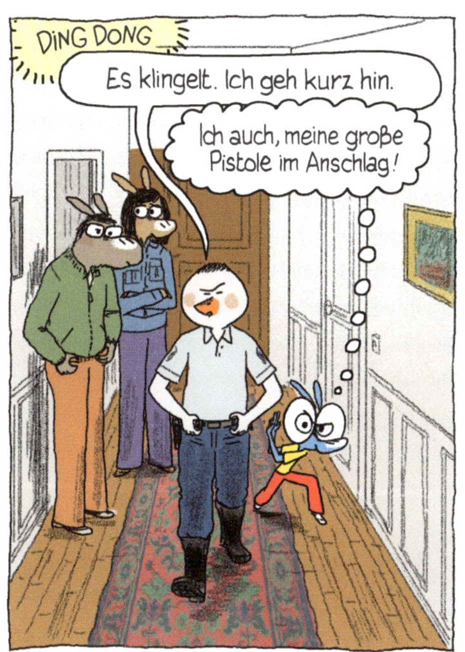
DING DONG
Es klingelt. Ich geh kurz hin.
Ich auch, meine große Pistole im Anschlag!

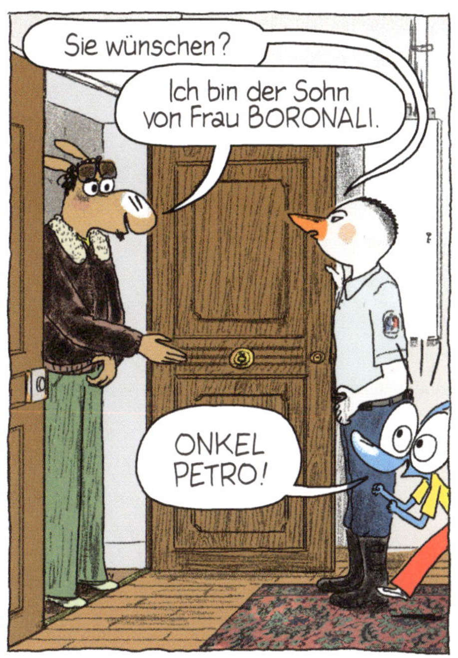
Sie wünschen?
Ich bin der Sohn von Frau BORONALI.
ONKEL PETRO!

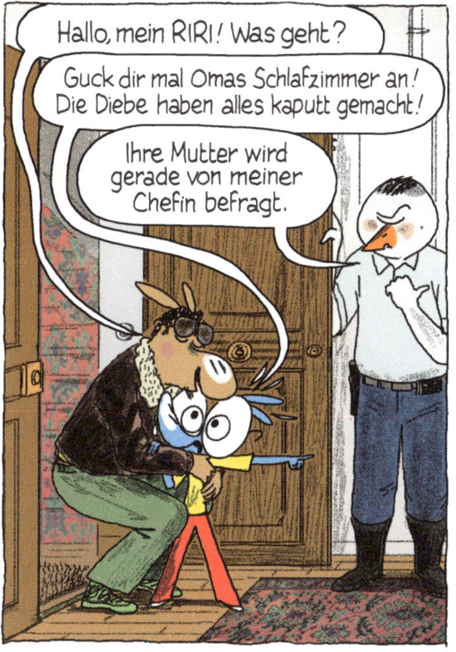
Hallo, mein RIRI! Was geht?
Guck dir mal Omas Schlafzimmer an! Die Diebe haben alles kaputt gemacht!
Ihre Mutter wird gerade von meiner Chefin befragt.

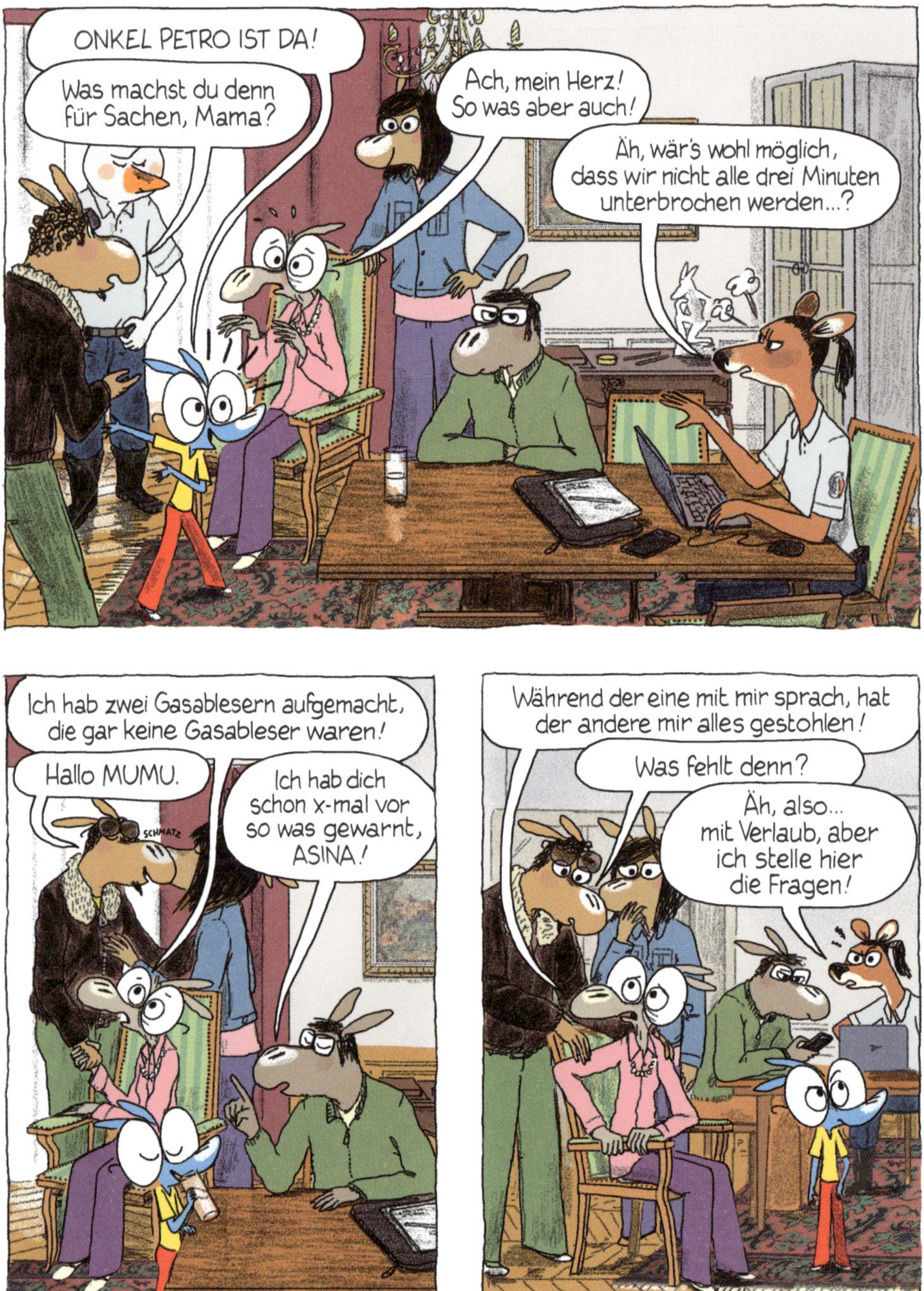

ONKEL PETRO IST DA!
Was machst du denn für Sachen, Mama?
Ach, mein Herz! So was aber auch!
Äh, wär's wohl möglich, dass wir nicht alle drei Minuten unterbrochen werden…?

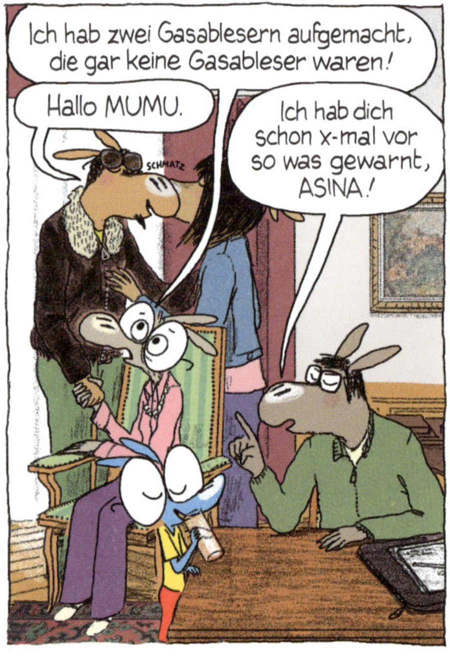
Ich hab zwei Gasablesern aufgemacht, die gar keine Gasableser waren!
Hallo MUMU.
SCHMATZ
Ich hab dich schon x-mal vor so was gewarnt, ASINA!

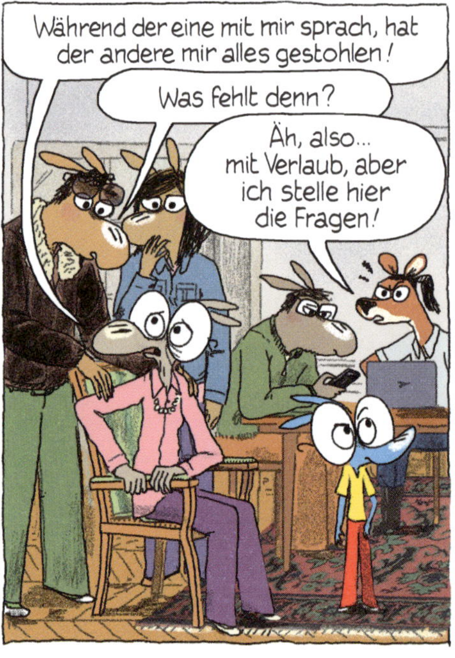
Während der eine mit mir sprach, hat der andere mir alles gestohlen!
Was fehlt denn?
Äh, also… mit Verlaub, aber ich stelle hier die Fragen!

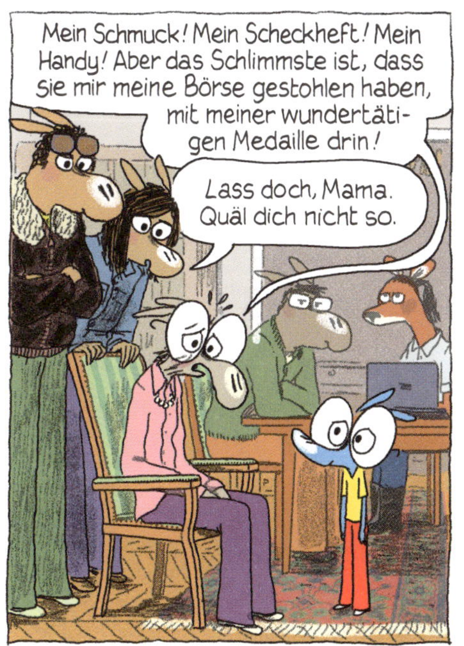
Mein Schmuck! Mein Scheckheft! Mein Handy! Aber das Schlimmste ist, dass sie mir meine Börse gestohlen haben, mit meiner wundertätigen Medaille drin!
Lass doch, Mama. Quäl dich nicht so.

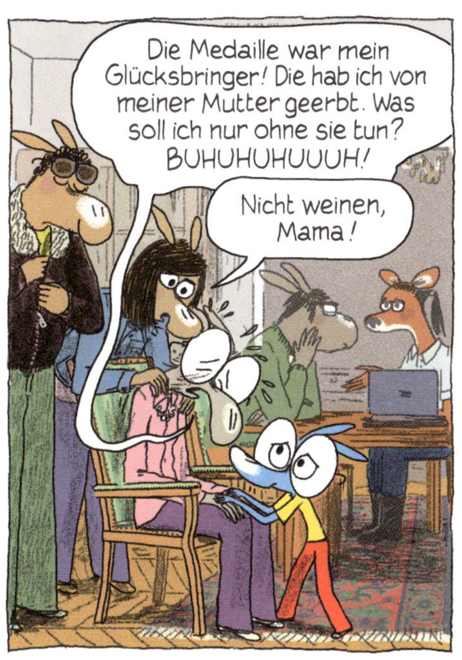
Die Medaille war mein Glücksbringer! Die hab ich von meiner Mutter geerbt. Was soll ich nur ohne sie tun? BUHUHUHUUUH!
Nicht weinen, Mama!

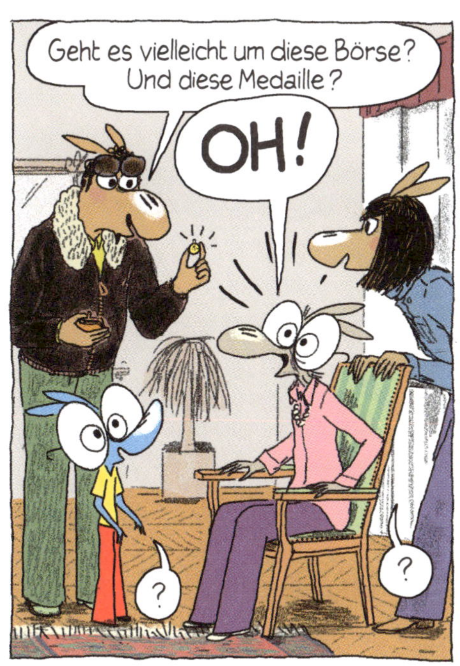
Geht es vielleicht um diese Börse? Und diese Medaille?
OH!
?
?

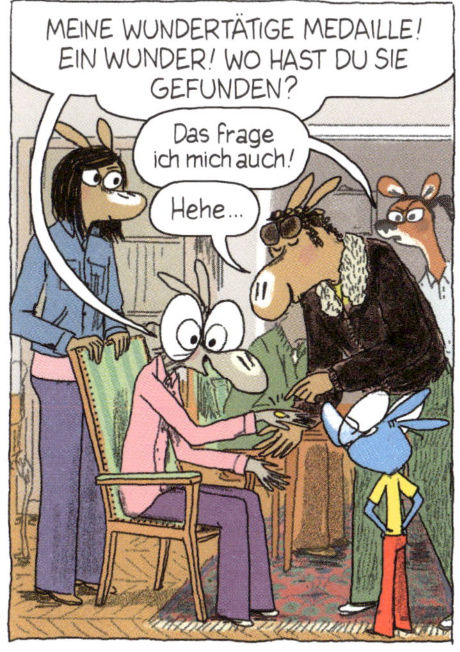
MEINE WUNDERTÄTIGE MEDAILLE! EIN WUNDER! WO HAST DU SIE GEFUNDEN?
Das frage ich mich auch!
Hehe...

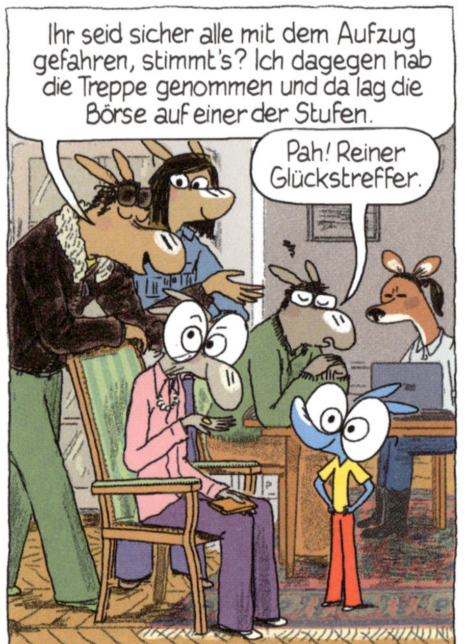

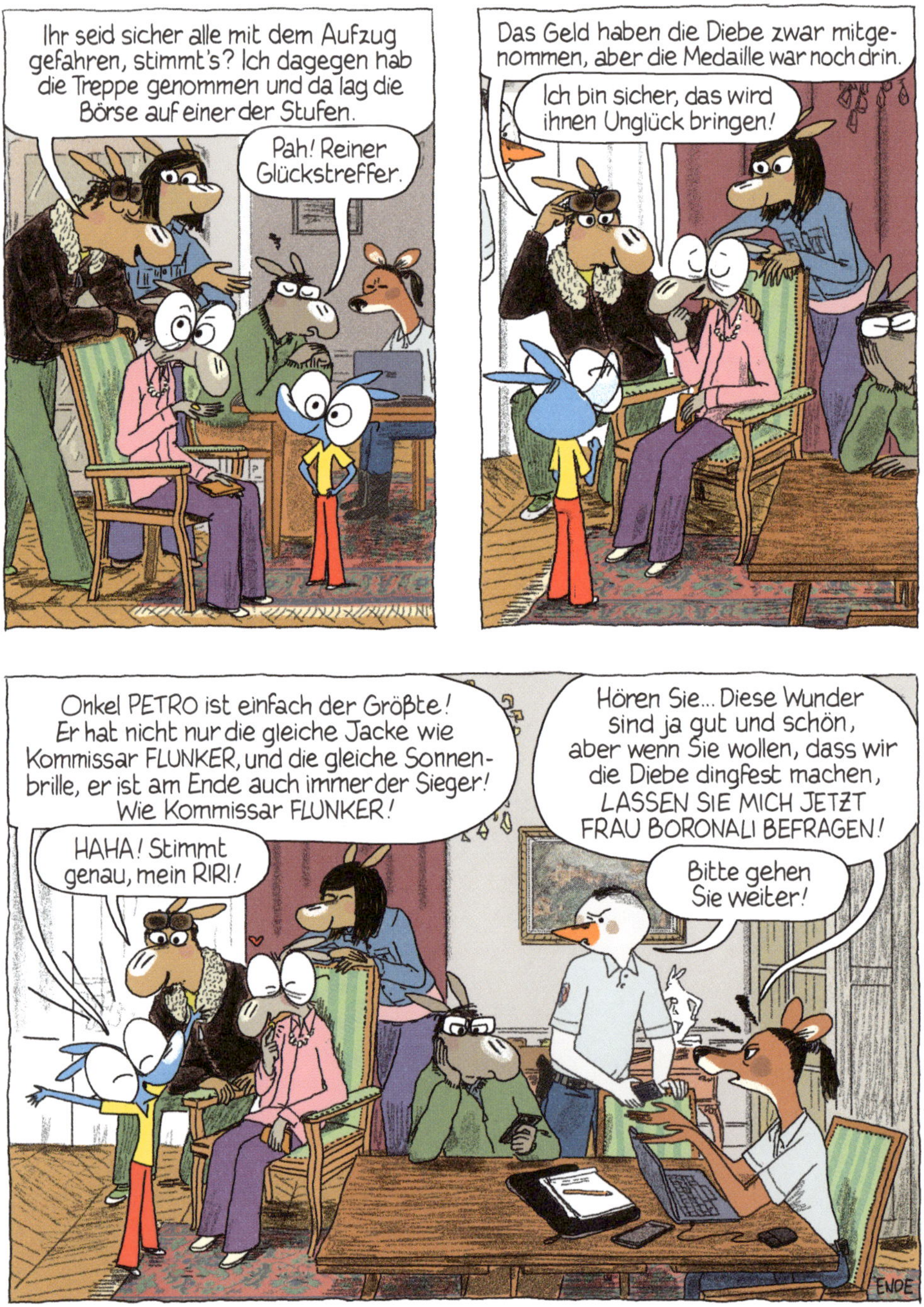

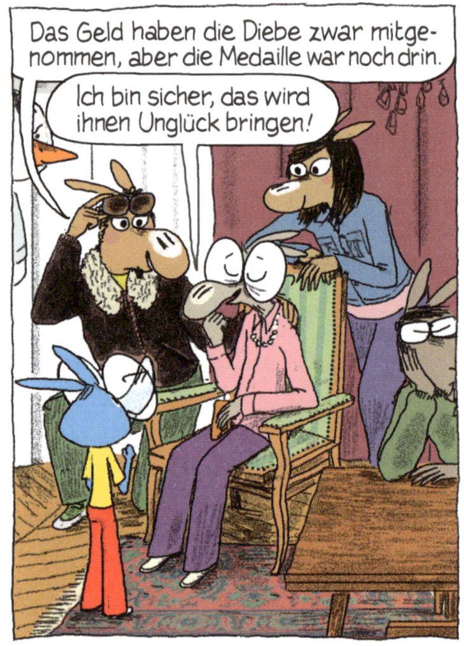


Onkel PETRO ist einfach der Größte! Er hat nicht nur die gleiche Jacke wie Kommissar FLUNKER, und die gleiche Sonnenbrille, er ist am Ende auch immer der Sieger! Wie Kommissar FLUNKER!

HAHA! Stimmt genau, mein RIRI!

Hören Sie... Diese Wunder sind ja gut und schön, aber wenn Sie wollen, dass wir die Diebe dingfest machen, LASSEN SIE MICH JETZT FRAU BORONALI BEFRAGEN!

Bitte gehen Sie weiter!

ENDE

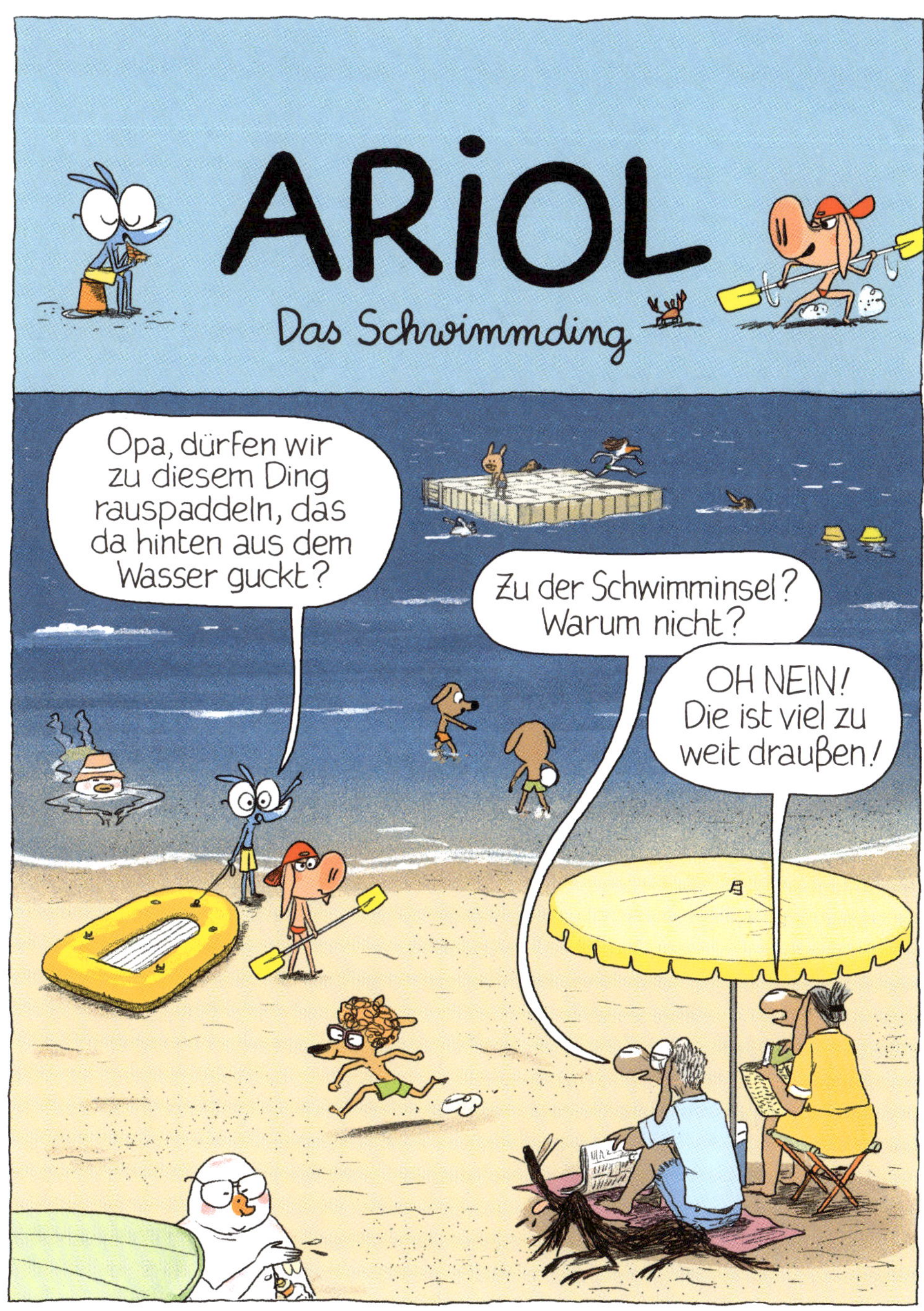
ARiOL
Das Schwimmding
Opa, dürfen wir zu diesem Ding rauspaddeln, das da hinten aus dem Wasser guckt?
Zu der Schwimminsel? Warum nicht?
OH NEIN! Die ist viel zu weit draußen!

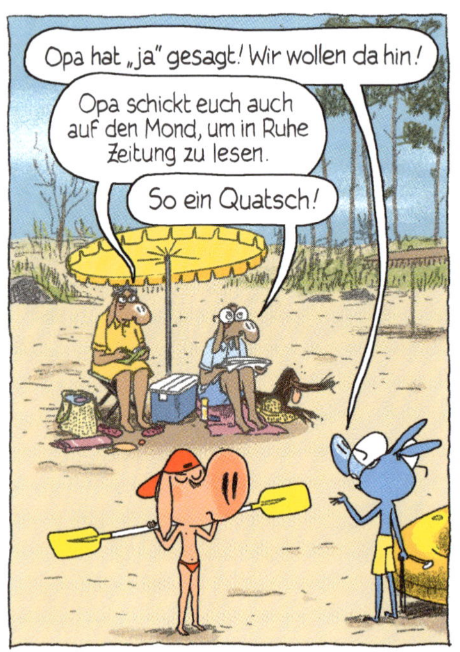
Opa hat „ja" gesagt! Wir wollen da hin!
Opa schickt euch auch auf den Mond, um in Ruhe Zeitung zu lesen.
So ein Quatsch!

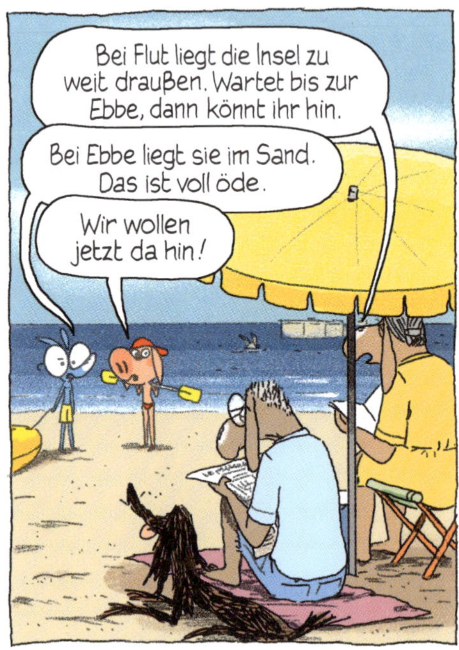
Bei Flut liegt die Insel zu weit draußen. Wartet bis zur Ebbe, dann könnt ihr hin.
Bei Ebbe liegt sie im Sand. Das ist voll öde.
Wir wollen jetzt da hin!

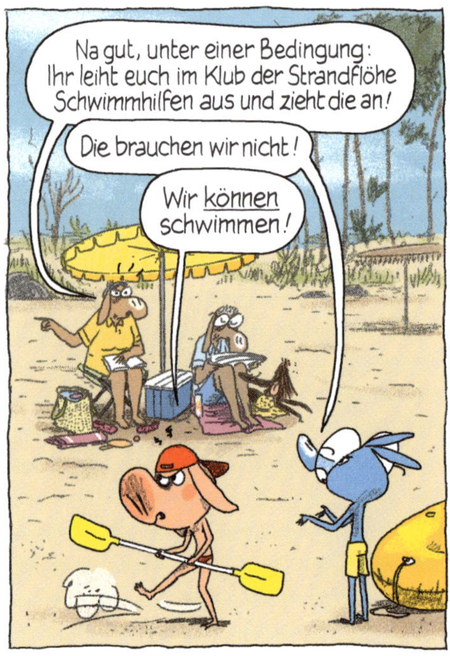
Na gut, unter einer Bedingung: Ihr leiht euch im Klub der Strandflöhe Schwimmhilfen aus und zieht die an!
Die brauchen wir nicht!
Wir können schwimmen!

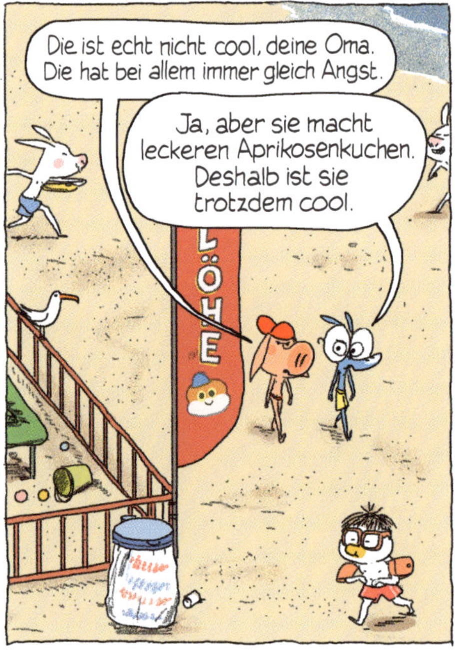
Die ist echt nicht cool, deine Oma. Die hat bei allem immer gleich Angst.
Ja, aber sie macht leckeren Aprikosenkuchen. Deshalb ist sie trotzdem cool.
LÖHE

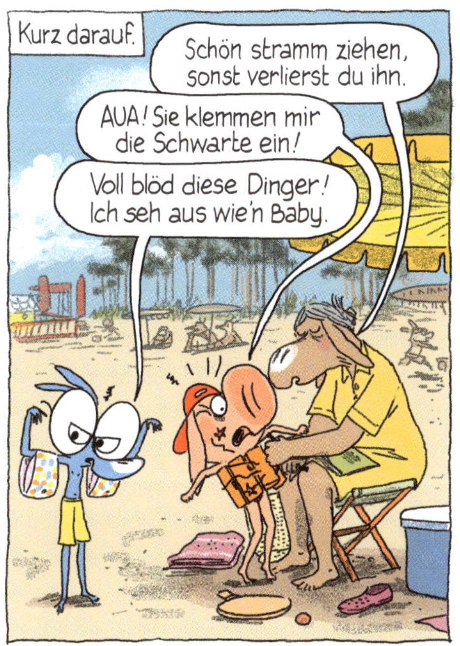
Kurz darauf.
Schön stramm ziehen, sonst verlierst du ihn.
AUA! Sie klemmen mir die Schwarte ein!
Voll blöd diese Dinger! Ich seh aus wie'n Baby.

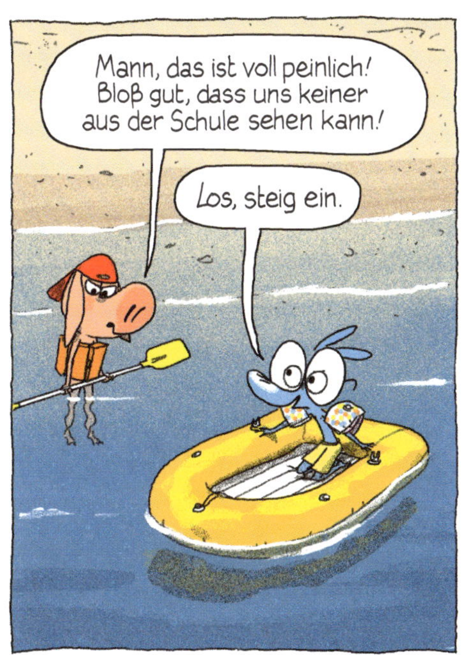
Mann, das ist voll peinlich! Bloß gut, dass uns keiner aus der Schule sehen kann!
Los, steig ein.

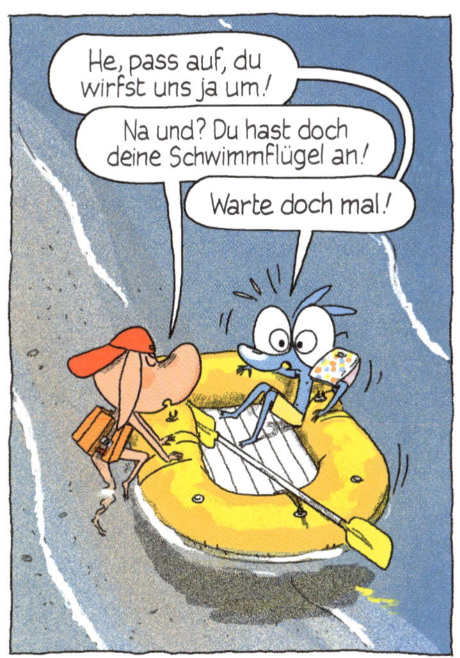
He, pass auf, du wirfst uns ja um!
Na und? Du hast doch deine Schwimmflügel an!
Warte doch mal!

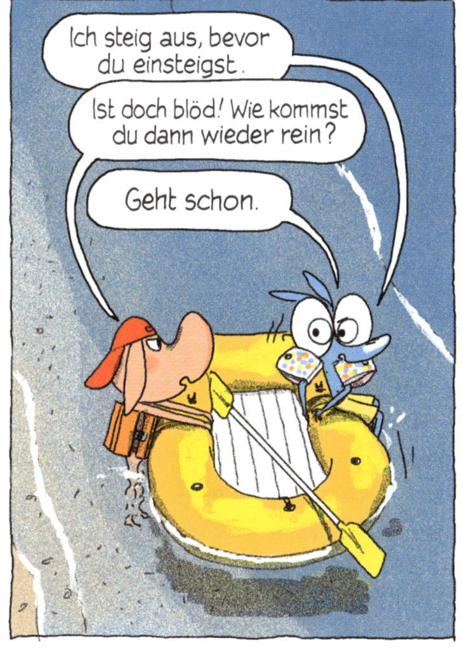
Ich steig aus, bevor du einsteigst.
Ist doch blöd! Wie kommst du dann wieder rein?
Geht schon.

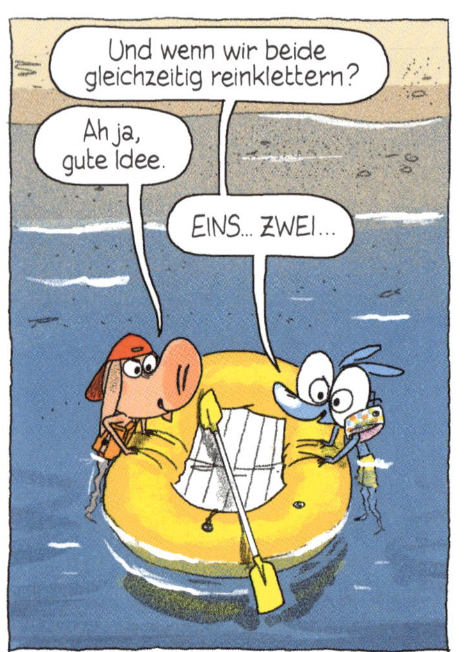
Und wenn wir beide gleichzeitig reinklettern?
Ah ja, gute Idee.
EINS... ZWEI...

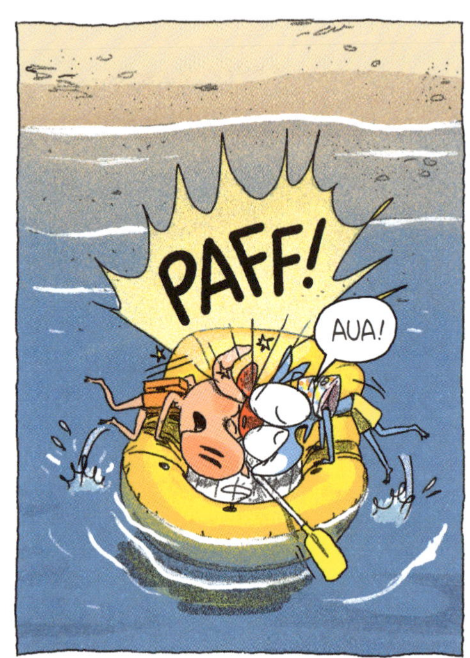
PAFF!
AUA!

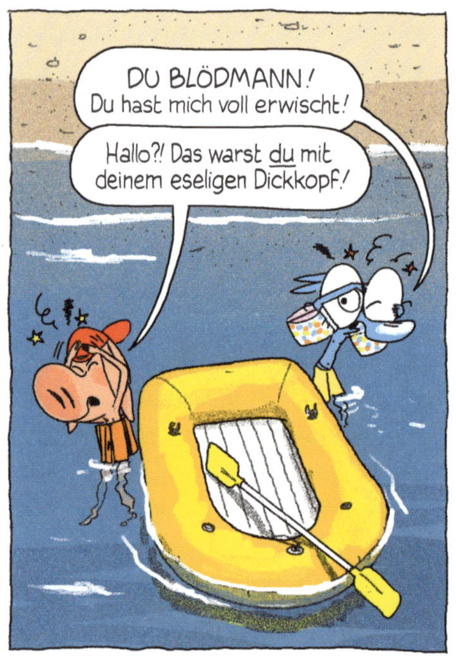
DU BLÖDMANN! Du hast mich voll erwischt!
Hallo?! Das warst du mit deinem eseligen Dickkopf!

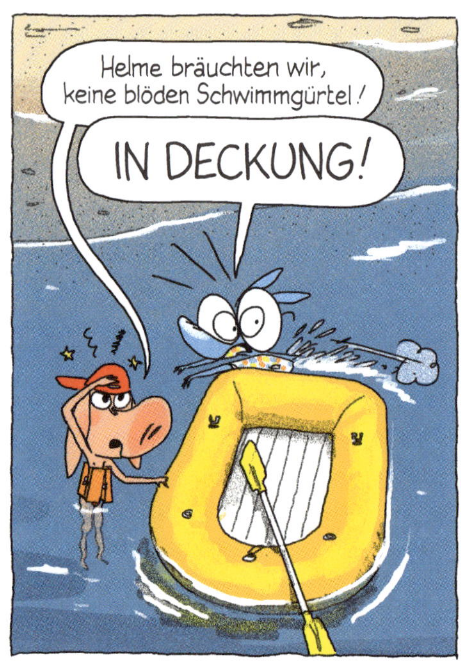
Helme bräuchten wir, keine blöden Schwimmgürtel!
IN DECKUNG!

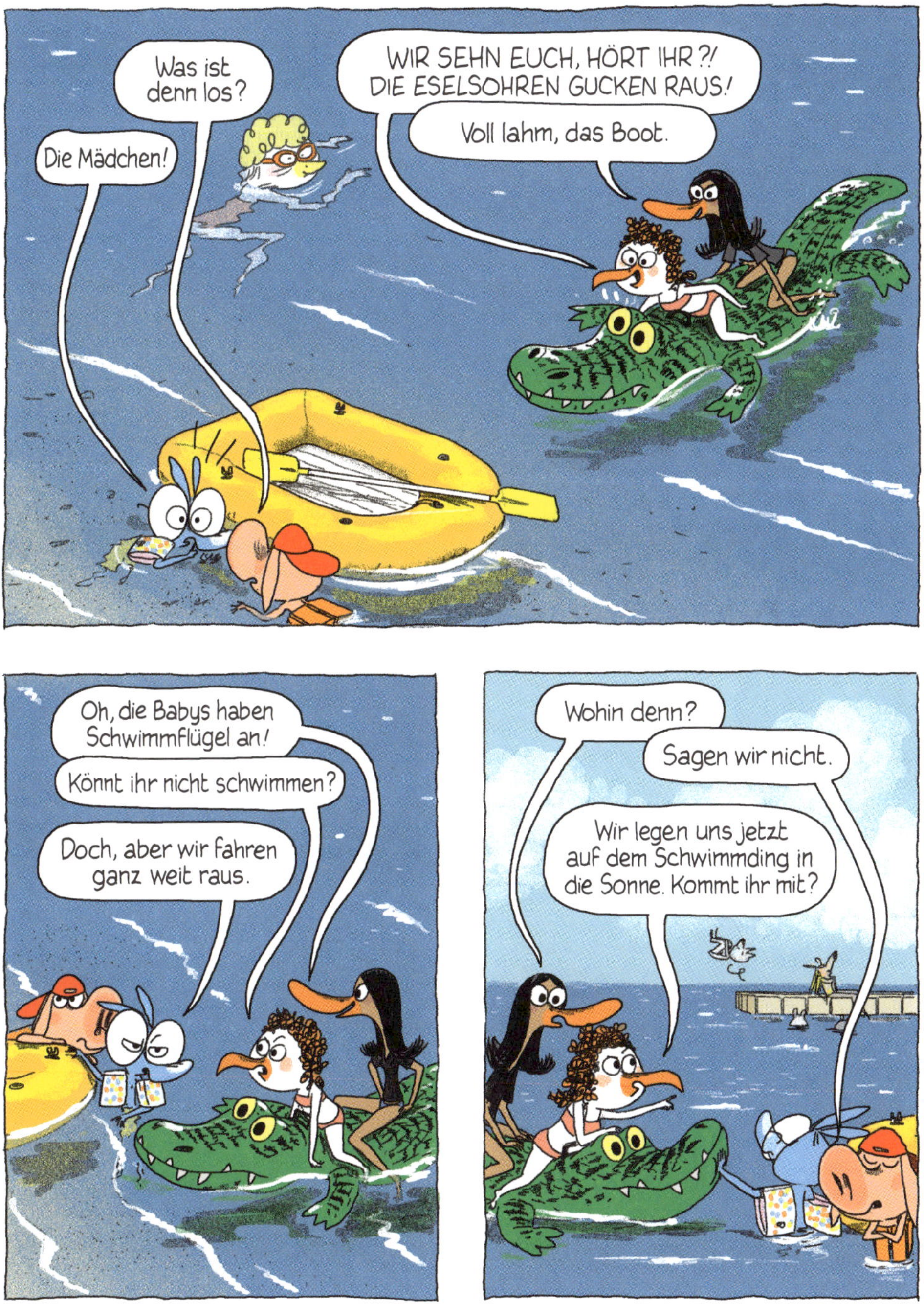

Die Mädchen!
Was ist denn los?
WIR SEHN EUCH, HÖRT IHR?! DIE ESELSOHREN GUCKEN RAUS!
Voll lahm, das Boot.

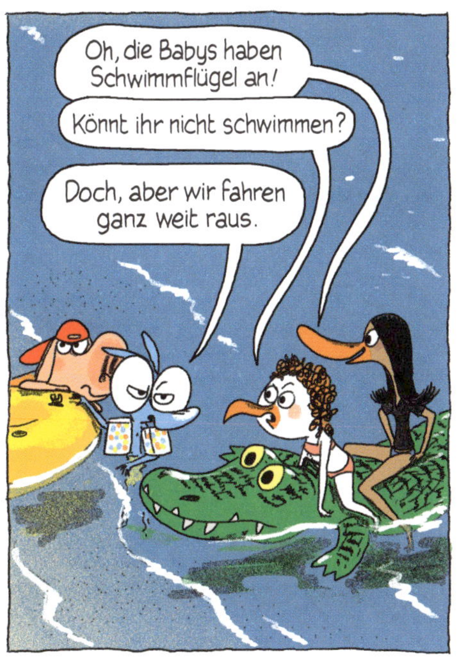
Oh, die Babys haben Schwimmflügel an!
Könnt ihr nicht schwimmen?
Doch, aber wir fahren ganz weit raus.

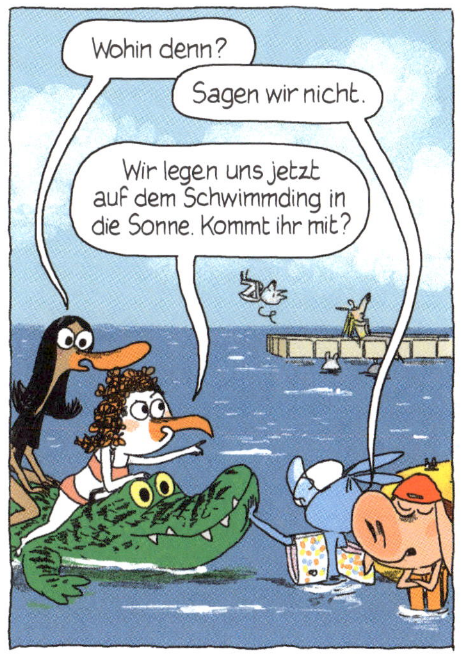
Wohin denn?
Sagen wir nicht.
Wir legen uns jetzt auf dem Schwimmding in die Sonne. Kommt ihr mit?

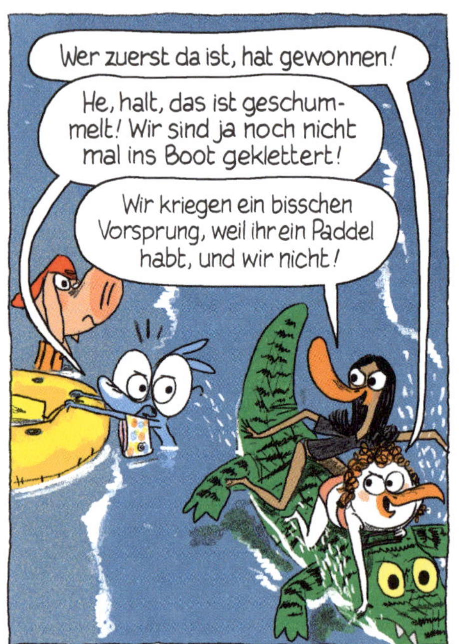


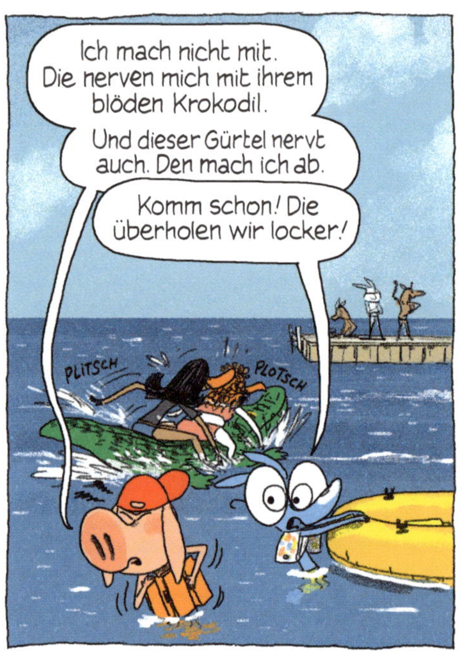

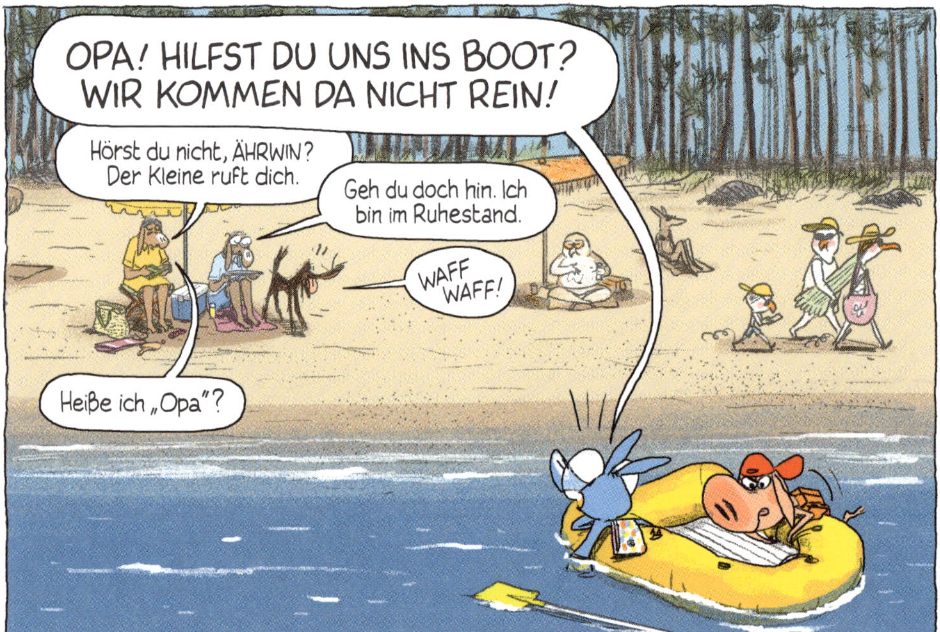

OPA! HILFST DU UNS INS BOOT? WIR KOMMEN DA NICHT REIN!

Hörst du nicht, ÄHRWIN? Der Kleine ruft dich.

Geh du doch hin. Ich bin im Ruhestand.

WAFF WAFF!

Heiße ich „Opa"?

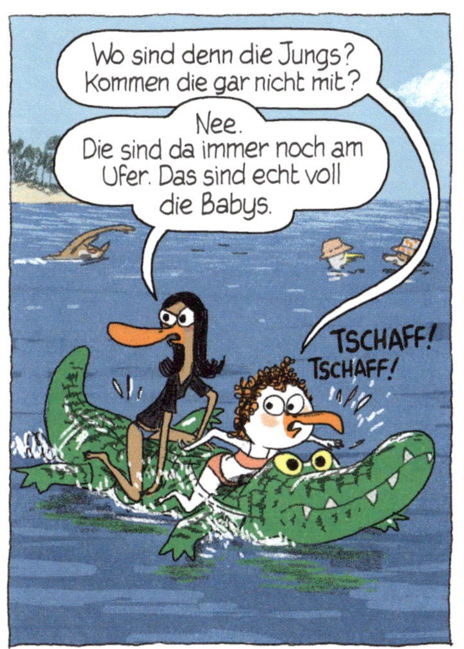
Wo sind denn die Jungs? Kommen die gar nicht mit?
Nee. Die sind da immer noch am Ufer. Das sind echt voll die Babys.
TSCHAFF! TSCHAFF!

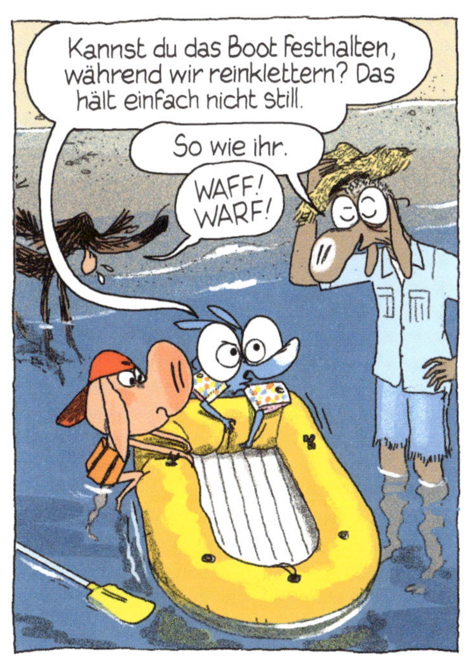
Kannst du das Boot festhalten, während wir reinklettern? Das hält einfach nicht still.
So wie ihr.
WAFF! WARF!

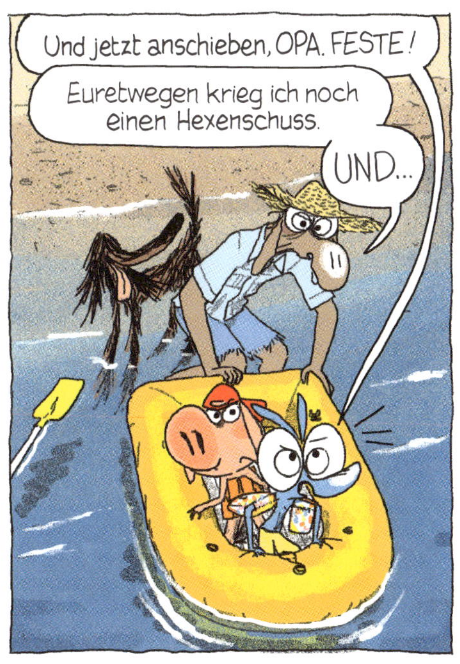
Und jetzt anschieben, OPA. FESTE!
Euretwegen krieg ich noch einen Hexenschuss.
UND...

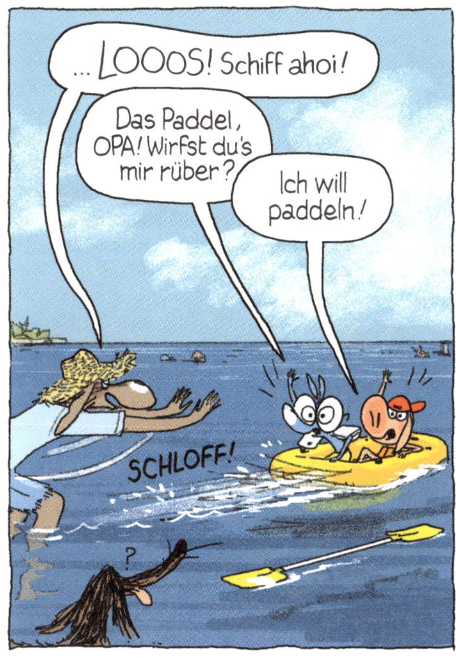
... LOOOS! Schiff ahoi!
Das Paddel, OPA! Wirfst du's mir rüber?
Ich will paddeln!
SCHLOFF!
?

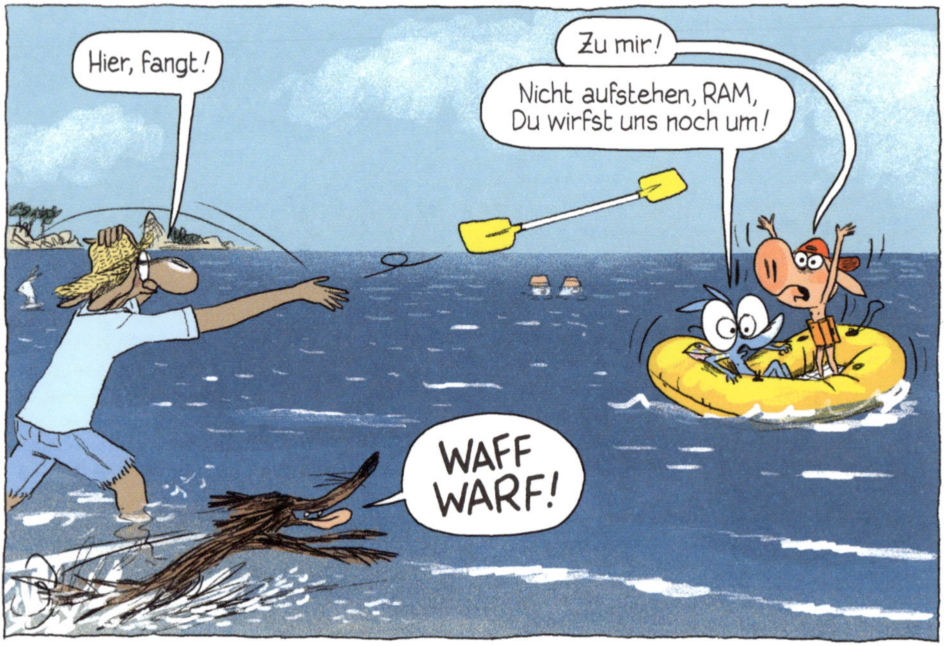

Hier, fangt!
Zu mir!
Nicht aufstehen, RAM, Du wirfst uns noch um!
WAFF WARF!

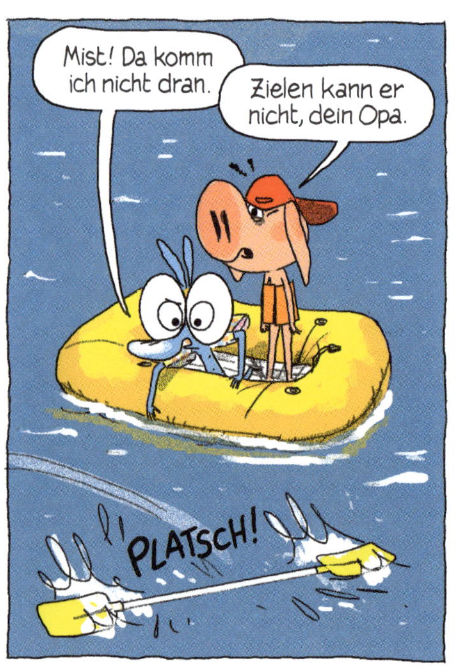


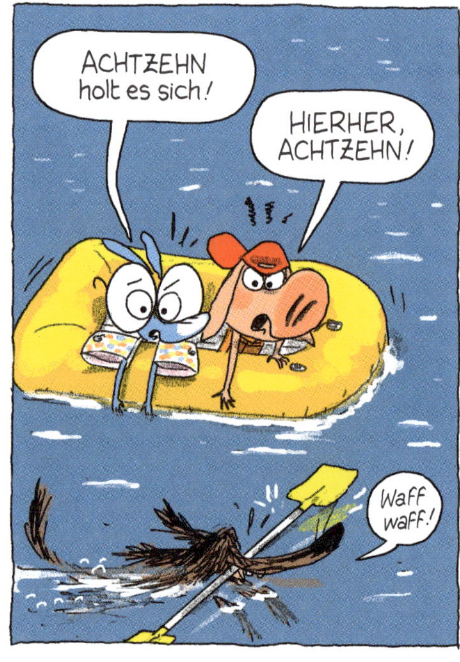

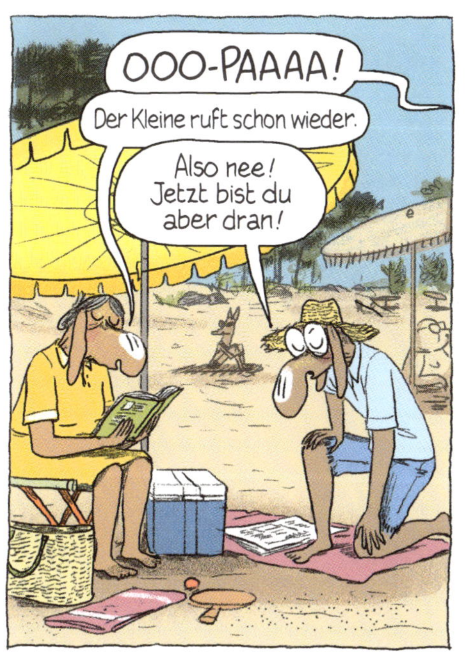
OOO-PAAAA!
Der Kleine ruft schon wieder.
Also nee! Jetzt bist du aber dran!

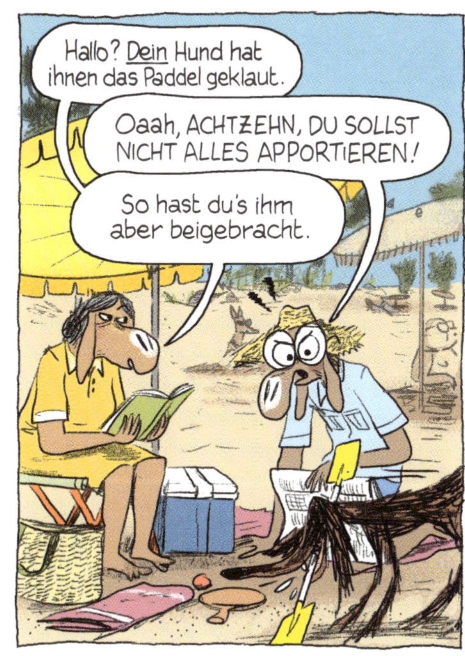
Hallo? Dein Hund hat ihnen das Paddel geklaut.
Oaah, ACHTZEHN, DU SOLLST NICHT ALLES APPORTIEREN!
So hast du's ihm aber beigebracht.

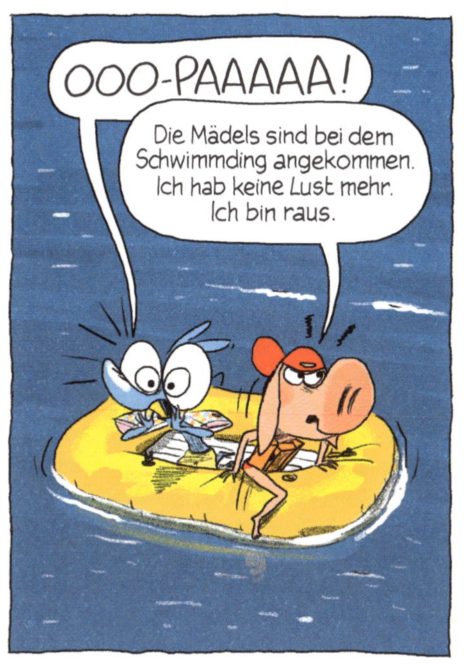
OOO-PAAAAA!
Die Mädels sind bei dem Schwimmding angekommen. Ich hab keine Lust mehr. Ich bin raus.

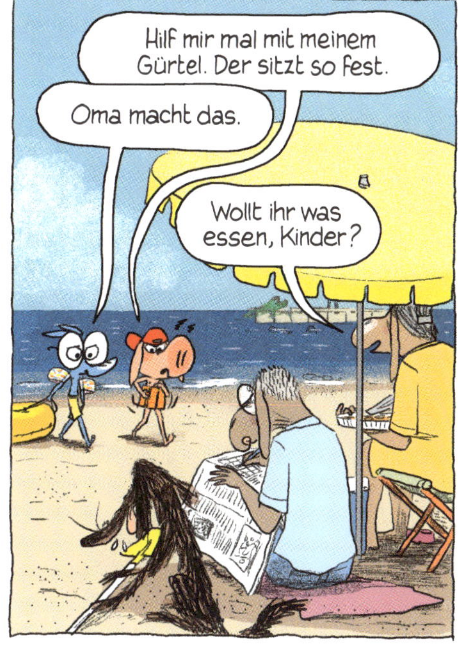
Hilf mir mal mit meinem Gürtel. Der sitzt so fest.
Oma macht das.
Wollt ihr was essen, Kinder?

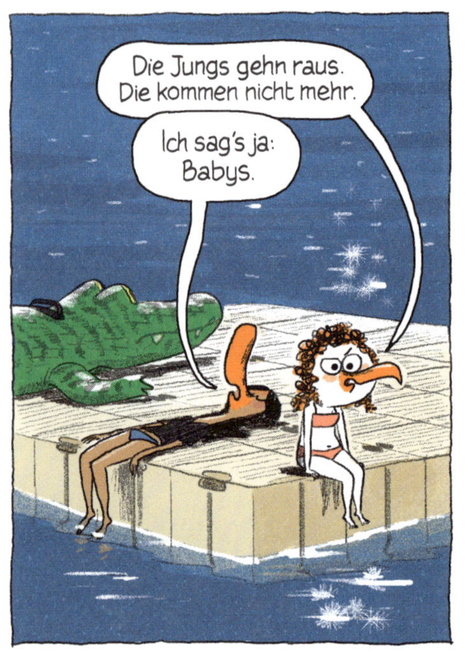

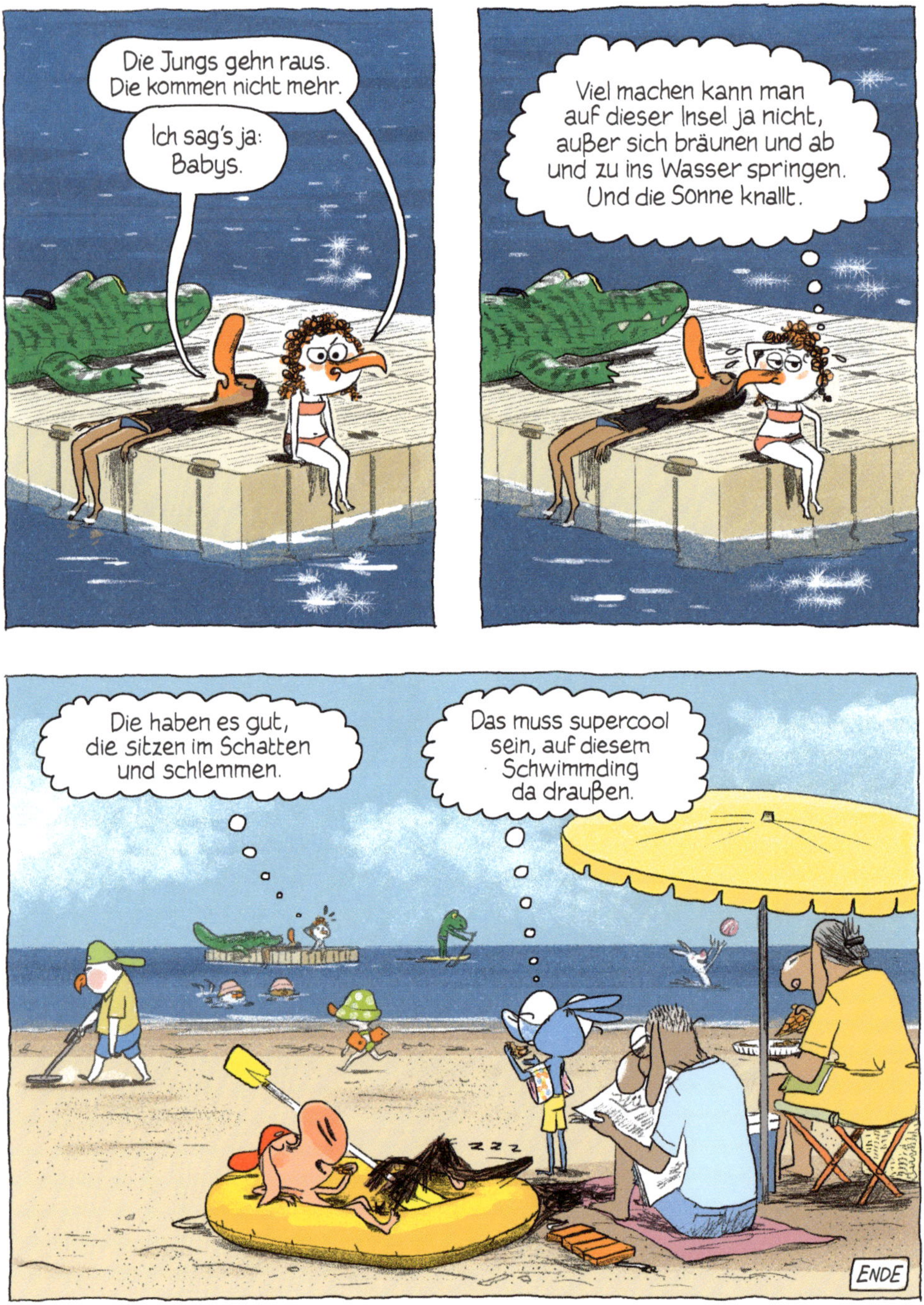

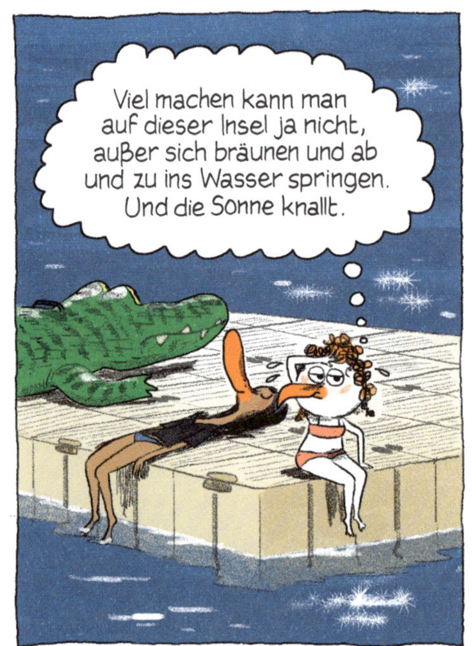


Die haben es gut, die sitzen im Schatten und schlemmen.

Das muss supercool sein, auf diesem Schwimmding da draußen.

ZZZ

ENDE

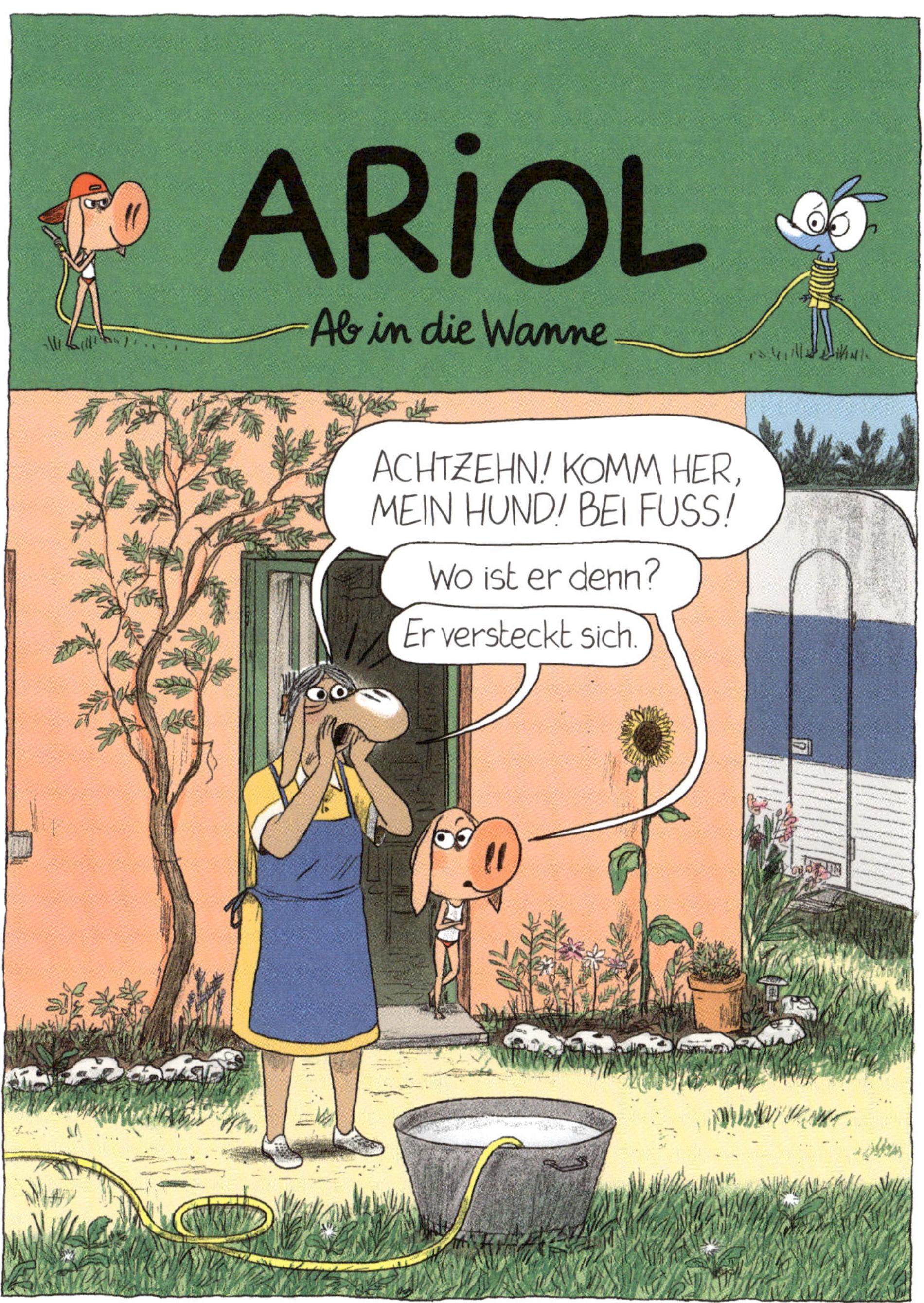
ARiOL
Ab in die Wanne
ACHTZEHN! KOMM HER, MEIN HUND! BEI FUSS!
Wo ist er denn?
Er versteckt sich.

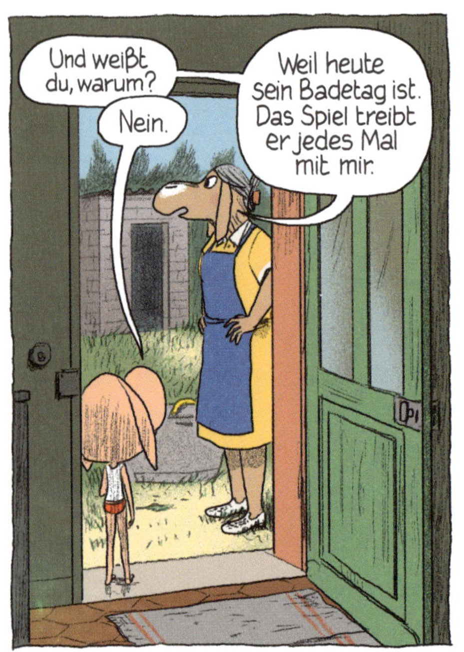
Und weißt du, warum?
Nein.
Weil heute sein Badetag ist. Das Spiel treibt er jedes Mal mit mir.
OPI

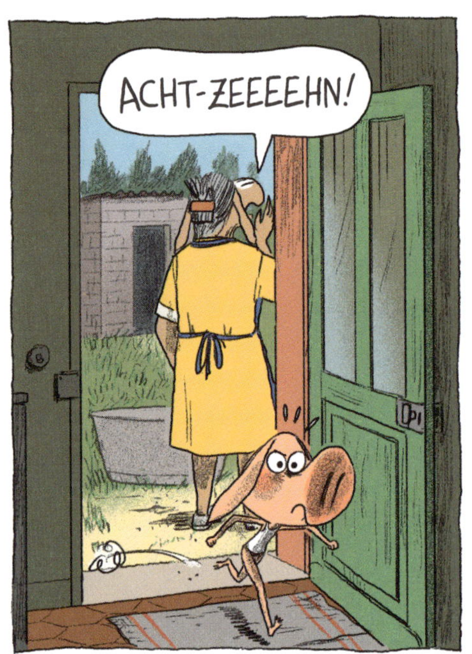
ACHT-ZEEEEHN!
OPI

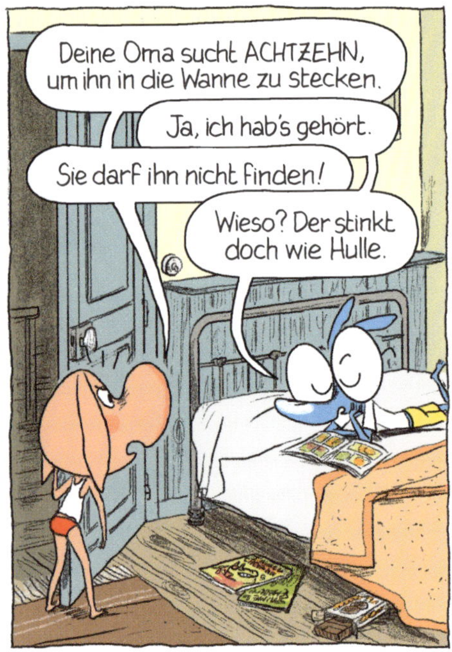
Deine Oma sucht ACHTZEHN, um ihn in die Wanne zu stecken.
Ja, ich hab's gehört.
Sie darf ihn nicht finden!
Wieso? Der stinkt doch wie Hulle.

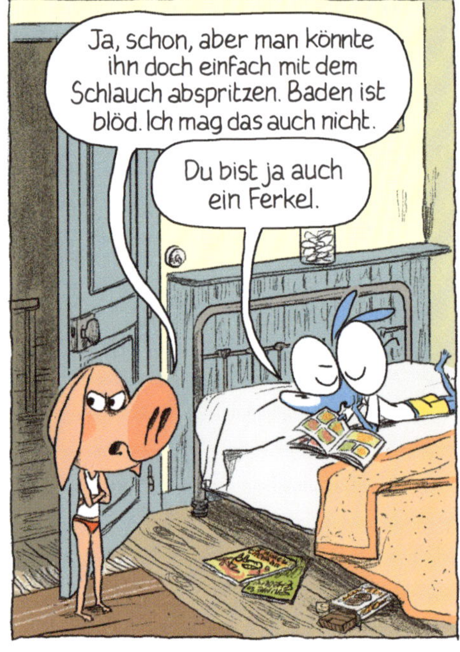
Ja, schon, aber man könnte ihn doch einfach mit dem Schlauch abspritzen. Baden ist blöd. Ich mag das auch nicht.
Du bist ja auch ein Ferkel.

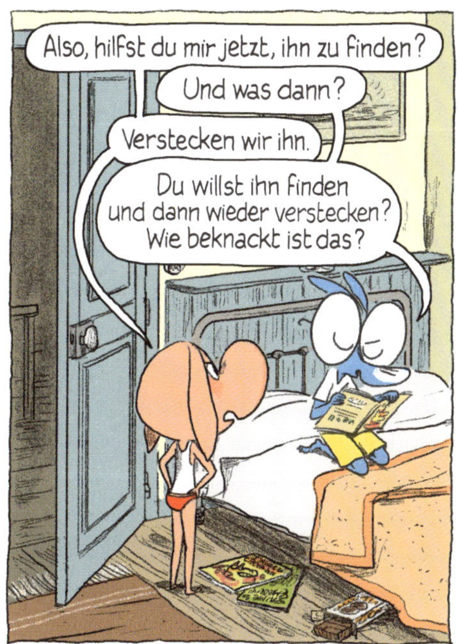
Also, hilfst du mir jetzt, ihn zu finden?
Und was dann?
Verstecken wir ihn.
Du willst ihn finden und dann wieder verstecken? Wie beknackt ist das?

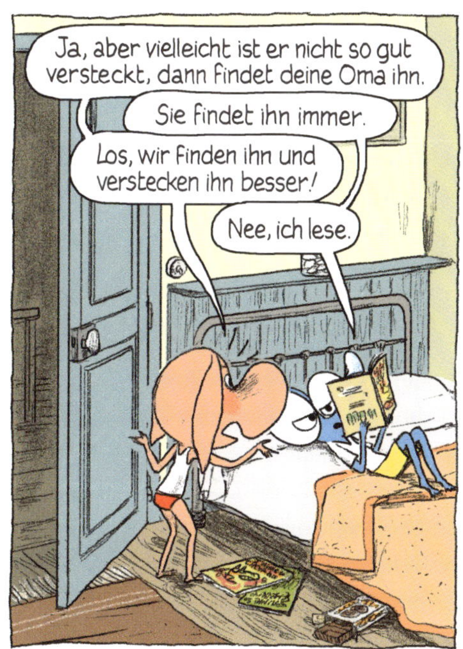
Ja, aber vielleicht ist er nicht so gut versteckt, dann findet deine Oma ihn.
Sie findet ihn immer.
Los, wir finden ihn und verstecken ihn besser!
Nee, ich lese.

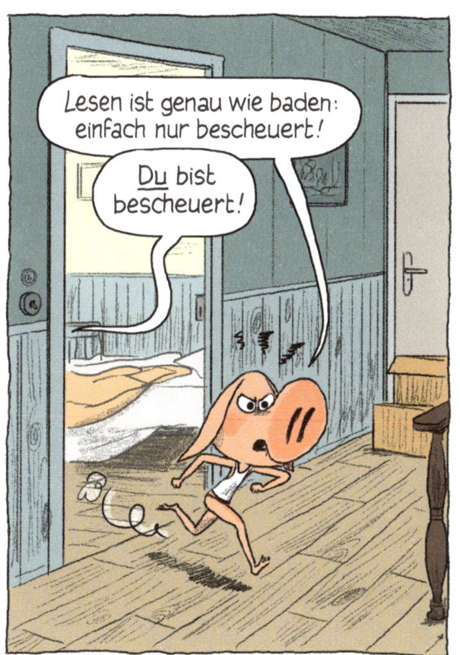
Lesen ist genau wie baden: einfach nur bescheuert!
Du bist bescheuert!

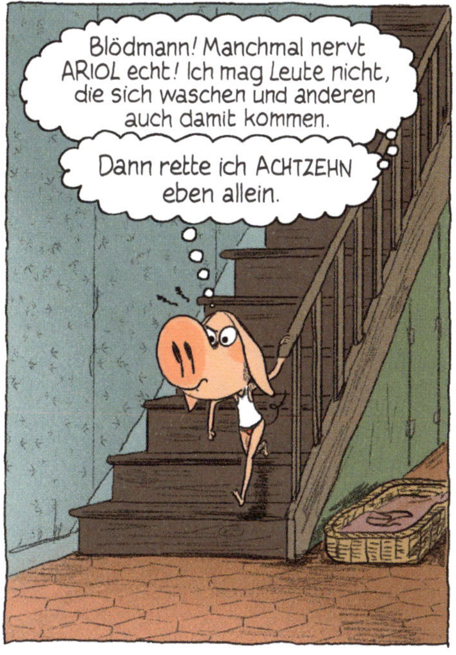
Blödmann! Manchmal nervt ARIOL echt! Ich mag Leute nicht, die sich waschen und anderen auch damit kommen.
Dann rette ich ACHTZEHN eben allein.

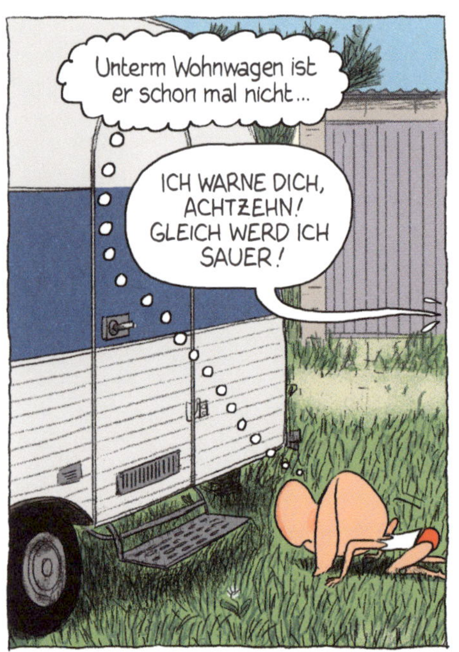
Unterm Wohnwagen ist er schon mal nicht...
ICH WARNE DICH, ACHTZEHN! GLEICH WERD ICH SAUER!

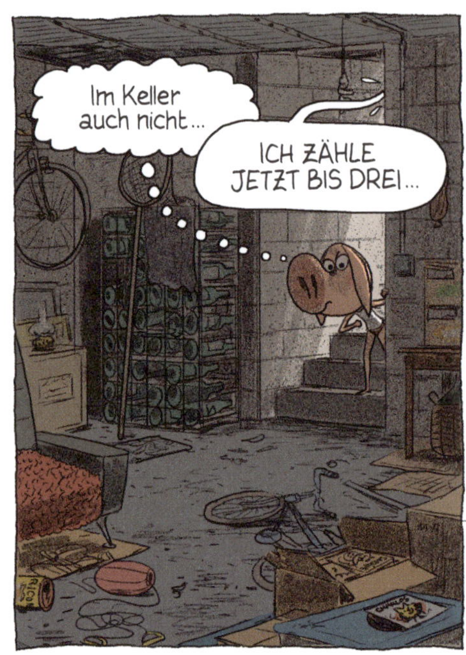
Im Keller auch nicht...
ICH ZÄHLE JETZT BIS DREI...

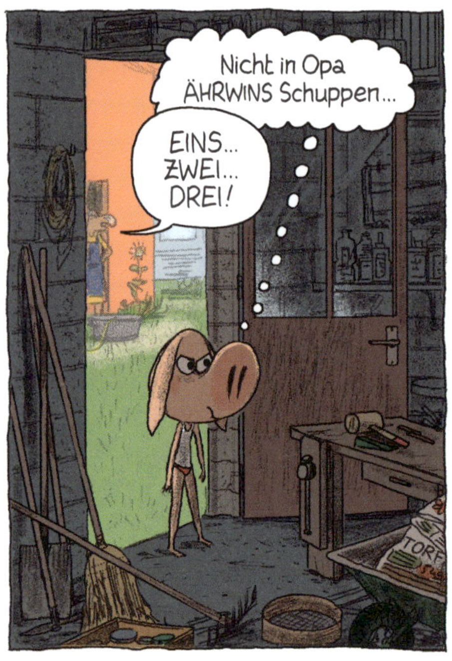
Nicht in Opa ÄHRWINS Schuppen...
EINS... ZWEI... DREI!

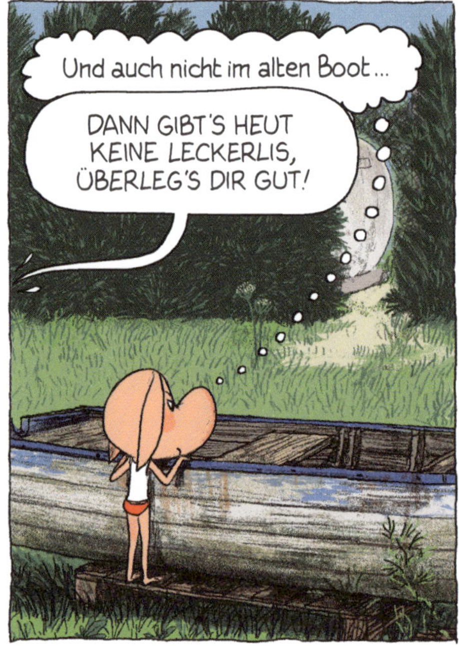
Und auch nicht im alten Boot...
DANN GIBT'S HEUT KEINE LECKERLIS, ÜBERLEG'S DIR GUT!

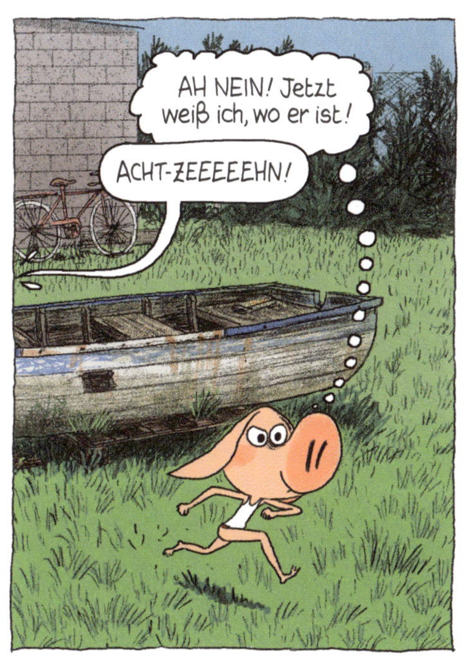
AH NEIN! Jetzt weiß ich, wo er ist!
ACHT-ZEEEEEHN!

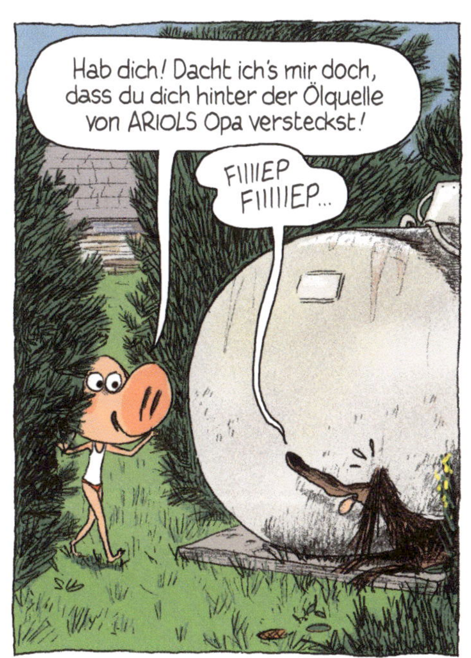
Hab dich! Dacht ich's mir doch, dass du dich hinter der Ölquelle von ARIOLS Opa versteckst!
FIIIIEP FIIIIIEP...

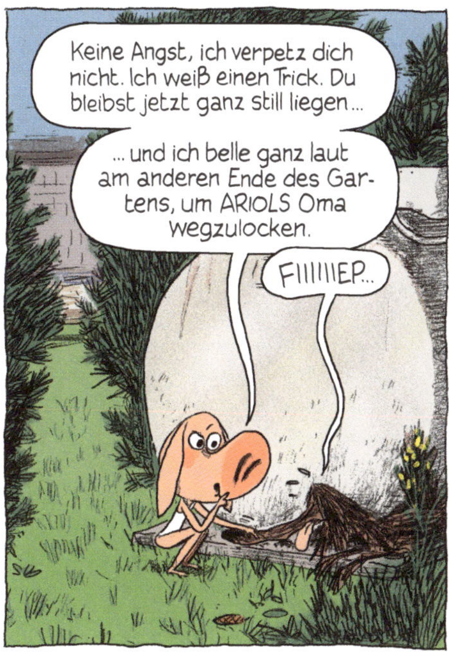
Keine Angst, ich verpetz dich nicht. Ich weiß einen Trick. Du bleibst jetzt ganz still liegen...
... und ich belle ganz laut am anderen Ende des Gartens, um ARIOLS Oma wegzulocken.
FIIIIIIEP...

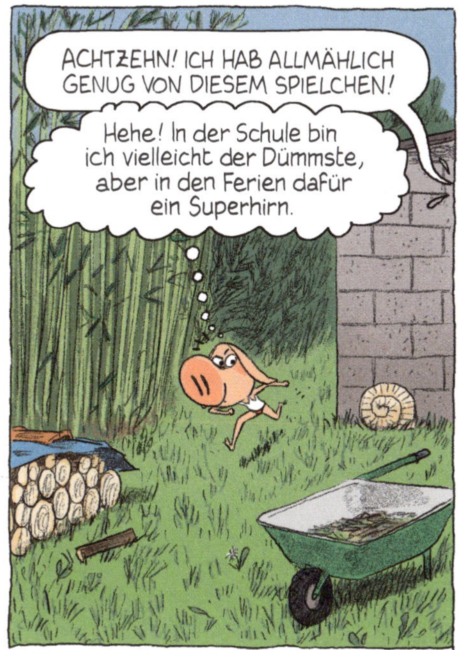
ACHTZEHN! ICH HAB ALLMÄHLICH GENUG VON DIESEM SPIELCHEN!
Hehe! In der Schule bin ich vielleicht der Dümmste, aber in den Ferien dafür ein Superhirn.

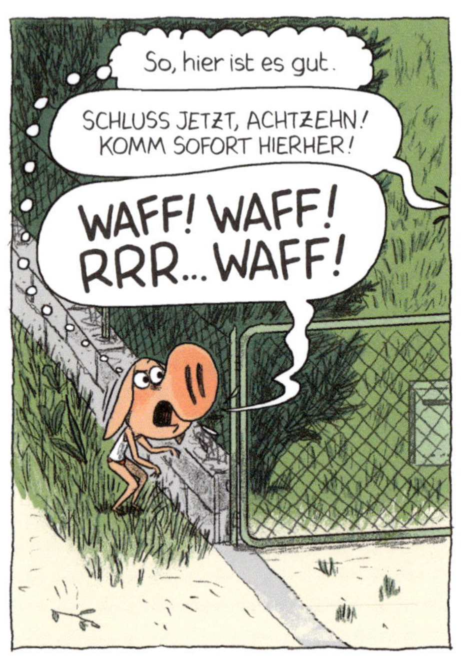
So, hier ist es gut.
SCHLUSS JETZT, ACHTZEHN! KOMM SOFORT HIERHER!
WAFF! WAFF! RRR... WAFF!

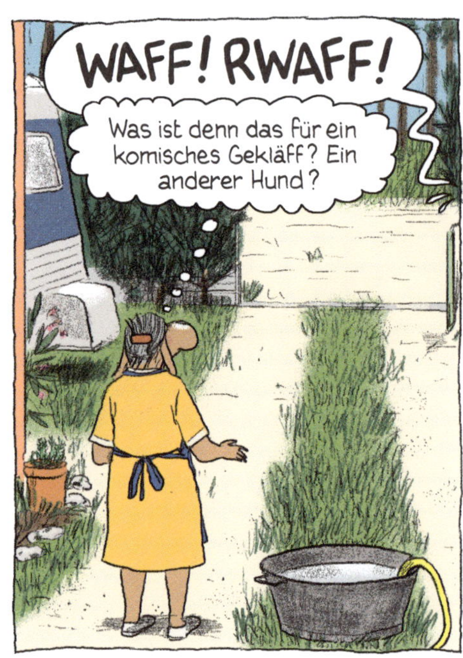
WAFF! RWAFF!
Was ist denn das für ein komisches Gekläff? Ein anderer Hund?

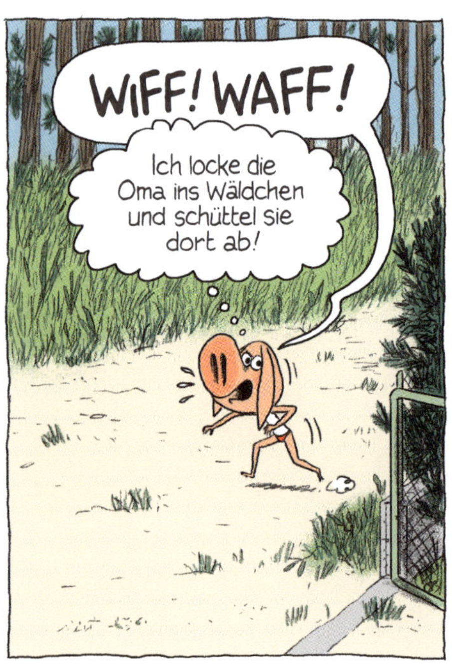
WIFF! WAFF!
Ich locke die Oma ins Wäldchen und schüttel sie dort ab!

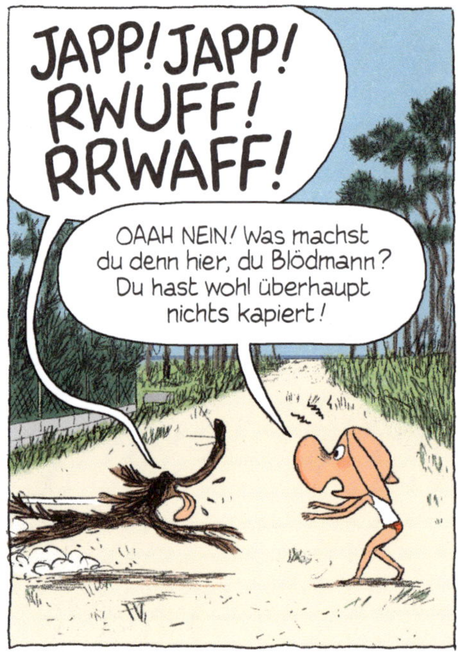
JAPP! JAPP! RWUFF! RRWAFF!
OAAH NEIN! Was machst du denn hier, du Blödmann? Du hast wohl überhaupt nichts kapiert!

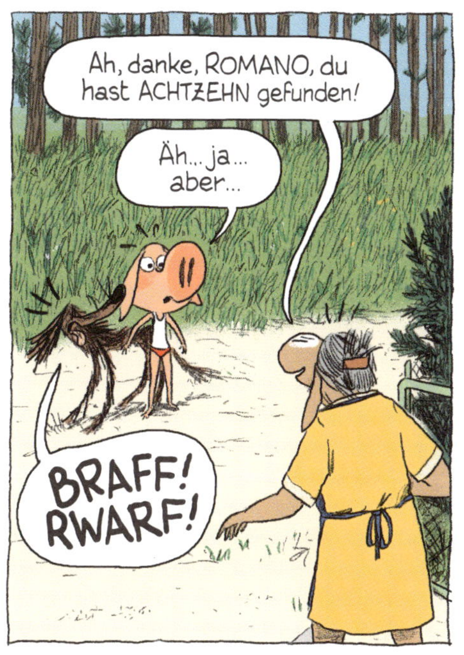
Ah, danke, ROMANO, du hast ACHTZEHN gefunden!
Äh... ja... aber...
BRAFF! RWARF!

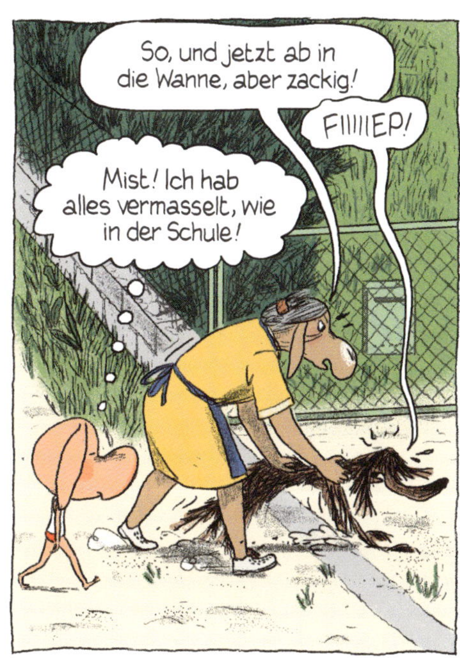
So, und jetzt ab in die Wanne, aber zackig!
FIIIIEP!
Mist! Ich hab alles vermasselt, wie in der Schule!

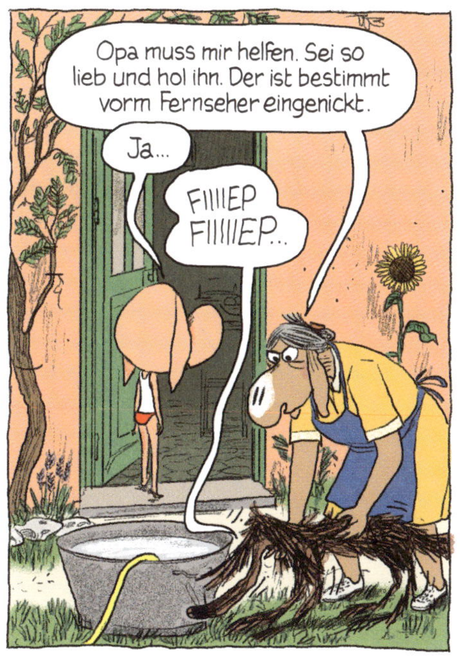
Opa muss mir helfen. Sei so lieb und hol ihn. Der ist bestimmt vorm Fernseher eingenickt.
Ja...
FIIIIEP FIIIIEP...

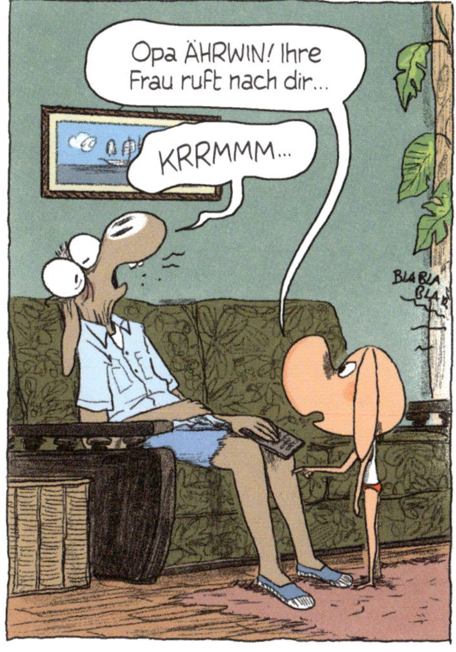
Opa ÄHRWIN! Ihre Frau ruft nach dir...
KRRMMM...
BLA BLA BLA

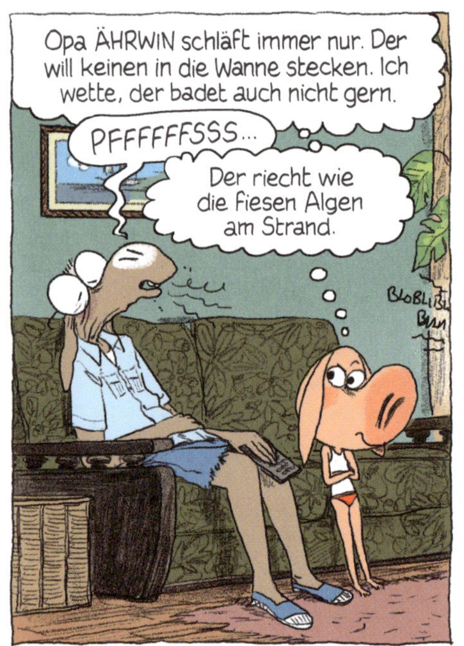
Opa ÄHRWIN schläft immer nur. Der will keinen in die Wanne stecken. Ich wette, der badet auch nicht gern.
PFFFFFFSSS...
Der riecht wie die fiesen Algen am Strand.

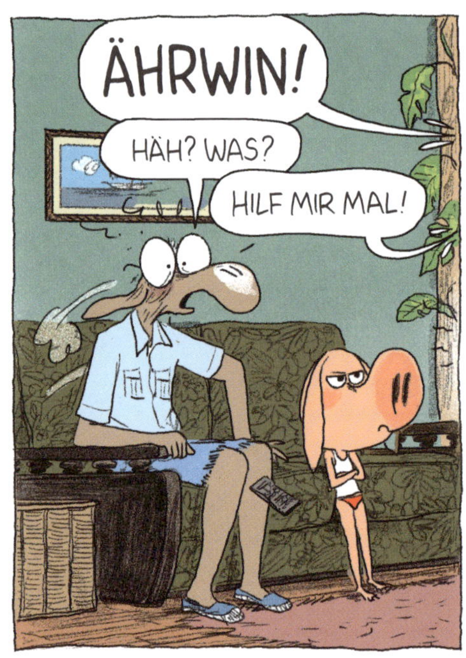
ÄHRWIN!
HÄH? WAS?
HILF MIR MAL!

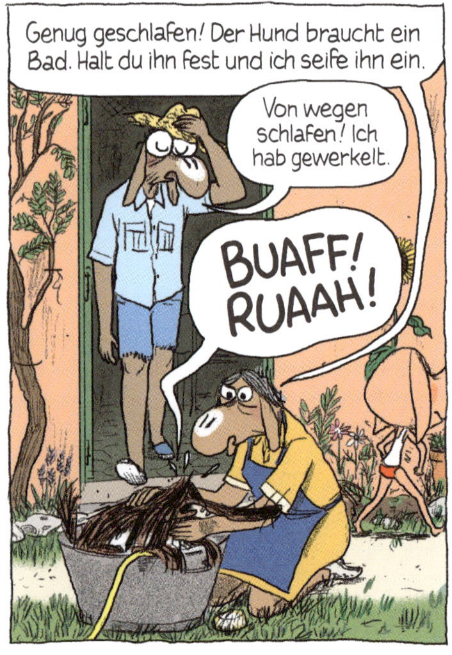
Genug geschlafen! Der Hund braucht ein Bad. Halt du ihn fest und ich seife ihn ein.
Von wegen schlafen! Ich hab gewerkelt.
BUAFF! RUAAH!

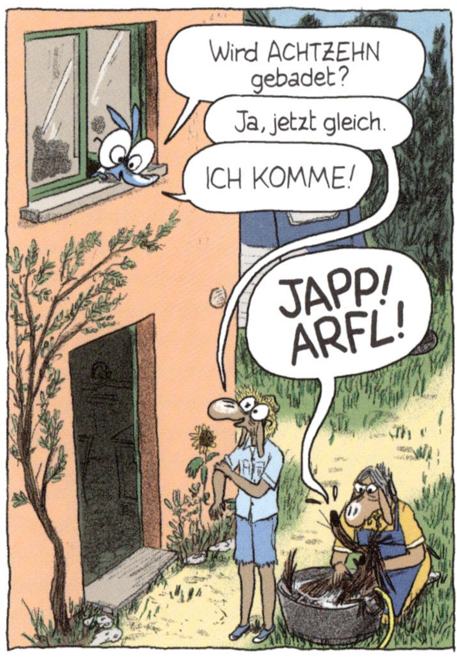
Wird ACHTZEHN gebadet?
Ja, jetzt gleich.
ICH KOMME!
JAPP! ARFL!

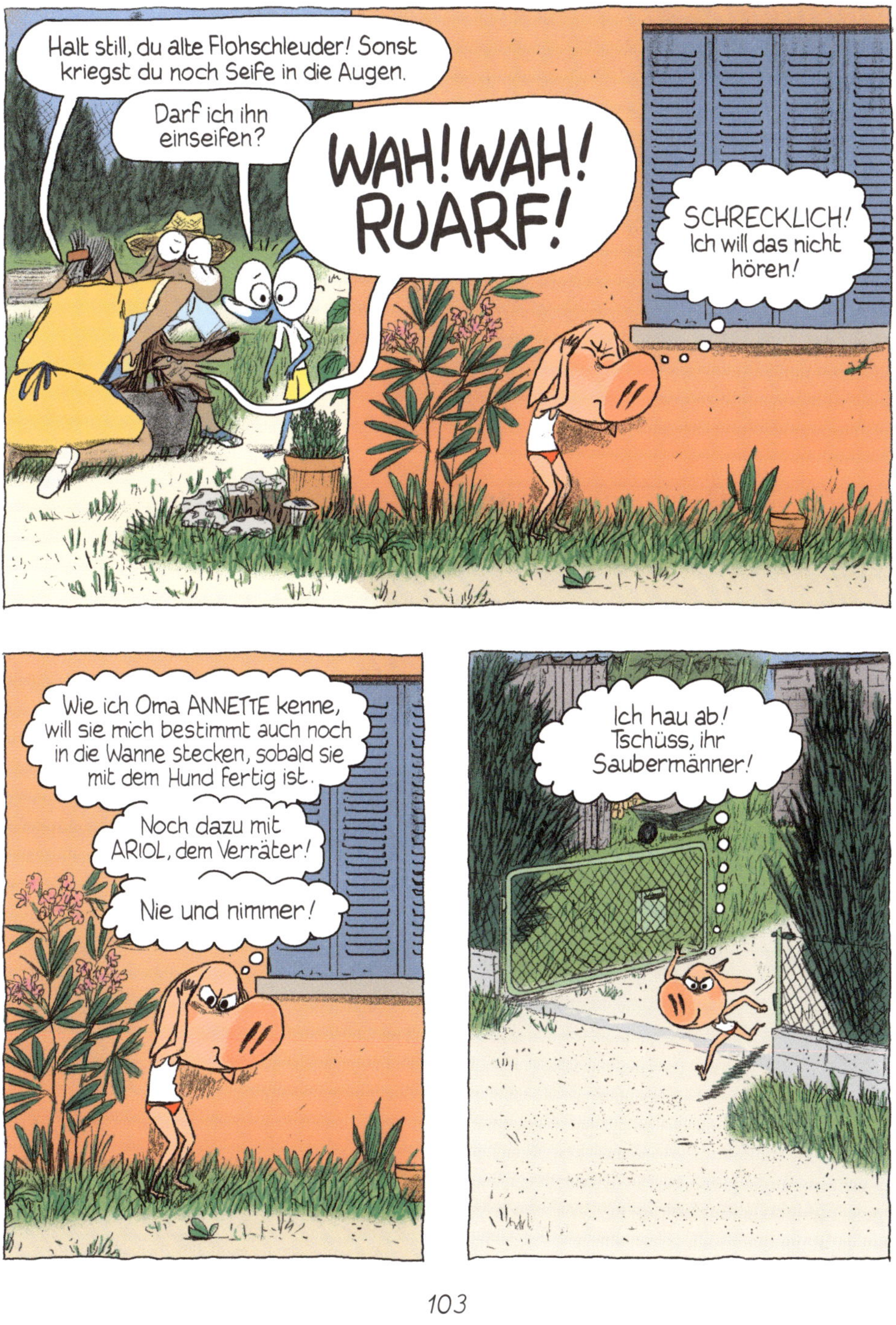

Halt still, du alte Flohschleuder! Sonst kriegst du noch Seife in die Augen.
Darf ich ihn einseifen?
WAH! WAH! RUARF!
SCHRECKLICH! Ich will das nicht hören!

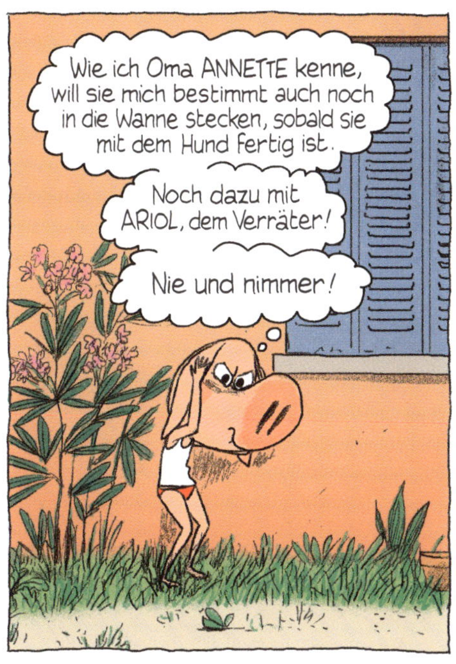


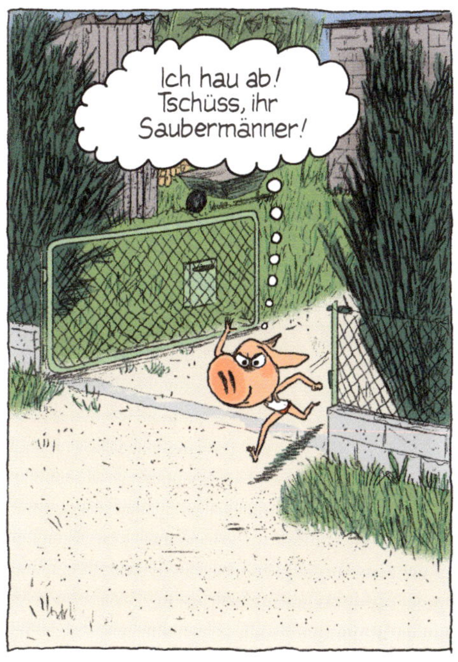

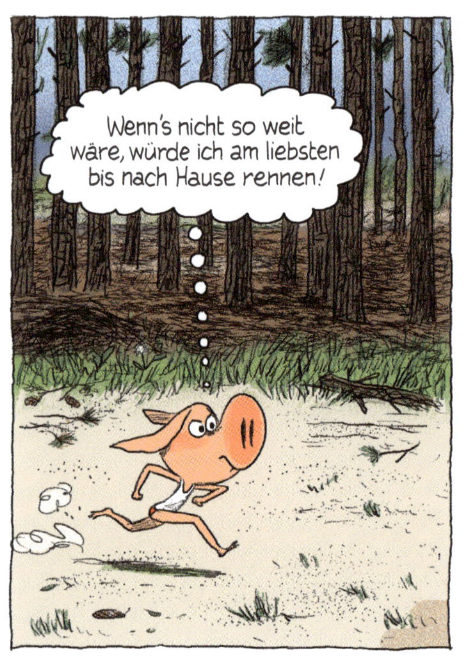


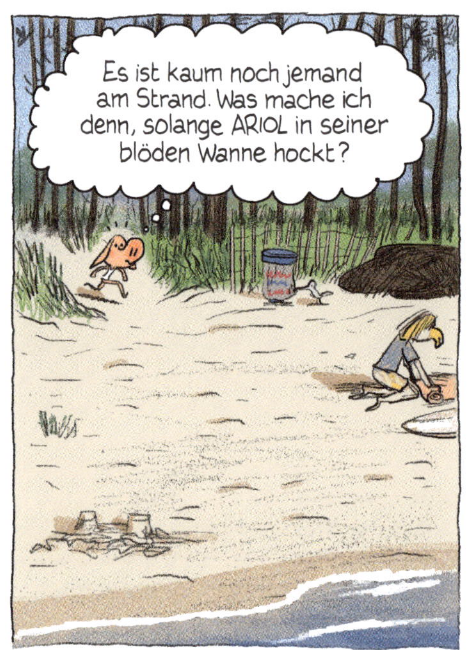

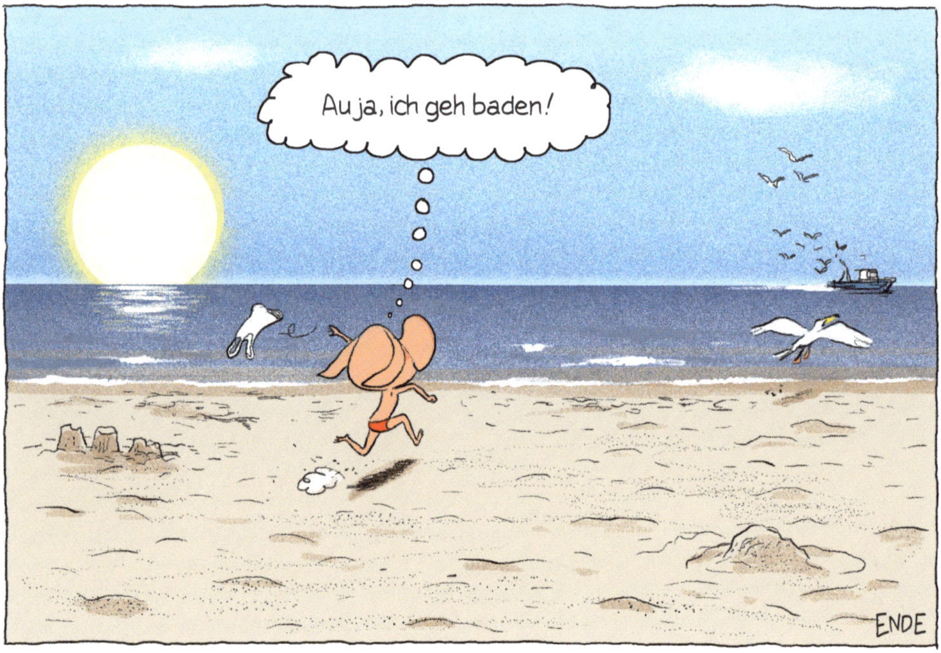

Au ja, ich geh baden!

ENDE

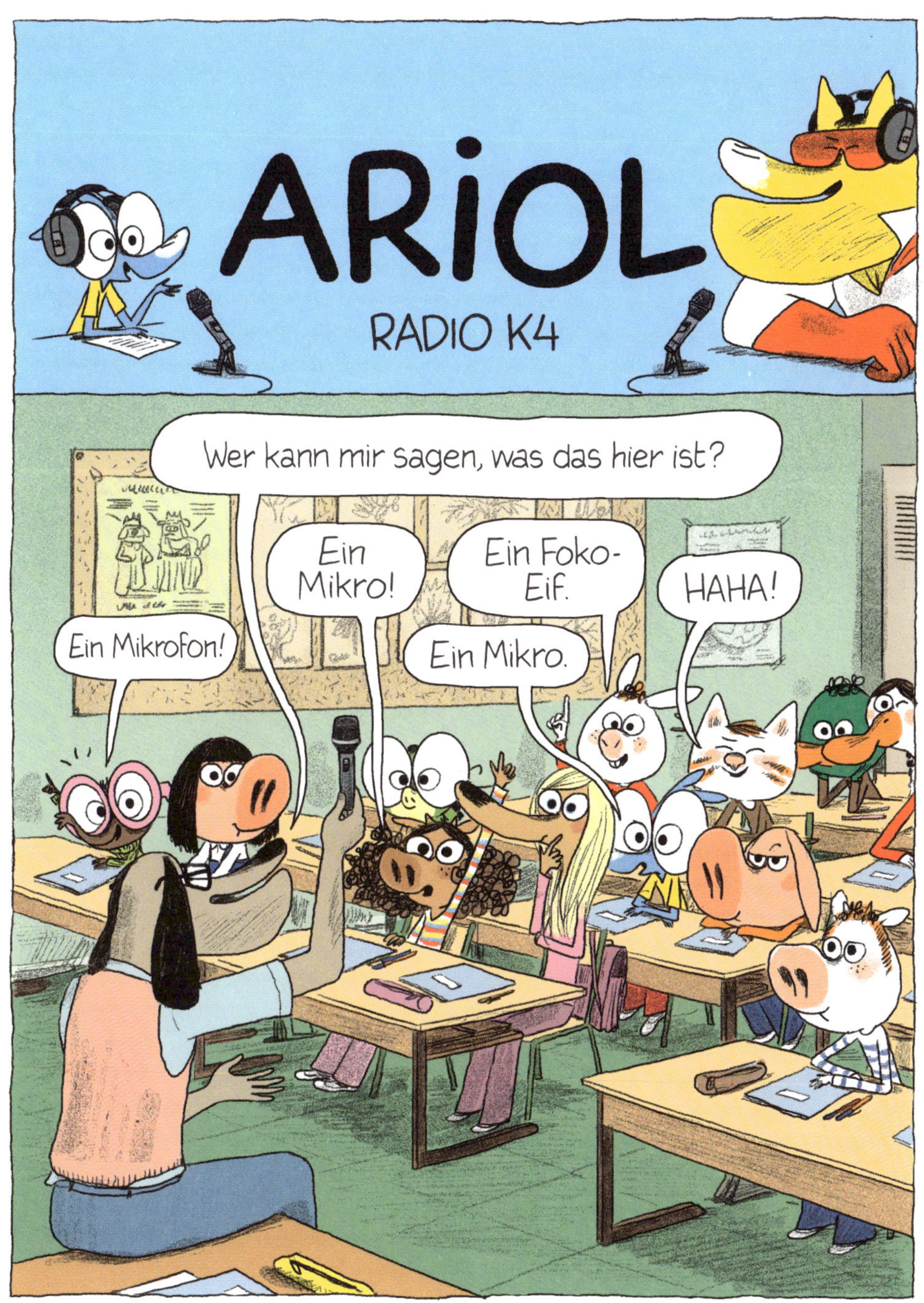
ARIOL
RADIO K4
Wer kann mir sagen, was das hier ist?
Ein Mikrofon!
Ein Mikro!
Ein Foko-Eif.
Ein Mikro.
HAHA!

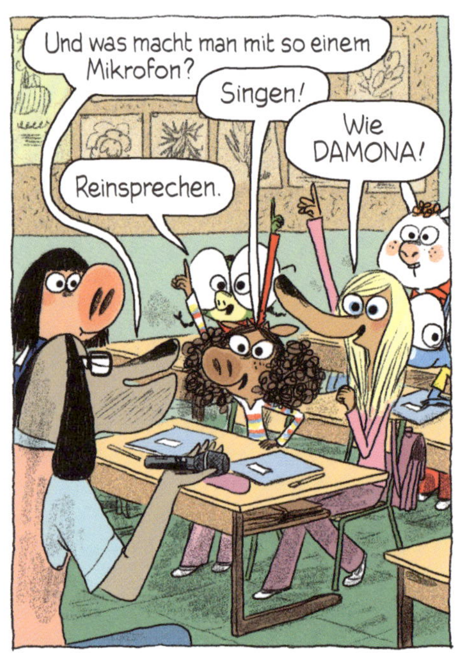
Und was macht man mit so einem Mikrofon?
Singen!
Wie DAMONA!
Reinsprechen.

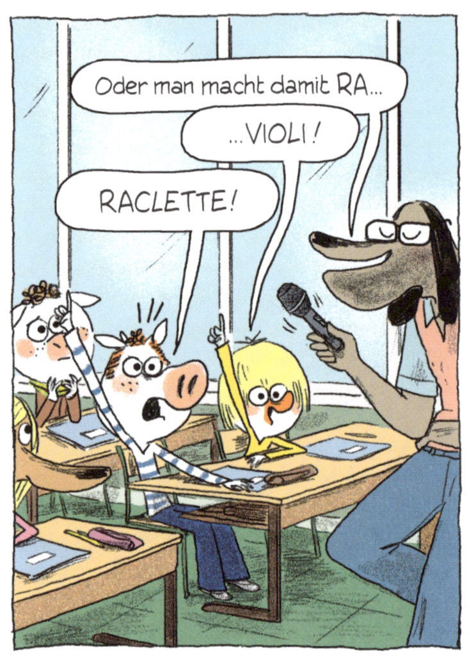
Oder man macht damit RA...
...VIOLI!
RACLETTE!

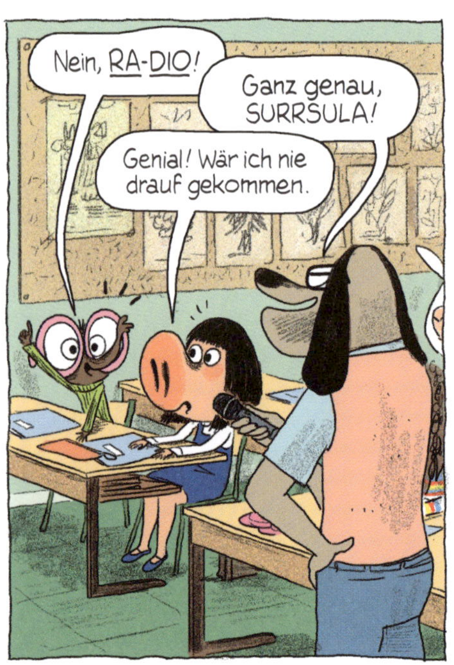
Nein, RA-DIO!
Ganz genau, SURRSULA!
Genial! Wär ich nie drauf gekommen.

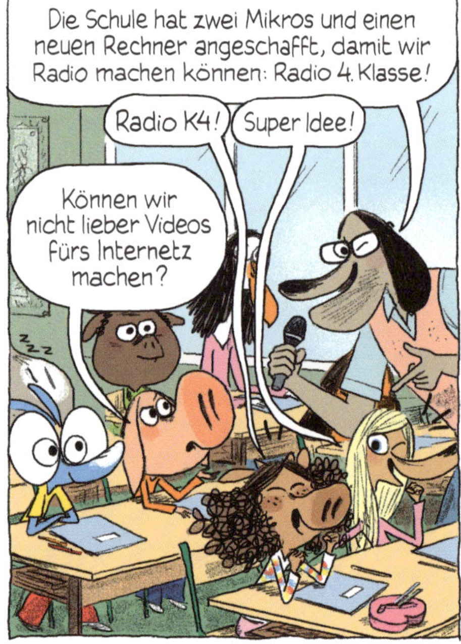
Die Schule hat zwei Mikros und einen neuen Rechner angeschafft, damit wir Radio machen können: Radio 4. Klasse!
Radio K4!
Super Idee!
Können wir nicht lieber Videos fürs Internetz machen?

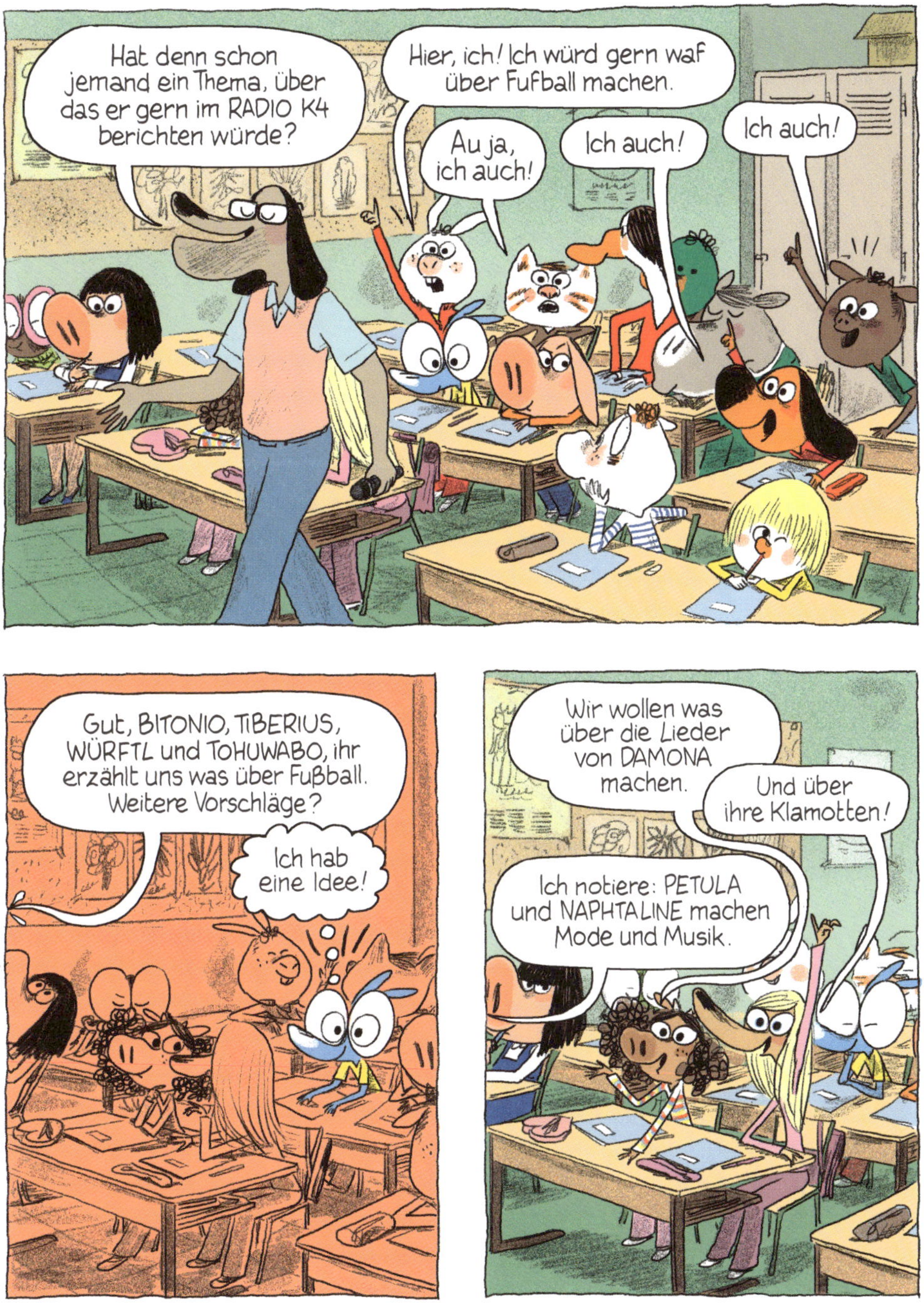

Hat denn schon jemand ein Thema, über das er gern im RADIO K4 berichten würde?
Hier, ich! Ich würd gern waf über Fufball machen.
Au ja, ich auch!
Ich auch!
Ich auch!

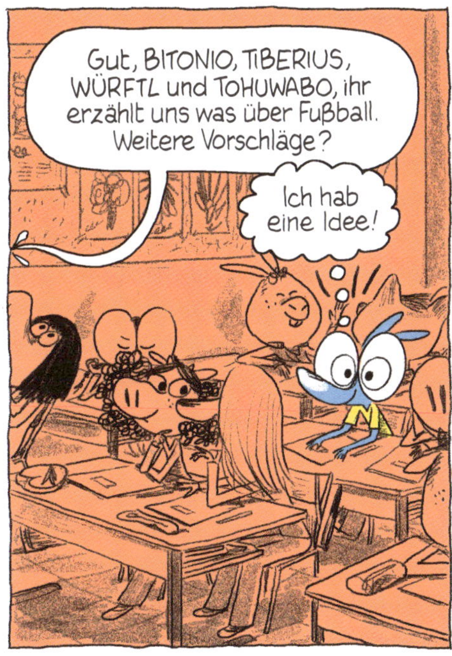


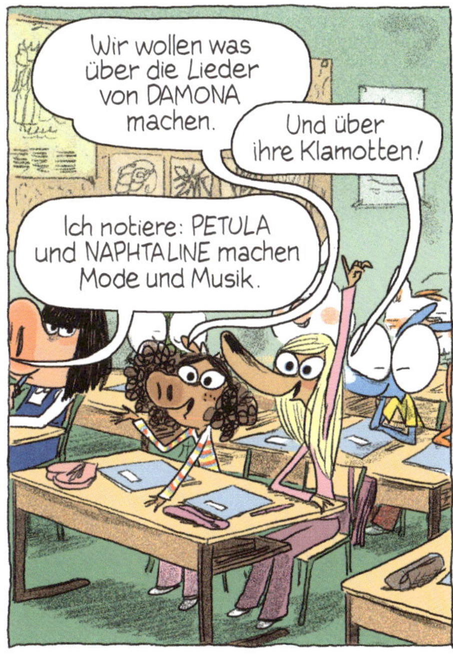

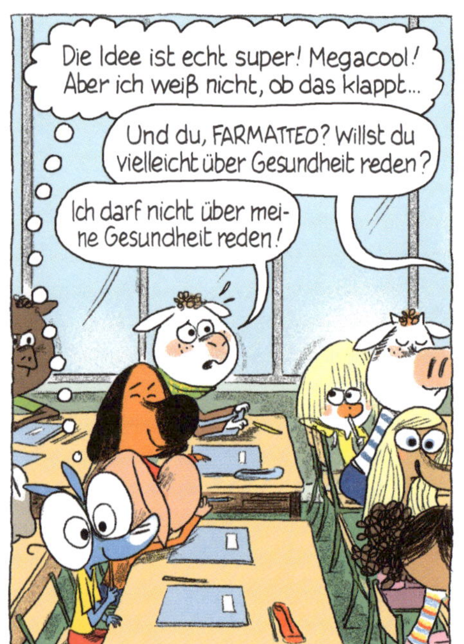

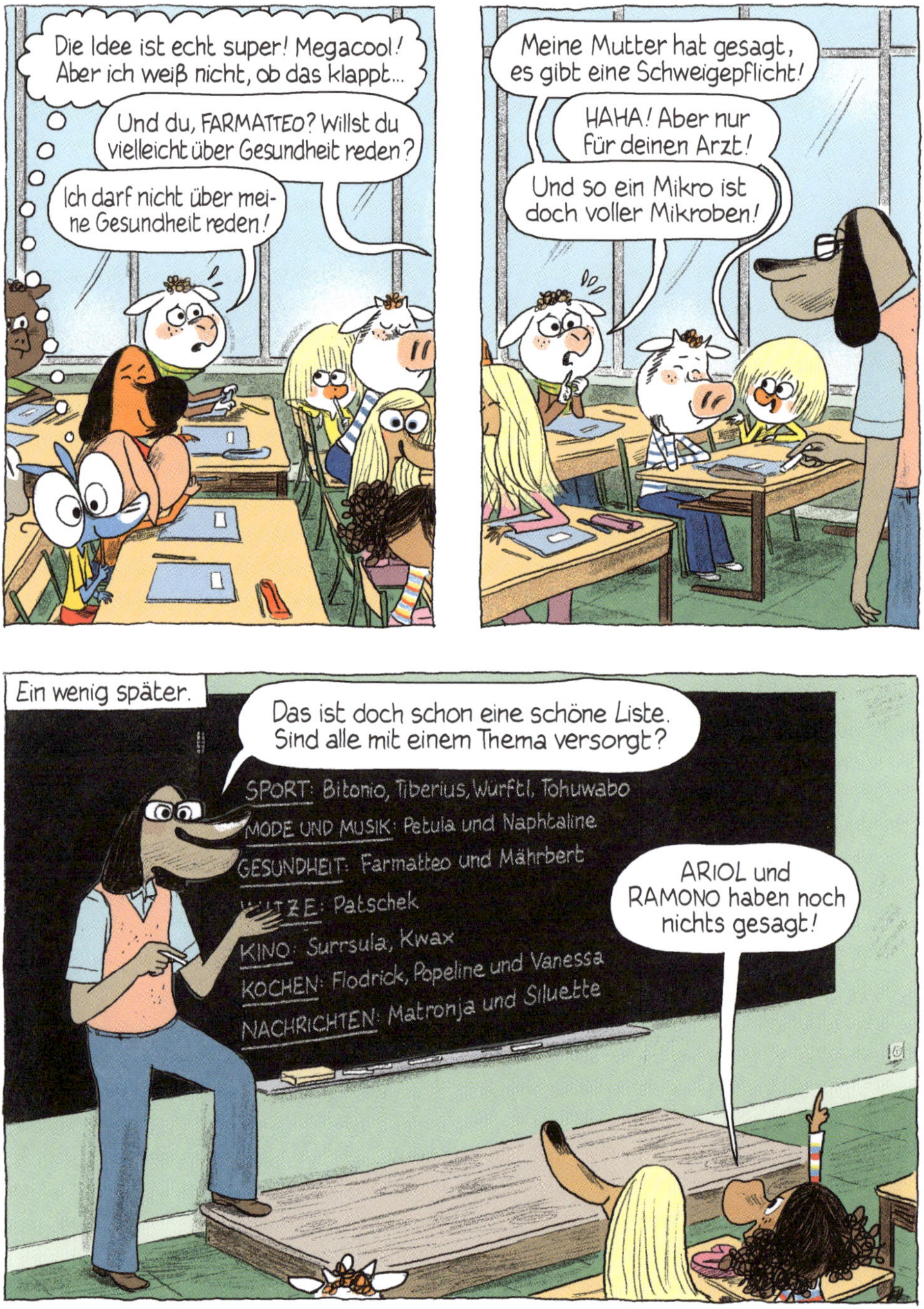

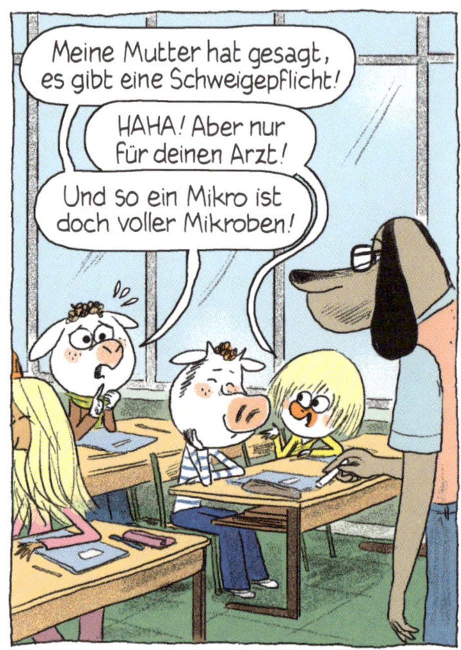


Ein wenig später.

Das ist doch schon eine schöne Liste. Sind alle mit einem Thema versorgt?

SPORT: Bitonio, Tiberius, Würftl, Tohuwabo
MODE UND MUSIK: Petula und Naphtaline
GESUNDHEIT: Farmatteo und Mährbert
WITZE: Patschek
KINO: Surrsula, Kwax
KOCHEN: Flodrick, Popeline und Vanessa
NACHRICHTEN: Matronja und Siluette

ARIOL und RAMONO haben noch nichts gesagt!

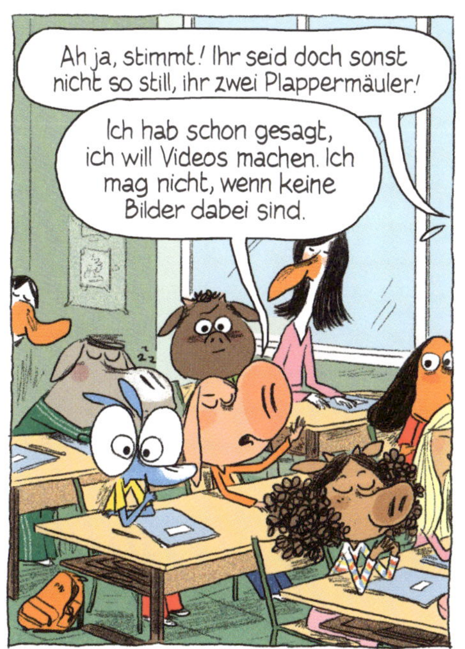

Ah ja, stimmt! Ihr seid doch sonst nicht so still, ihr zwei Plappermäuler!
Ich hab schon gesagt, ich will Videos machen. Ich mag nicht, wenn keine Bilder dabei sind.


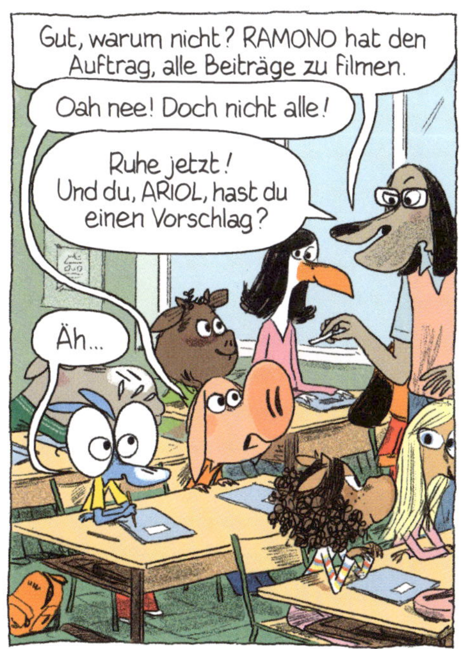

Gut, warum nicht? RAMONO hat den Auftrag, alle Beiträge zu filmen.
Oah nee! Doch nicht alle!
Ruhe jetzt! Und du, ARIOL, hast du einen Vorschlag?
Äh…


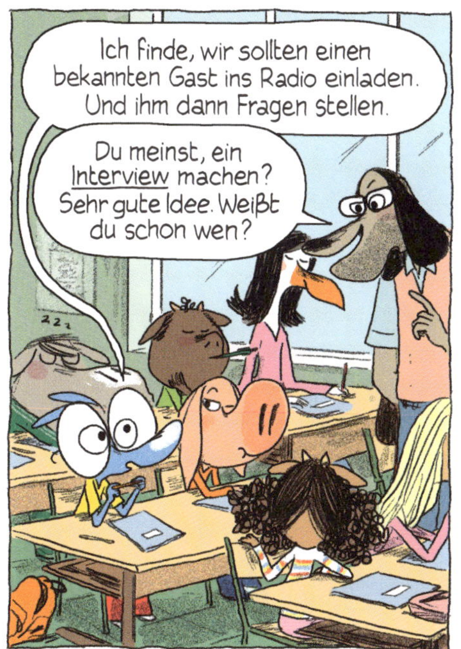

Ich finde, wir sollten einen bekannten Gast ins Radio einladen. Und ihm dann Fragen stellen.
Du meinst, ein Interview machen? Sehr gute Idee. Weißt du schon wen?


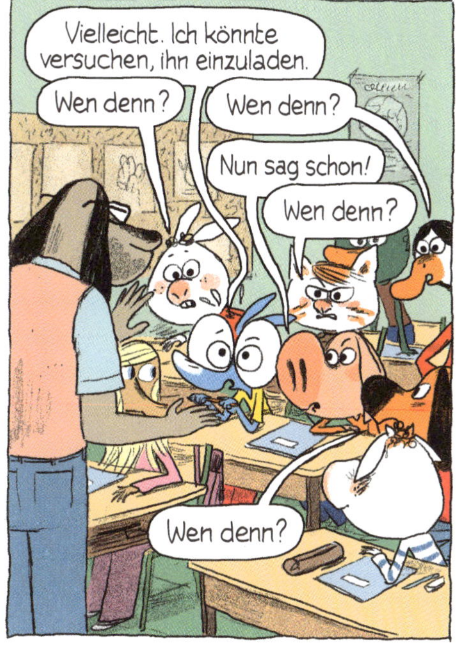

Vielleicht. Ich könnte versuchen, ihn einzuladen.
Wen denn?
Wen denn?
Nun sag schon!
Wen denn?
Wen denn?

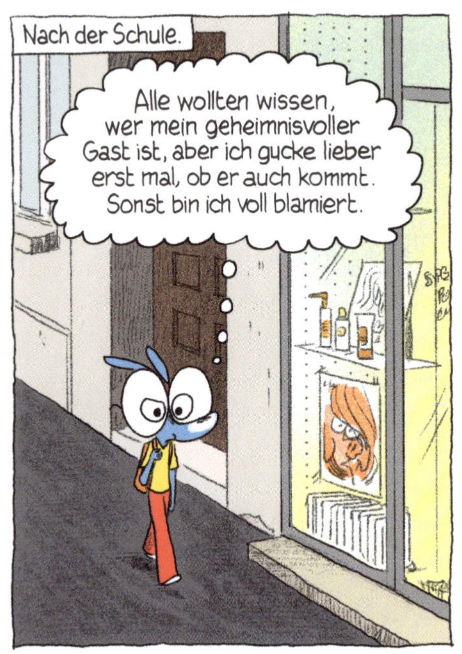


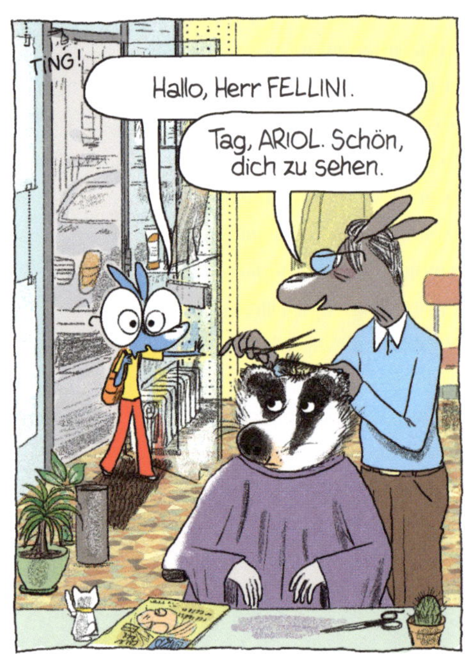


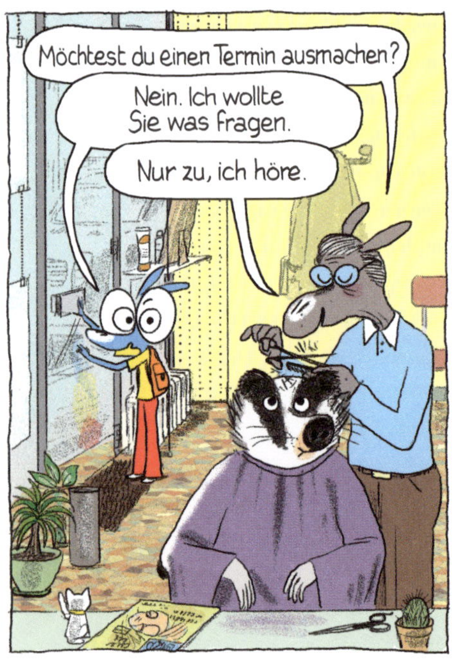


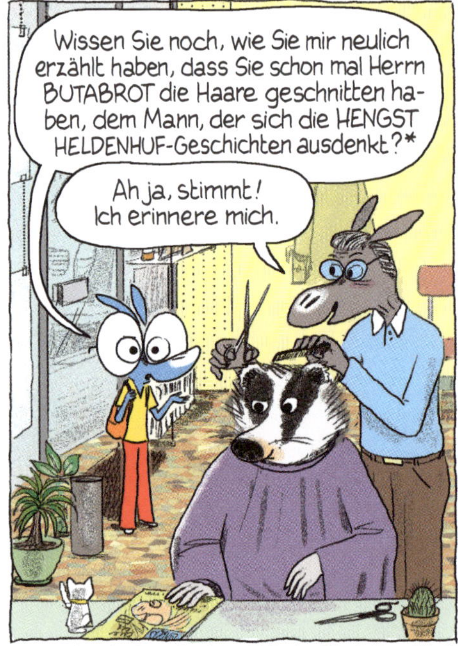


* Vgl. die *Episode* „Salon Fellini" in ARIOL-Band Nr. 7

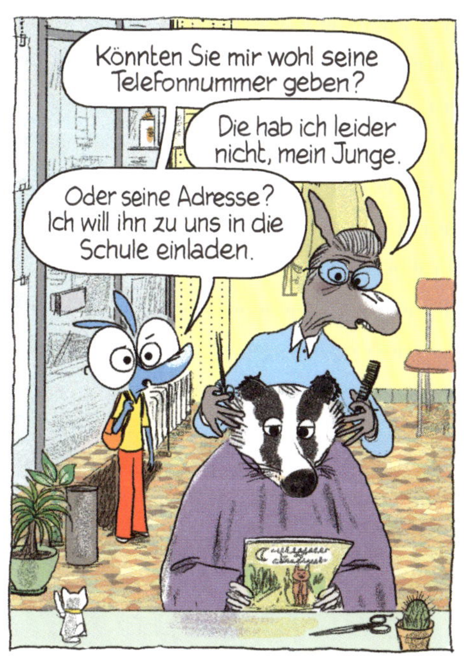
Könnten Sie mir wohl seine Telefonnummer geben?
Die hab ich leider nicht, mein Junge.
Oder seine Adresse? Ich will ihn zu uns in die Schule einladen.

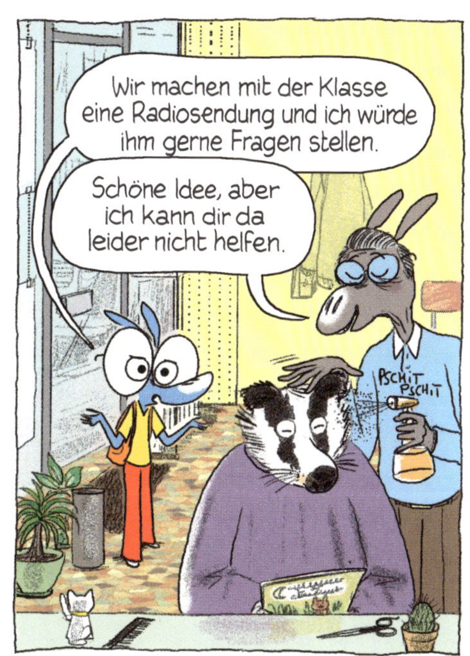
Wir machen mit der Klasse eine Radiosendung und ich würde ihm gerne Fragen stellen.
Schöne Idee, aber ich kann dir da leider nicht helfen.
PSCHIT PSCHIT

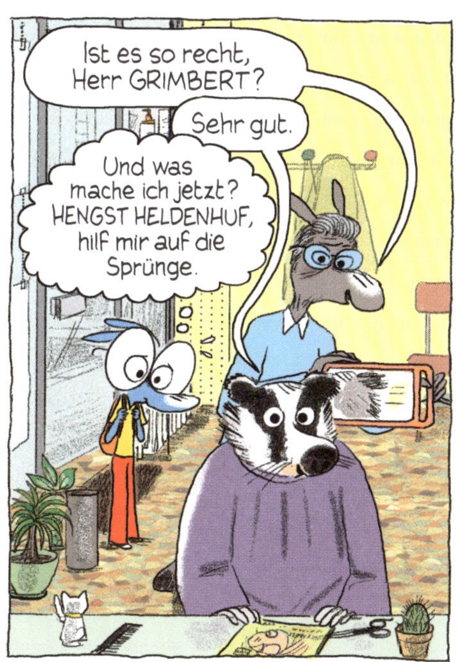
Ist es so recht, Herr GRIMBERT?
Sehr gut.
Und was mache ich jetzt? HENGST HELDENHUF, hilf mir auf die Sprünge.

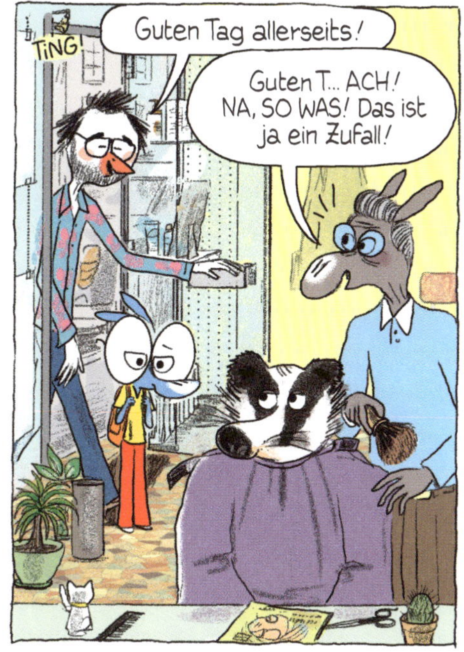
TING!
Guten Tag allerseits!
Guten T... ACH! NA, SO WAS! Das ist ja ein Zufall!

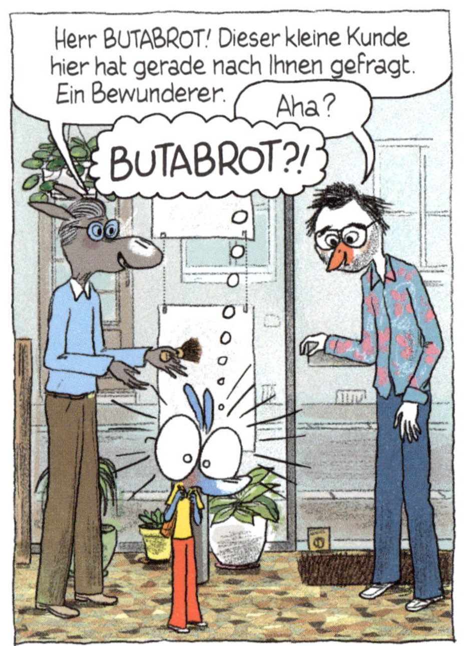
Herr BUTABROT! Dieser kleine Kunde hier hat gerade nach Ihnen gefragt. Ein Bewunderer.
Aha?
BUTABROT?!

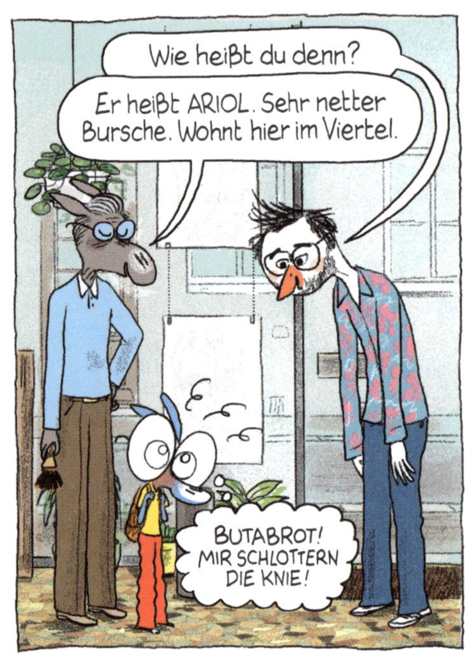
Wie heißt du denn?
Er heißt ARIOL. Sehr netter Bursche. Wohnt hier im Viertel.
BUTABROT! MIR SCHLOTTERN DIE KNIE!

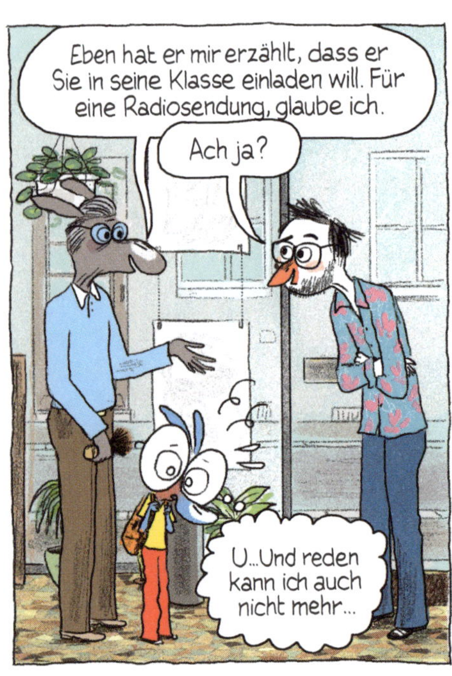
Eben hat er mir erzählt, dass er Sie in seine Klasse einladen will. Für eine Radiosendung, glaube ich.
Ach ja?
U…Und reden kann ich auch nicht mehr…

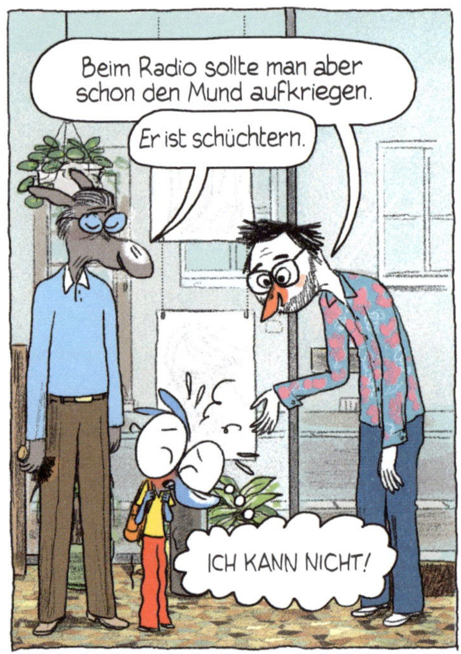
Beim Radio sollte man aber schon den Mund aufkriegen.
Er ist schüchtern.
ICH KANN NICHT!

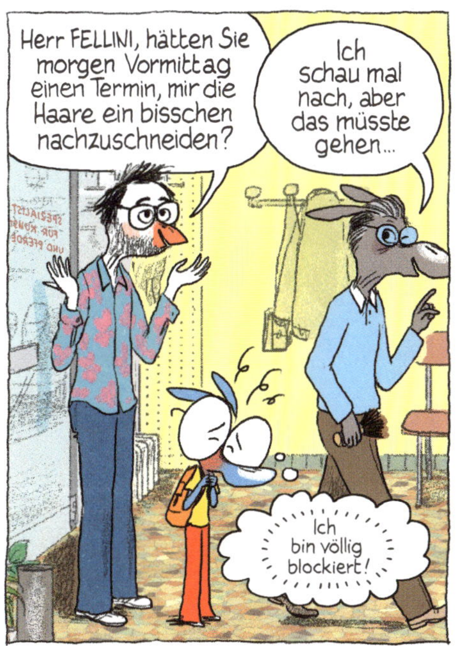
Herr FELLINI, hätten Sie morgen Vormittag einen Termin, mir die Haare ein bisschen nachzuschneiden?
Ich schau mal nach, aber das müsste gehen...
Ich bin völlig blockiert!

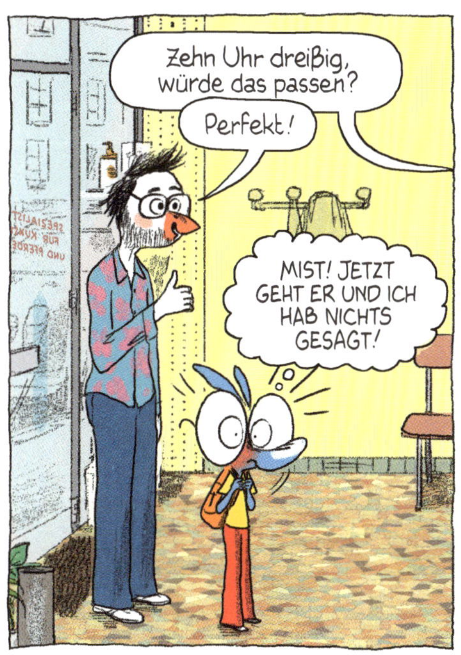
Zehn Uhr dreißig, würde das passen?
Perfekt!
MIST! JETZT GEHT ER UND ICH HAB NICHTS GESAGT!

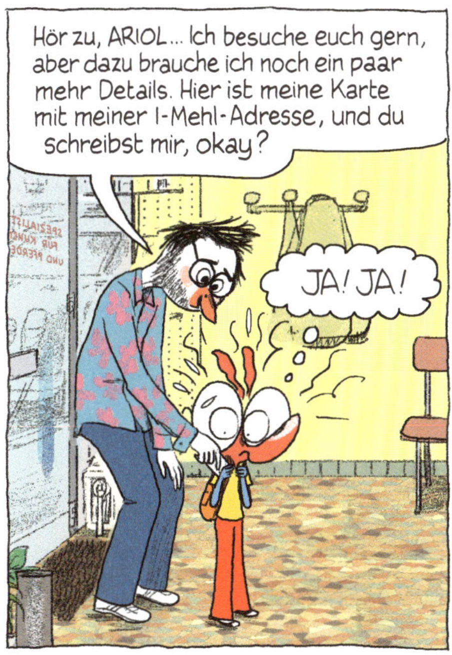
Hör zu, ARIOL... Ich besuche euch gern, aber dazu brauche ich noch ein paar mehr Details. Hier ist meine Karte mit meiner I-Mehl-Adresse, und du schreibst mir, okay?
JA! JA!

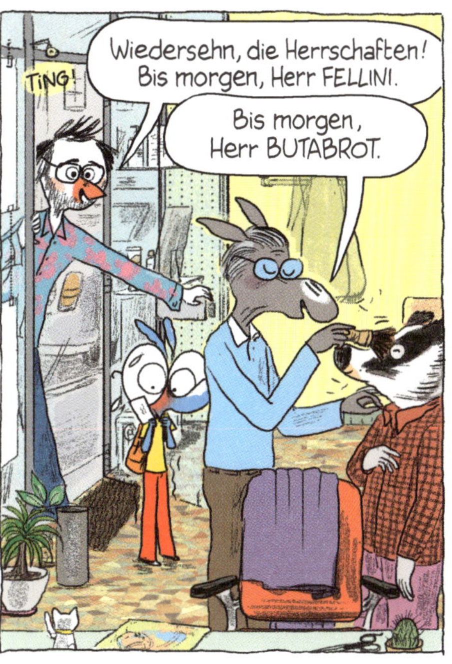
TING!
Wiedersehn, die Herrschaften! Bis morgen, Herr FELLINI.
Bis morgen, Herr BUTABROT.

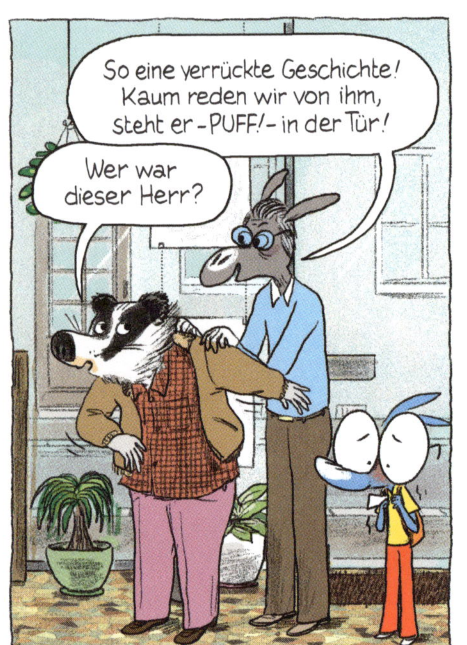

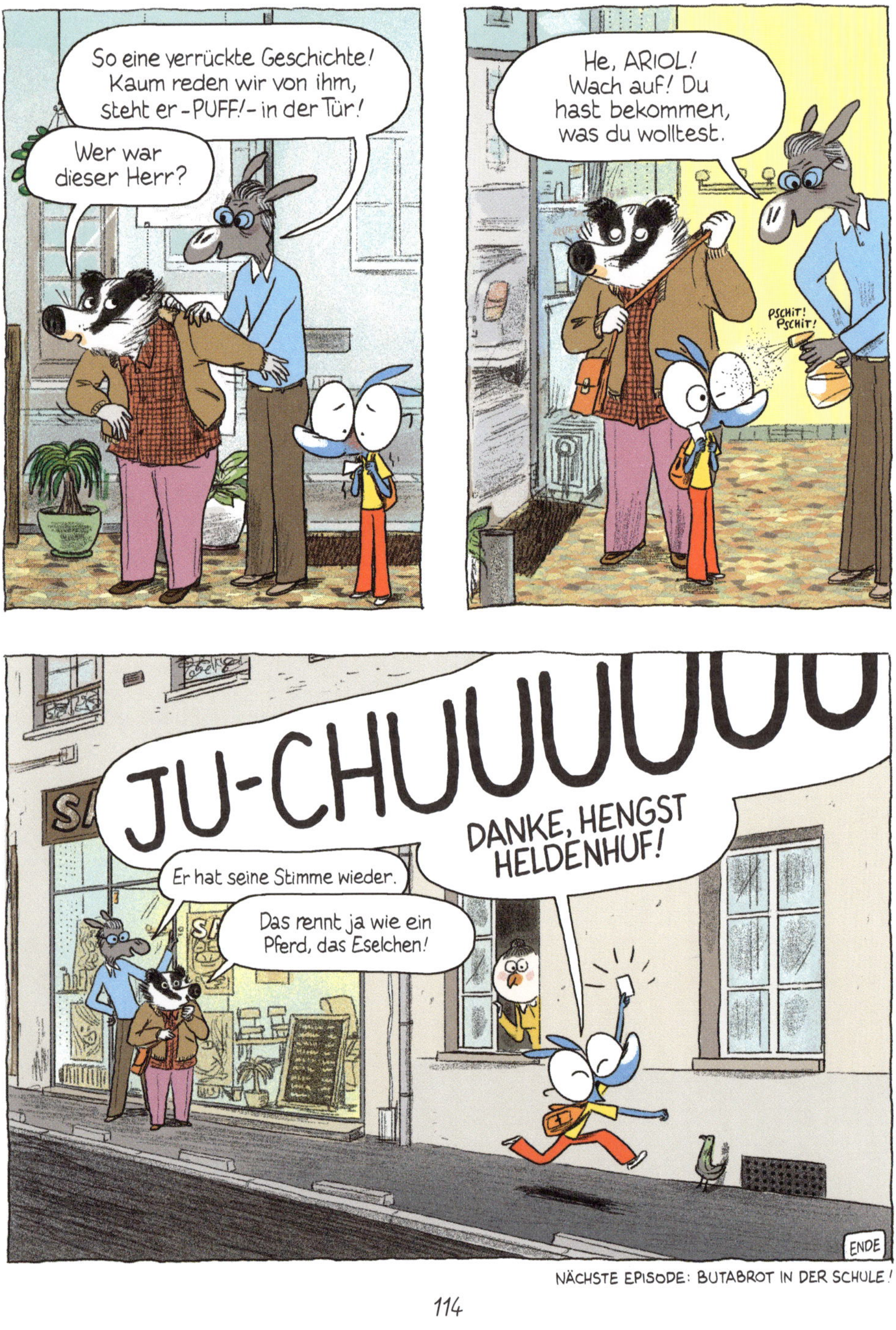

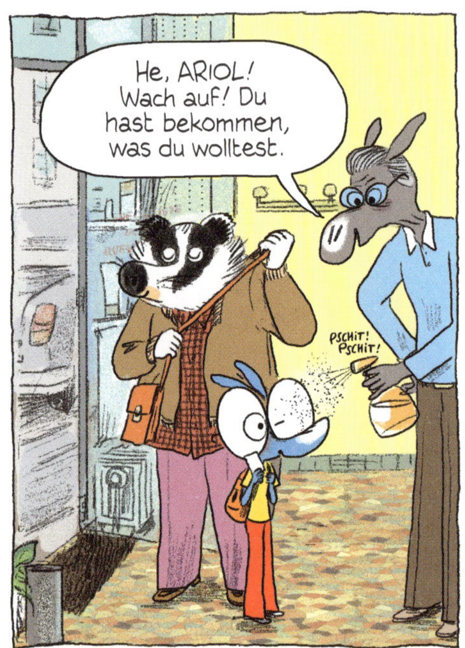


JU-CHUUUUUUU

DANKE, HENGST HELDENHUF!

Er hat seine Stimme wieder.

Das rennt ja wie ein Pferd, das Eselchen!

ENDE

NÄCHSTE EPISODE: BUTABROT IN DER SCHULE!

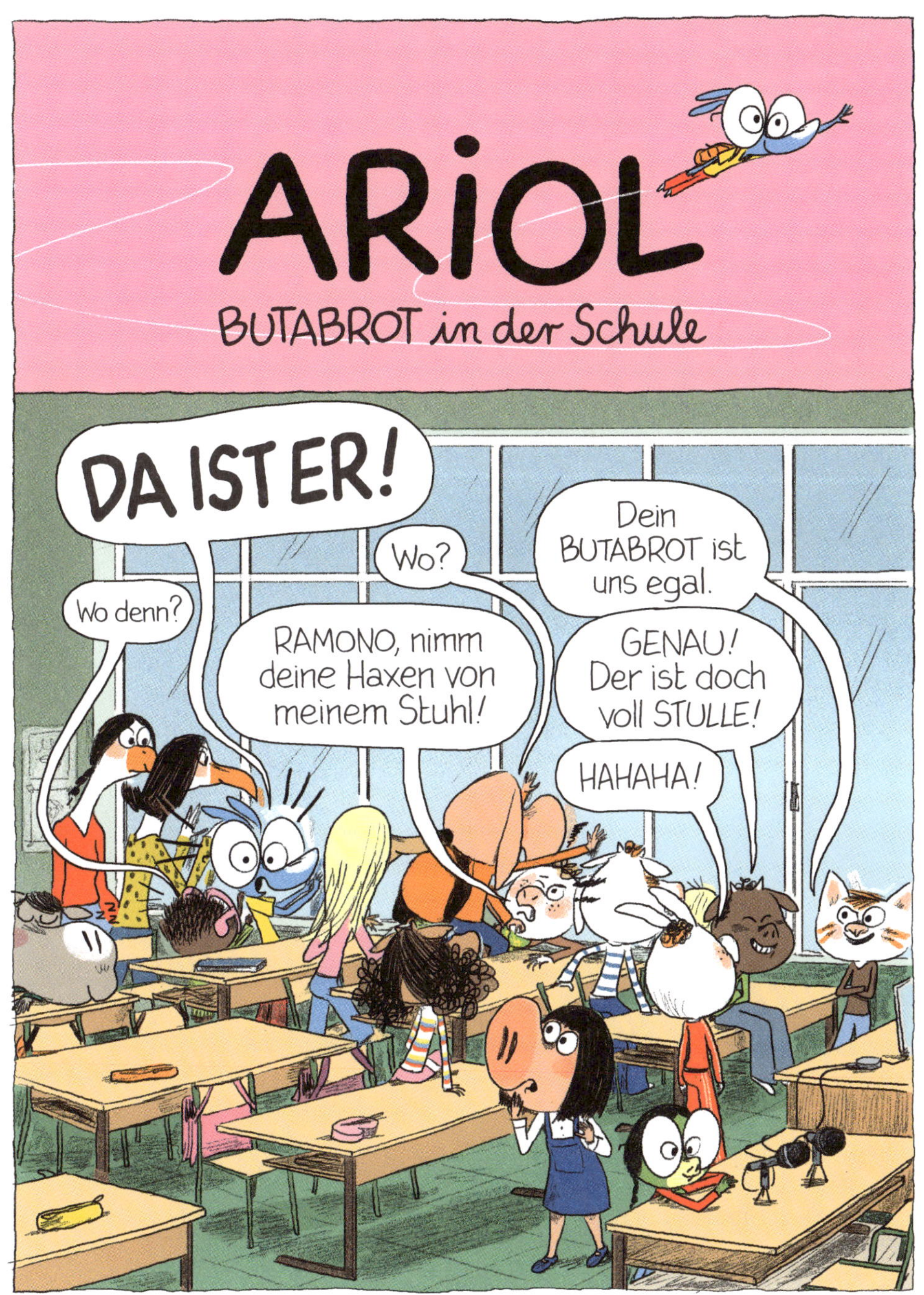
ARIOL
BUTABROT in der Schule
DA IST ER!
Wo denn?
Wo?
RAMONO, nimm deine Haxen von meinem Stuhl!
Dein BUTABROT ist uns egal.
GENAU! Der ist doch voll STULLE!
HAHAHA!

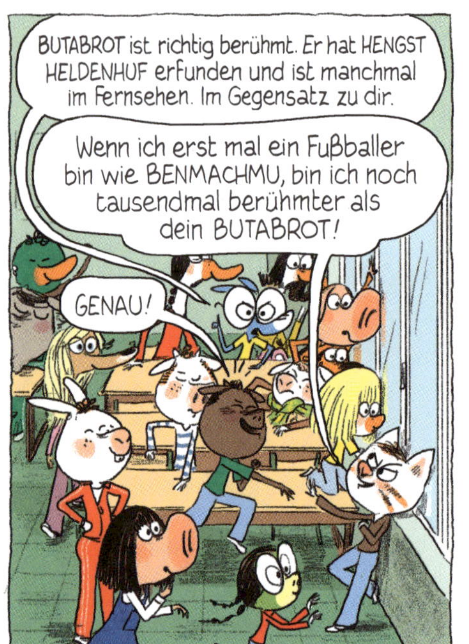

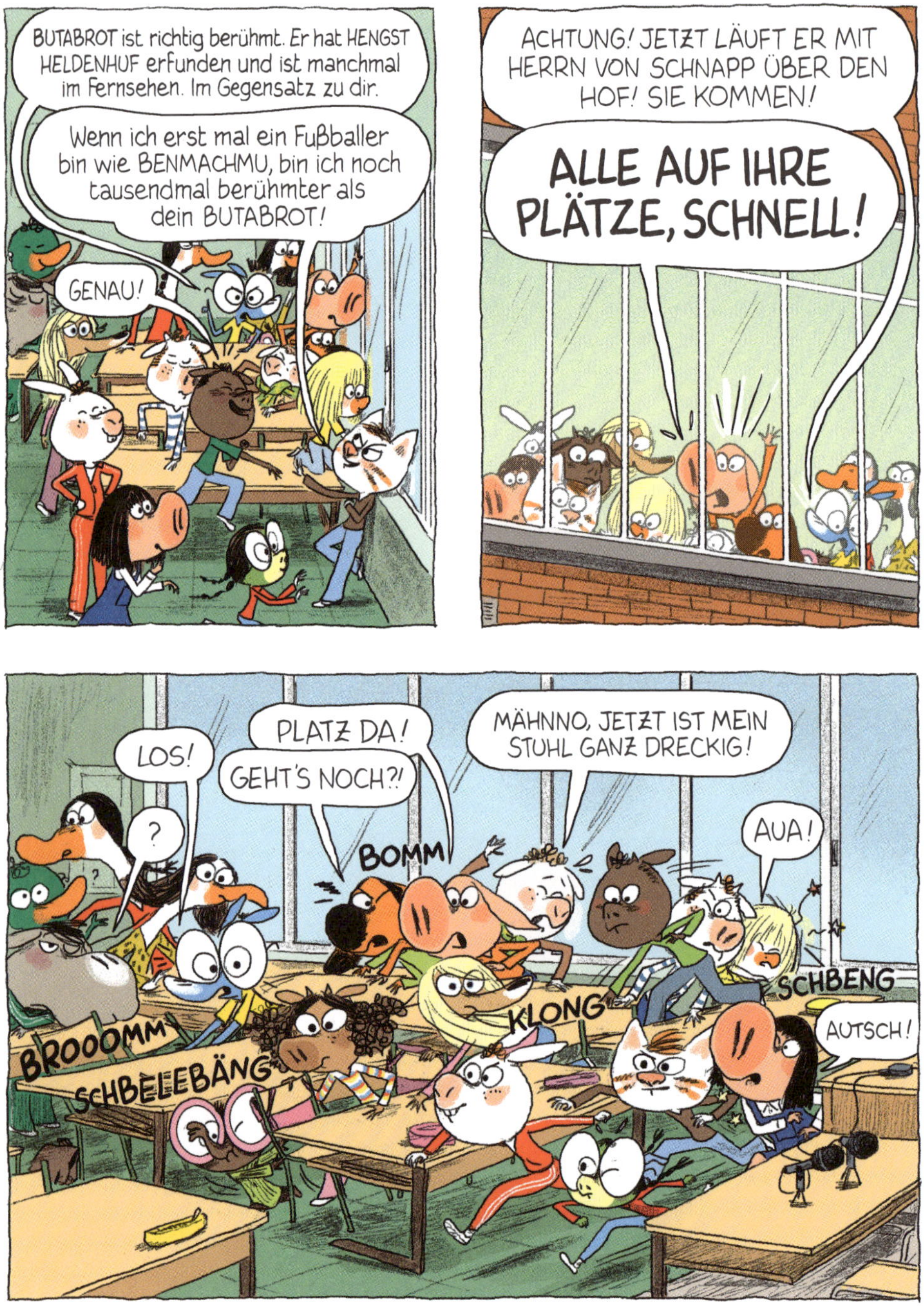

BUTABROT ist richtig berühmt. Er hat HENGST HELDENHUF erfunden und ist manchmal im Fernsehen. Im Gegensatz zu dir.
Wenn ich erst mal ein Fußballer bin wie BENMACHMU, bin ich noch tausendmal berühmter als dein BUTABROT!
GENAU!


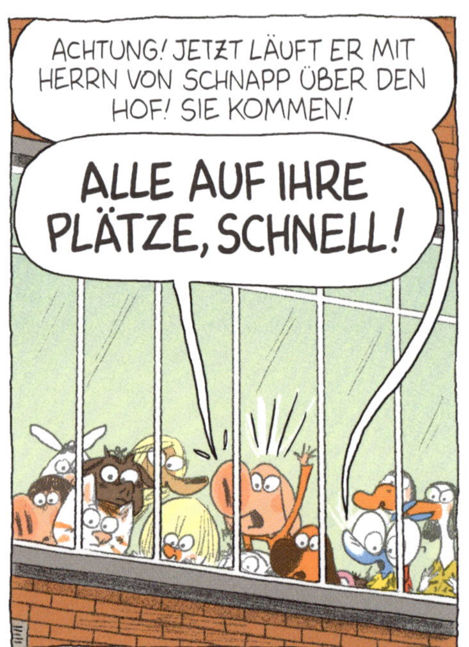

ACHTUNG! JETZT LÄUFT ER MIT HERRN VON SCHNAPP ÜBER DEN HOF! SIE KOMMEN!
ALLE AUF IHRE PLÄTZE, SCHNELL!



LOS!
?
PLATZ DA!
GEHT'S NOCH?!
BOMM
MÄHNNO, JETZT IST MEIN STUHL GANZ DRECKIG!
AUA!
SCHBENG
KLONG
AUTSCH!
BROOOMM
SCHBELEBÄNG

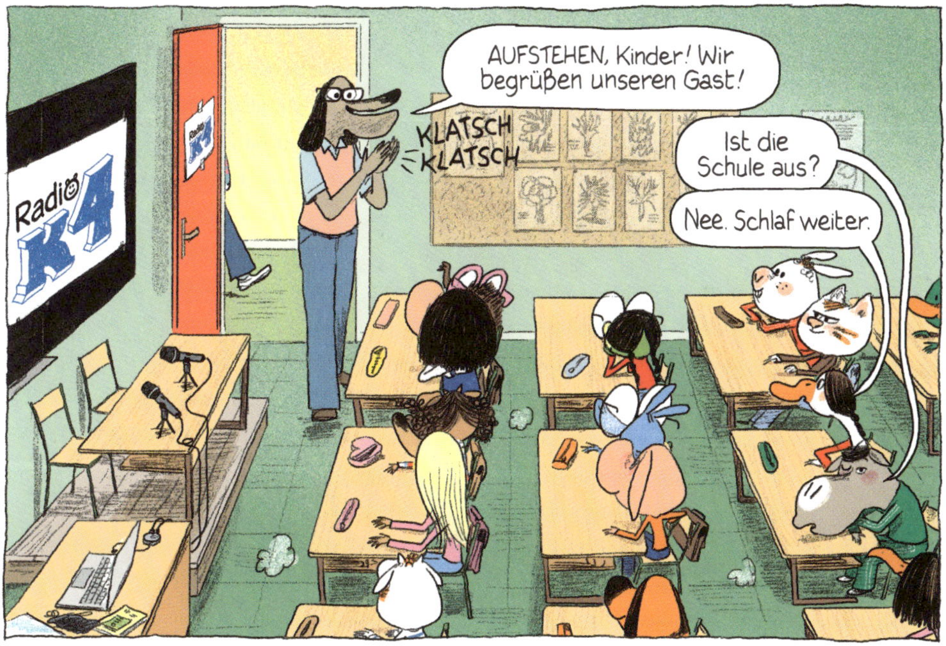

Radio K4

AUFSTEHEN, Kinder! Wir begrüßen unseren Gast!

KLATSCH KLATSCH

Ist die Schule aus?

Nee. Schlaf weiter.

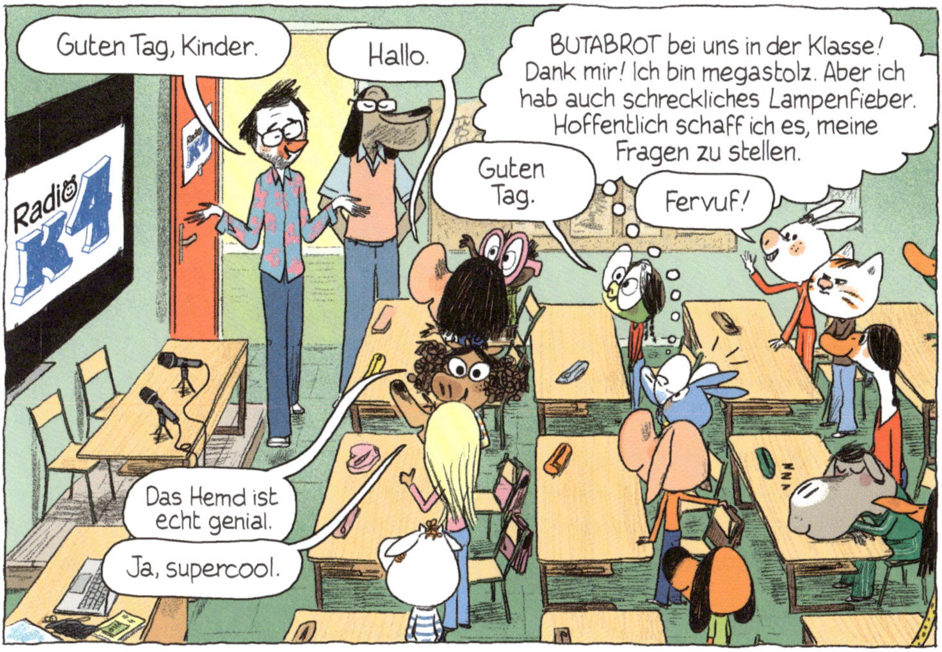

Radio K4

Guten Tag, Kinder.

Hallo.

BUTABROT bei uns in der Klasse! Dank mir! Ich bin megastolz. Aber ich hab auch schreckliches Lampenfieber. Hoffentlich schaff ich es, meine Fragen zu stellen.

Guten Tag.

Fervuf!

Das Hemd ist echt genial.

Ja, supercool.

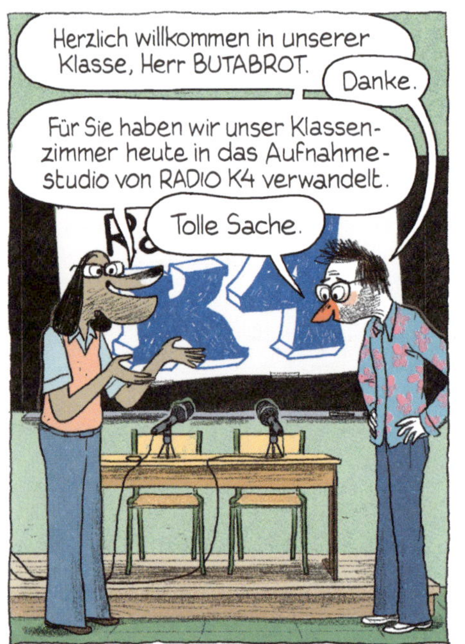
Herzlich willkommen in unserer Klasse, Herr BUTABROT.
Danke.
Für Sie haben wir unser Klassenzimmer heute in das Aufnahmestudio von RADIO K4 verwandelt.
Tolle Sache.

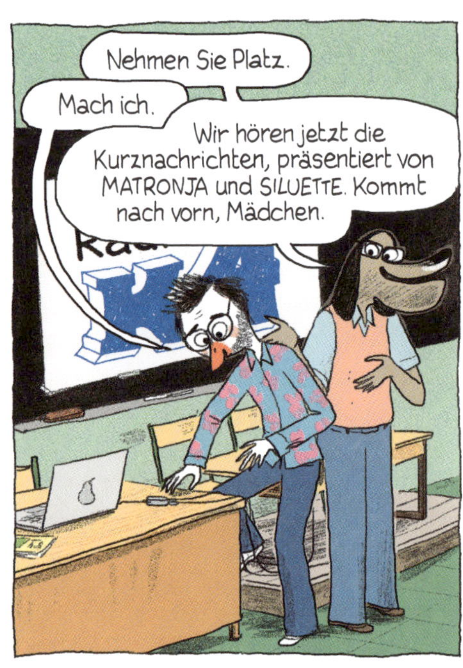
Nehmen Sie Platz.
Mach ich.
Wir hören jetzt die Kurznachrichten, präsentiert von MATRONJA und SILUETTE. Kommt nach vorn, Mädchen.

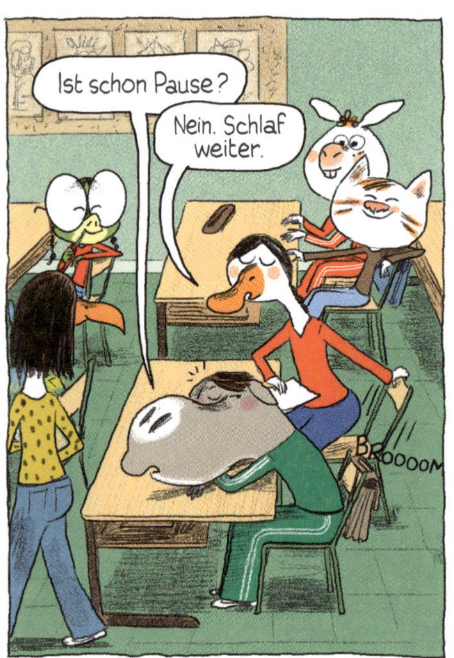
Ist schon Pause?
Nein. Schlaf weiter.
BROOOOM

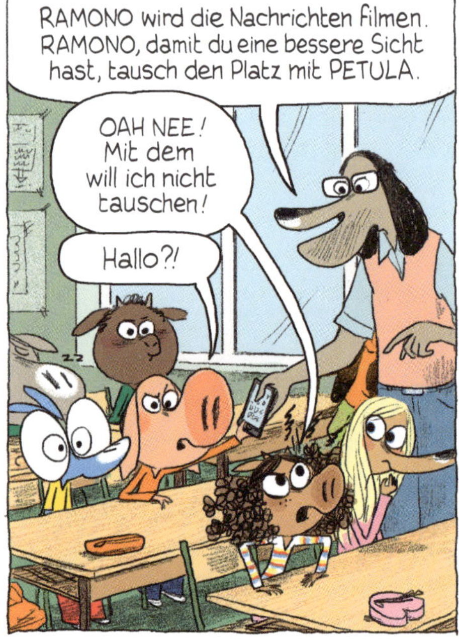
RAMONO wird die Nachrichten filmen. RAMONO, damit du eine bessere Sicht hast, tausch den Platz mit PETULA.
OAH NEE! Mit dem will ich nicht tauschen!
Hallo?!

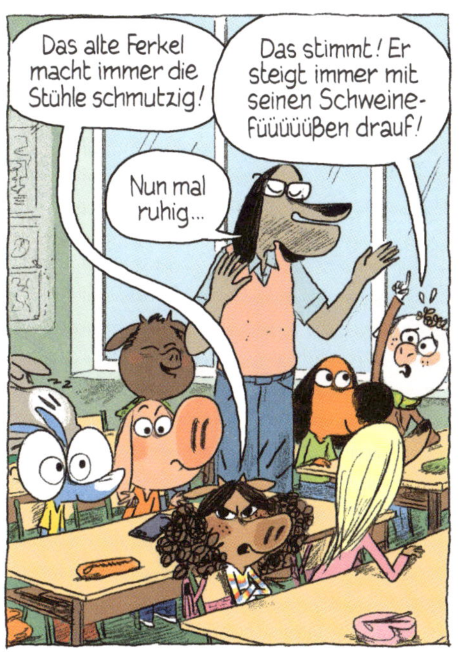
Das alte Ferkel macht immer die Stühle schmutzig!
Das stimmt! Er steigt immer mit seinen Schweine-füüüüüßen drauf!
Nun mal ruhig...

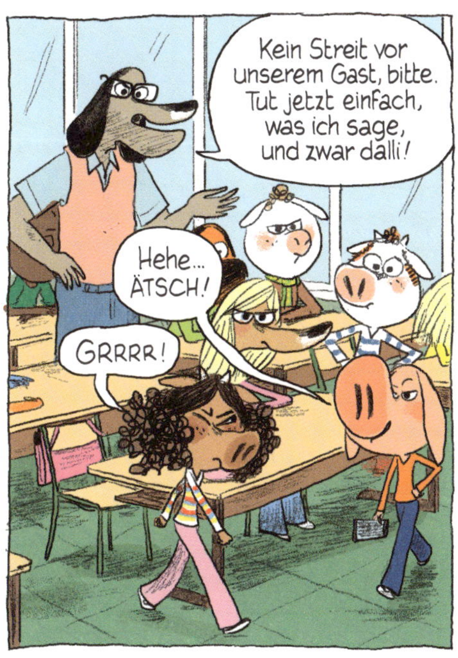
Kein Streit vor unserem Gast, bitte. Tut jetzt einfach, was ich sage, und zwar dalli!
Hehe... ÄTSCH!
GRRRR!

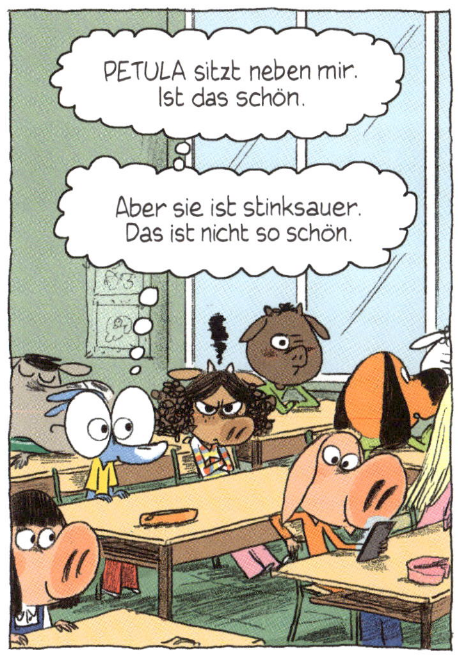
PETULA sitzt neben mir. Ist das schön.
Aber sie ist stinksauer. Das ist nicht so schön.

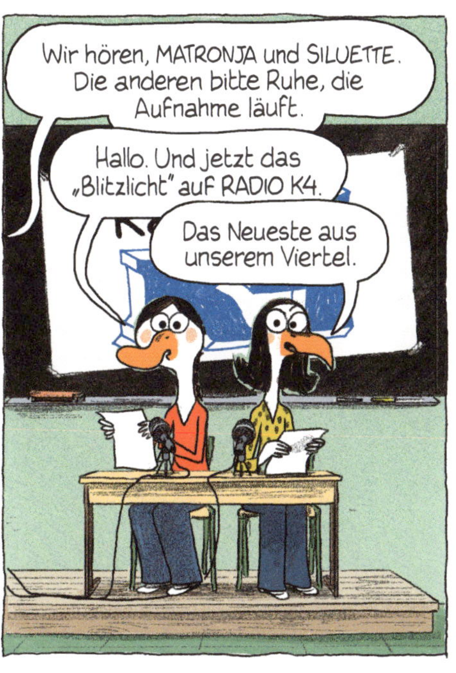
Wir hören, MATRONJA und SILUETTE. Die anderen bitte Ruhe, die Aufnahme läuft.
Hallo. Und jetzt das „Blitzlicht" auf RADIO K4.
Das Neueste aus unserem Viertel.

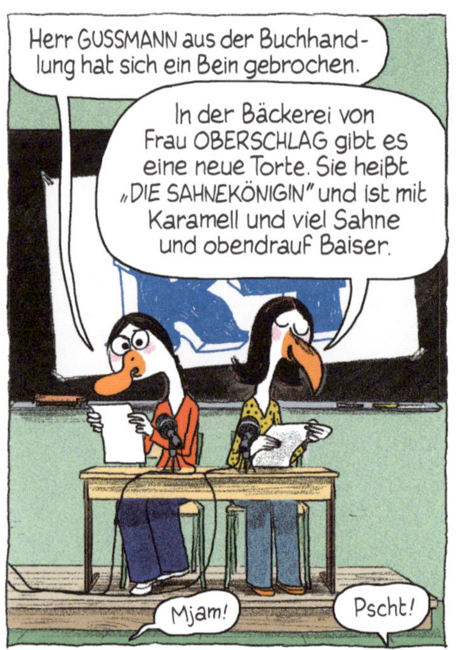
Herr GUSSMANN aus der Buchhandlung hat sich ein Bein gebrochen.
In der Bäckerei von Frau OBERSCHLAG gibt es eine neue Torte. Sie heißt „DIE SAHNEKÖNIGIN" und ist mit Karamell und viel Sahne und obendrauf Baiser.
Mjam!
Pscht!

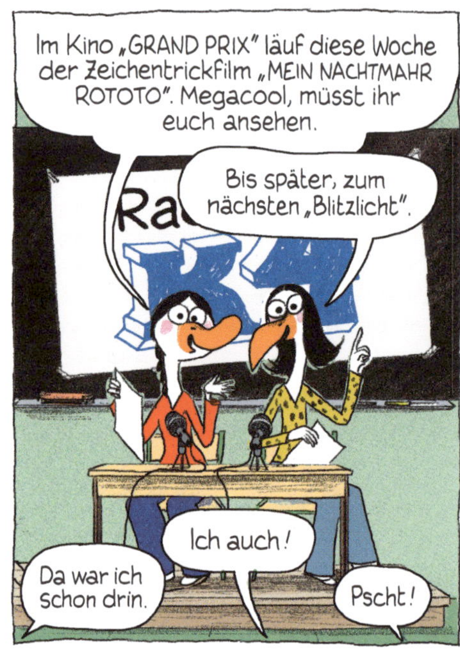
Im Kino „GRAND PRIX" läuf diese Woche der Zeichentrickfilm „MEIN NACHTMAHR ROTOTO". Megacool, müsst ihr euch ansehen.
Bis später, zum nächsten „Blitzlicht".
Da war ich schon drin.
Ich auch!
Pscht!

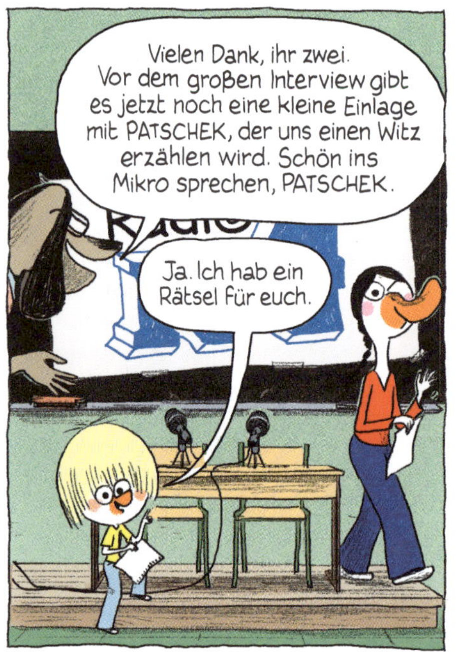
Vielen Dank, ihr zwei. Vor dem großen Interview gibt es jetzt noch eine kleine Einlage mit PATSCHEK, der uns einen Witz erzählen wird. Schön ins Mikro sprechen, PATSCHEK.
Ja. Ich hab ein Rätsel für euch.

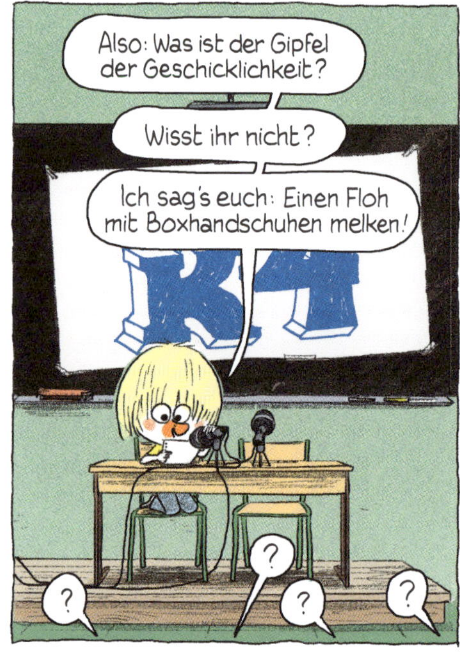
Also: Was ist der Gipfel der Geschicklichkeit?
Wisst ihr nicht?
Ich sag's euch: Einen Floh mit Boxhandschuhen melken!
?
?
?
?

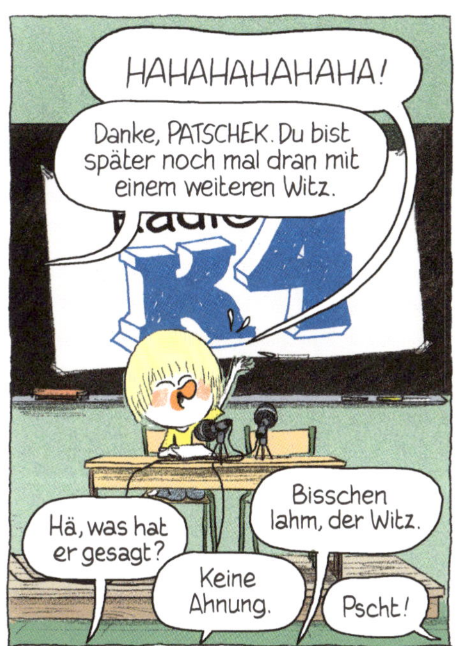
HAHAHAHAHAHA!
Danke, PATSCHEK. Du bist später noch mal dran mit einem weiteren Witz.
Hä, was hat er gesagt?
Keine Ahnung.
Bisschen lahm, der Witz.
Pscht!

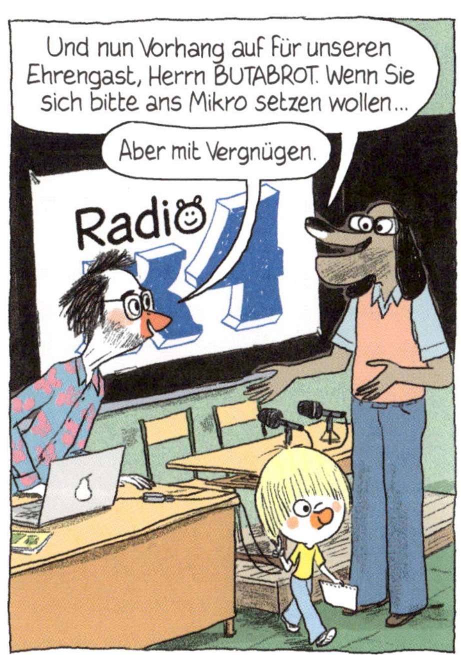
Und nun Vorhang auf für unseren Ehrengast, Herrn BUTABROT. Wenn Sie sich bitte ans Mikro setzen wollen...
Aber mit Vergnügen.
Radio K4

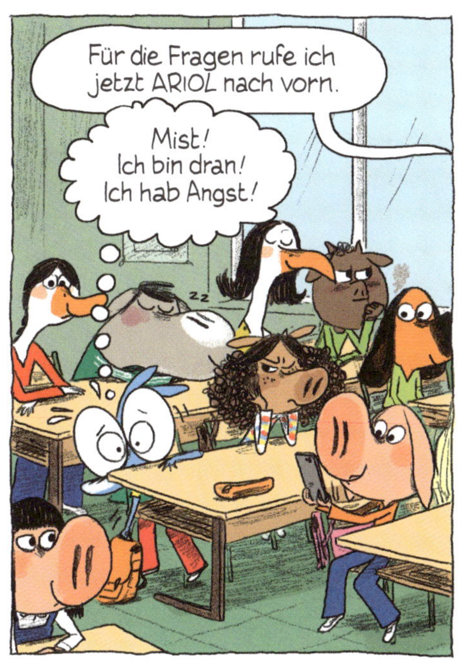
Für die Fragen rufe ich jetzt ARIOL nach vorn.
Mist! Ich bin dran! Ich hab Angst!

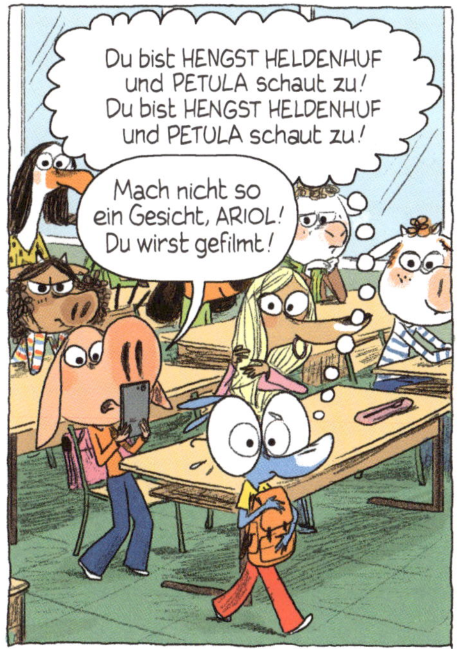
Du bist HENGST HELDENHUF und PETULA schaut zu! Du bist HENGST HELDENHUF und PETULA schaut zu!
Mach nicht so ein Gesicht, ARIOL! Du wirst gefilmt!

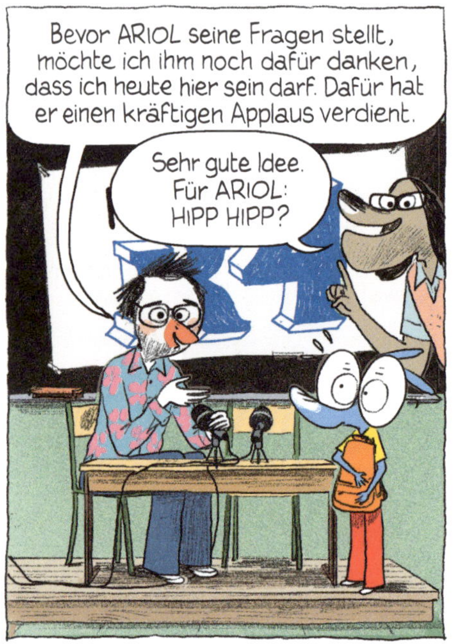
Bevor ARIOL seine Fragen stellt, möchte ich ihm noch dafür danken, dass ich heute hier sein darf. Dafür hat er einen kräftigen Applaus verdient.
Sehr gute Idee. Für ARIOL: HIPP HIPP?

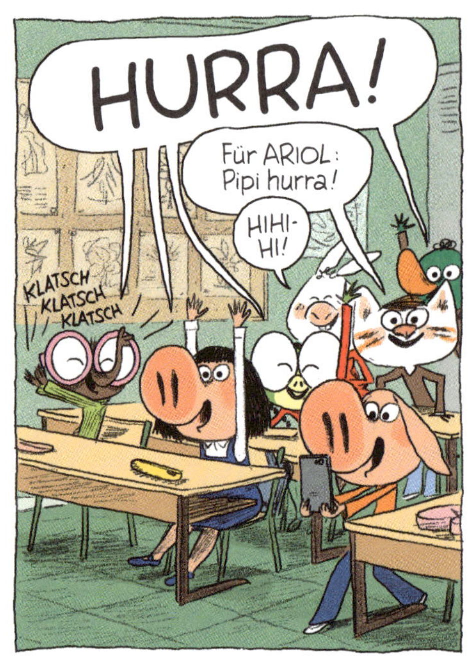
HURRA!
Für ARIOL: Pipi hurra!
HIHI-HI!
KLATSCH KLATSCH KLATSCH

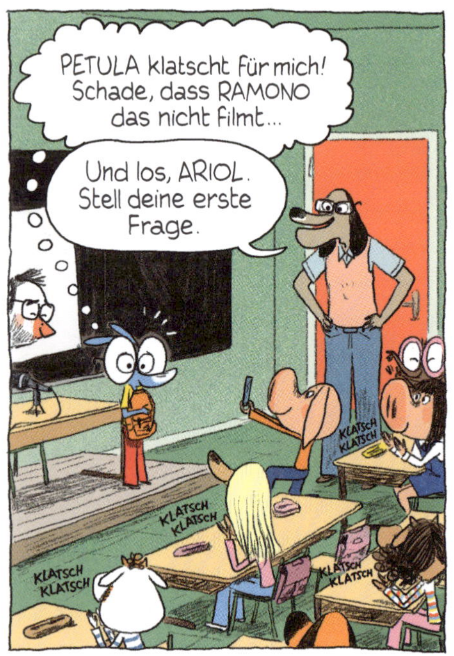
PETULA klatscht für mich! Schade, dass RAMONO das nicht filmt...
Und los, ARIOL. Stell deine erste Frage.
KLATSCH KLATSCH
KLATSCH KLATSCH
KLATSCH KLATSCH
KLATSCH KLATSCH

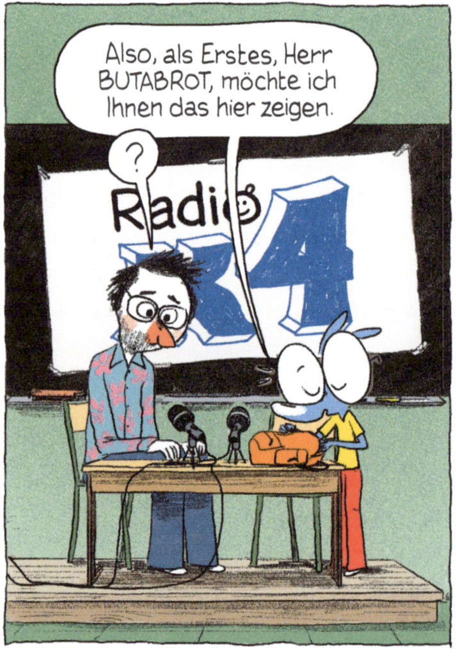
Also, als Erstes, Herr BUTABROT, möchte ich Ihnen das hier zeigen.
?
Radio
34

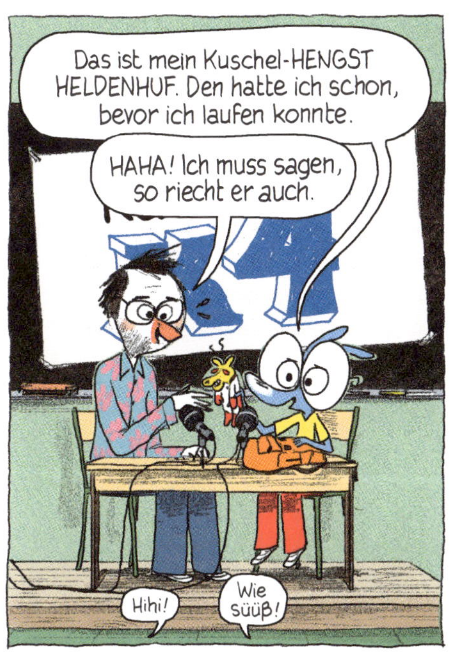
Das ist mein Kuschel-HENGST HELDENHUF. Den hatte ich schon, bevor ich laufen konnte.
HAHA! Ich muss sagen, so riecht er auch.
Hihi!
Wie süüß!

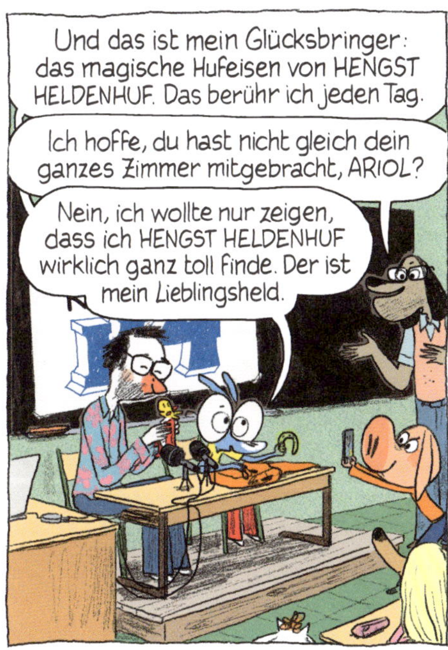
Und das ist mein Glücksbringer: das magische Hufeisen von HENGST HELDENHUF. Das berühr ich jeden Tag.
Ich hoffe, du hast nicht gleich dein ganzes Zimmer mitgebracht, ARIOL?
Nein, ich wollte nur zeigen, dass ich HENGST HELDENHUF wirklich ganz toll finde. Der ist mein Lieblingsheld.

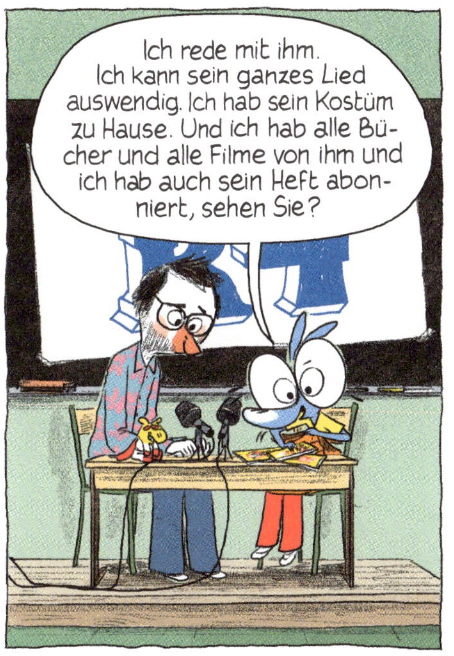
Ich rede mit ihm. Ich kann sein ganzes Lied auswendig. Ich hab sein Kostüm zu Hause. Und ich hab alle Bücher und alle Filme von ihm und ich hab auch sein Heft abonniert, sehen Sie?

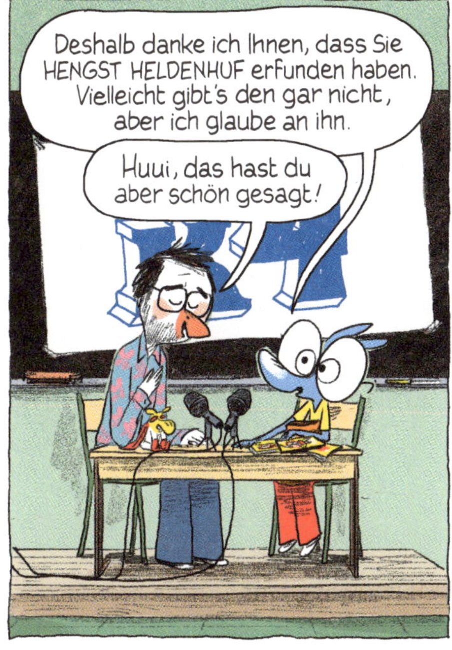
Deshalb danke ich Ihnen, dass Sie HENGST HELDENHUF erfunden haben. Vielleicht gibt's den gar nicht, aber ich glaube an ihn.
Huui, das hast du aber schön gesagt!

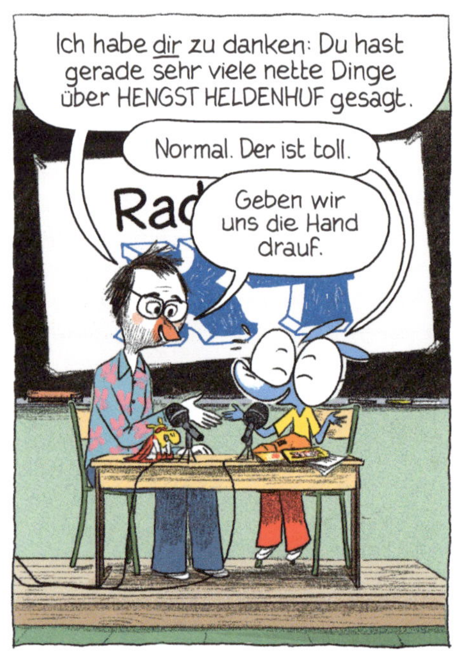

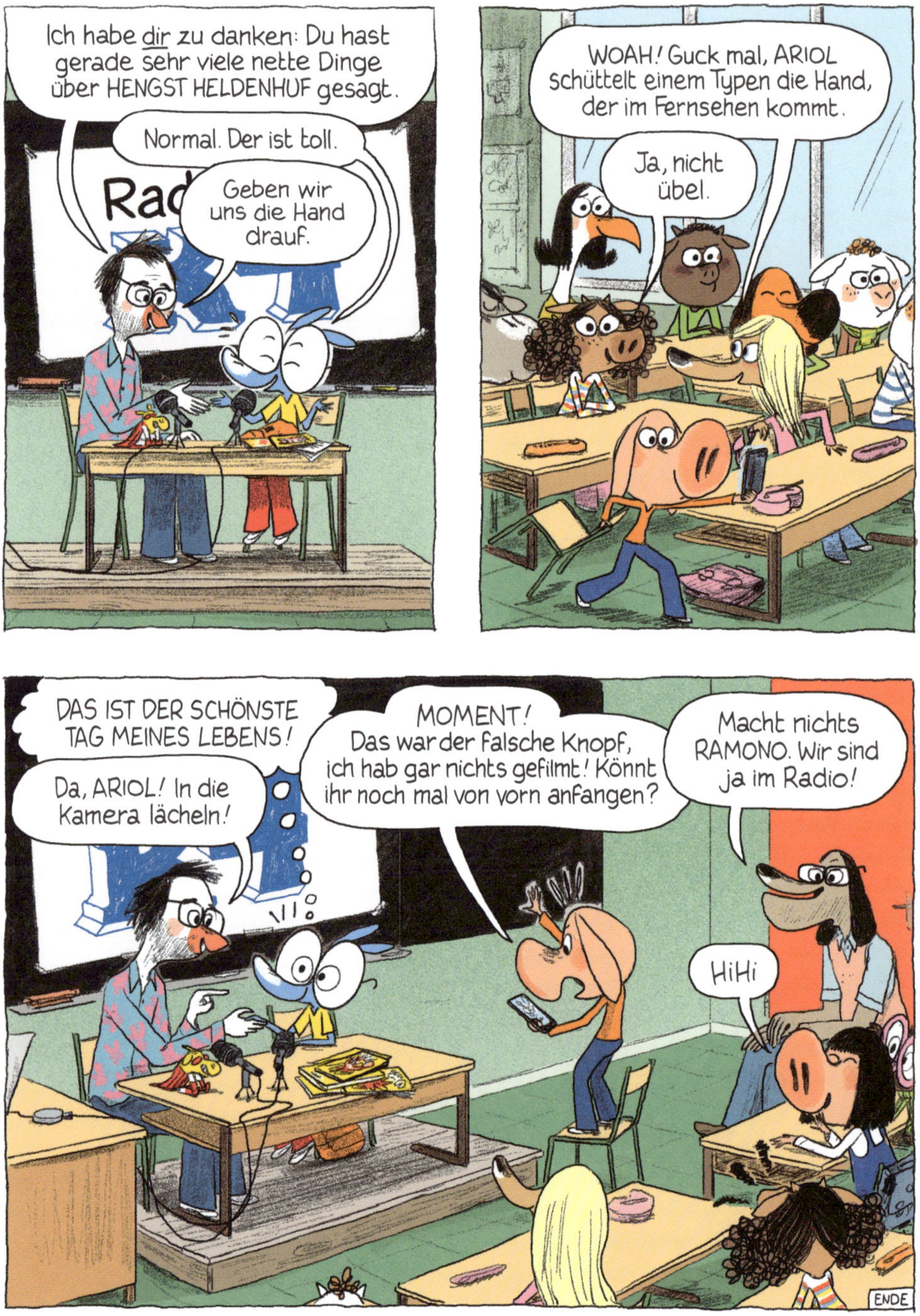

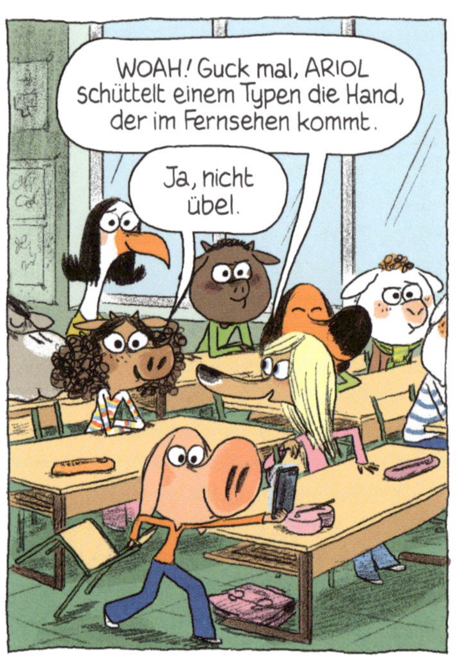


DAS IST DER SCHÖNSTE TAG MEINES LEBENS!

Da, ARIOL! In die Kamera lächeln!

MOMENT! Das war der falsche Knopf, ich hab gar nichts gefilmt! Könnt ihr noch mal von vorn anfangen?

Macht nichts RAMONO. Wir sind ja im Radio!

HiHi

ENDE

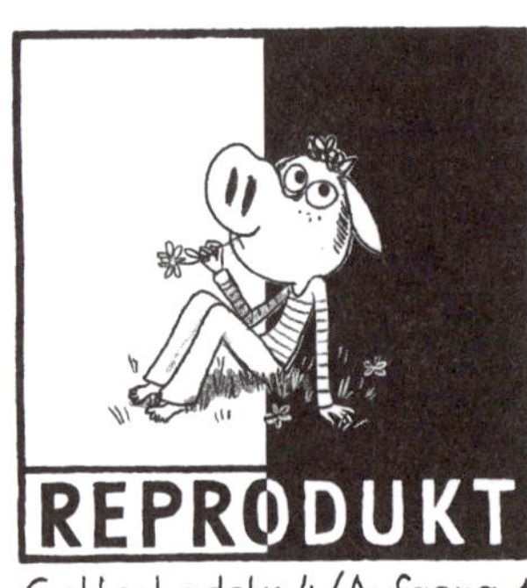


Gottschedstr. 4/Aufgang 1
13357 Berlin

Aus dem Französischen von
Annette von der Weppen
Redaktion: Michael Groenewald und
Matthias Wieland
Korrektur: Nele Heitmeyer
Lettering: Michael Hau
Titelschriftzug: Arne Bellstorf


Originally published in France by Bayard Éditions,
18, Rue Barbès, 92128 Montrouge
Published by arrangement with Bayard Éditions
Herausgeber: Michael Groenewald
ISBN 978-3-95640-374-3
Herstellung: Arne Bellstorf
Druck: Pozkal, Inowrocław, Polen

Erste Auflage: Mai 2023

www.reprodukt.com

Weiter geht's in:

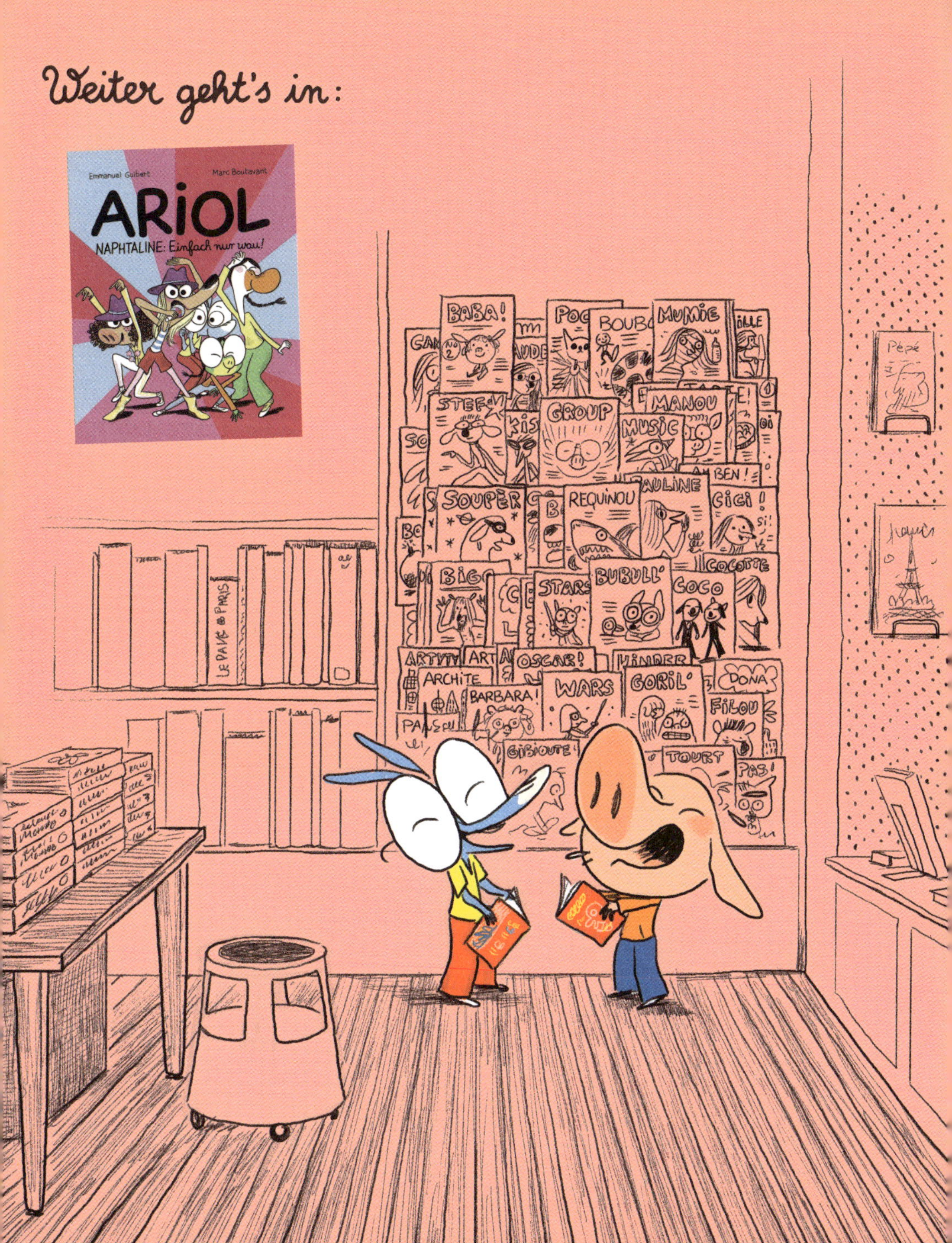

## FÜR KLEINE LESER

### Emmanuel Guibert & Marc Boutavant bei Reprodukt

**Ariol**

Ein kleiner Esel wie du und ich
HENGST HELDENHUF
Saugute Freunde
Eine ganz schöne Kuh
Mach die Fliege, SURRSULA
Miesekatze
Lehrer, die bellen, beißen nicht
Papa ist ein Esel
Hasenzähne
Ballettratten
Sei kein Frosch, VANESSA
Ein stolzer Gockel
Ententanz
So ein dummes Schaf
Kalbträume
Wo ist PETULA?
Junges Gemüse auf großer Tour

### Marc Boutavant bei Reprodukt

**Mouk**

Helden der Pedale
Mouk hat Langeweile
Die große Reise des kleinen Mouk

Pelzkugel und Ente
Der Popo von Hippopo (*mit Didier Lévy*)
Nur mal für einen Tag (*mit Laura Leuck*)
Niemals wilde Katzen kitzeln (*mit Pamela Butchart*)
Edmund: Das Fest im Mondschein (*mit Astrid Desbordes*)
Marienkäfer suchen ein Zuhause (*mit Davide Cali*)

### Marc Boutavant bei Woow Books

Der Stinkehund (bislang sieben Bände, *mit Colas Gutman*)

### Marc Boutavant bei Hanser

Man wird doch wohl mal wütend werden dürfen (*mit Toon Tellegen*)
Warum wird hier keiner wütend? (*mit Toon Tellegen*)

### Emmanuel Guibert bei Schaltzeit

Alldine & die Weltraumpiraten (bislang zwei Bände, *mit Mathieu Sapin*)

## FÜR GROSSE LESER

### Emmanuel Guibert in der Edition Moderne

Alans Krieg
Alans Kindheit
Martha und Alan
Der Fotograf (*mit Didier Lefévre & Frédéric Lemercier*)
Reisen zu den Roma (*mit Alain Keler & Frédéric Lemercier*)